财政干部教育培训用书
现代财政制度系列教材

现代财政监督研究

财政部干部教育中心 组编

中国财经出版传媒集团

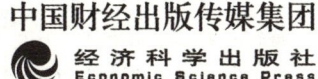
经济科学出版社
Economic Science Press

图书在版编目（CIP）数据

现代财政监督研究／财政部干部教育中心组编.
—北京：经济科学出版社，2017.7
财政干部教育培训用书　现代财政制度系列教材
ISBN 978-7-5141-7952-1

Ⅰ.①现… Ⅱ.①财… Ⅲ.①财政监督-研究
Ⅳ.①F810.2

中国版本图书馆 CIP 数据核字（2017）第 085332 号

责任编辑：白留杰　刘殿和
责任校对：靳玉环
责任印制：李　鹏
封面设计：陈宇琰

现代财政监督研究

财政部干部教育中心　组编

经济科学出版社出版、发行　新华书店经销
社址：北京市海淀区阜成路甲 28 号　邮编：100142
教材分社电话：010-88191354　发行部电话：010-88191522
网址：www.esp.com.cn
电子邮箱：bailiujie518@126.com
天猫网店：经济科学出版社旗舰店
网址：http://jjkxcbs.tmall.com
北京密兴印刷有限公司印装
710×1000　16 开　17.5 印张　250000 字
2017 年 9 月第 1 版　2017 年 9 月第 1 次印刷
ISBN 978-7-5141-7952-1　定价：62.00 元
(图书出现印装问题，本社负责调换。电话：010-88191510)
(版权所有　侵权必究　举报电话：010-88191586
电子邮箱：dbts@esp.com.cn)

前　言

党的十八届三中全会通过的《中共中央关于全面深化改革若干重大问题的决定》提出了财政是国家治理的基础和重要支柱的重要论断，并就深化财税体制改革作出了总体部署。当前，统筹推进"五位一体"总体布局和协调推进"四个全面"战略布局，牢固树立和贯彻落实新发展理念，努力实现"两个一百年"奋斗目标和中华民族伟大复兴的中国梦，都迫切需要充分发挥财政对于推进国家治理体系和治理能力现代化的基础和支柱作用，构建与我国综合国力和国际影响力相匹配的财政体系和财政能力。中央政治局会议审议通过的《深化财税体制改革总体方案》明确提出，到2020年基本建立现代财政制度。现代财政制度在体系上要构建全面规范、公开透明的预算管理制度，公平统一、调节有力的税收制度，中央和地方事权与支出责任相适应的制度；在功能上要适应科学发展需要，更好地发挥财政稳定经济、提供公共服务、调节分配、保护环境、维护国家安全等方面的职能；在机制上要符合国家治理体系与治理能力现代化的新要求，包括权责对等、有效制衡、运行高效、可问责、可持续等一系列制度安排。

深化财税体制改革是一场关系我国国家治理现代化的深刻变革，是完善社会主义市场经济体制、加快转变政府职能的迫切需要，是转变经济发展方式、促进经济社会持续稳定健康发展的必然要求，是建立健全现代国家治理体系、实现国家长治久安的重要保障。财政干部在深化财税体制改革、建立现代财政制度中责任重大，使命光荣。

为满足广大财政干部的学习需求,财政部人事教育司、干部教育中心组织协调中央财经大学、上海财经大学、中南财经政法大学、东北财经大学、江西财经大学、山东财经大学6所部省共建高校和部内有关司局,联合研究编写了我国现代财政制度系列教材。系列教材共分7本:《中国现代财政制度建设之路》《现代预算制度研究》《现代税收制度研究》《现代政府间财政关系研究》《现代财政法治化研究》《现代财政宏观调控研究》《现代财政监督研究》。教材突出前瞻性、实用性、科学性和通俗性,希望能为广大财政干部学习专业知识、提高业务能力提供帮助,进而为加快推进建立我国现代财政制度作出积极贡献。

《现代财政制度系列教材》编写组
2017年9月

目 录

第一章 现代财政制度与财政监督 /1

第一节 财政监督的内涵及作用 /2

一、财政监督的内涵 /2

二、财政监督的作用 /9

第二节 现代财政制度对财政监督的要求 /14

一、财政监督行为的法治化 /16

二、财政监督程序的标准化 /17

三、财政监督范围的全面化 /18

四、财政监督方式的信息化 /18

五、财政监督导向的绩效化 /19

第三节 财政监督与其他监督的关系 /20

一、财政监督与人大监督的关系 /20

二、财政监督与审计监督的关系 /21

三、财政监督与行政监察的关系 /22

四、财政监督与其他政府部门经济监督的关系 /23

第二章 国外财政监督实践与借鉴 / 25

第一节 国外财政监督制度类型 / 25

一、立法型财政监督及其特征 / 26

二、司法型财政监督及其特征 / 27

三、行政型财政监督及其特征 / 27

第二节 国外财政监督实践比较 / 28

一、监督权力保障的比较 / 28

二、监督程序的比较 / 31

三、监督范围的比较 / 33

四、监督方式的比较 / 37

五、绩效监督的比较 / 39

六、内部监督的比较 / 42

第三节 启示与经验借鉴 / 45

一、加快立法进程,确保财政监督的权威性 / 45

二、强化全过程财政监督 / 46

三、加快信息化建设,改进财政监督方式 / 47

四、重视开展财政绩效监督 / 47

五、加强内部监督,完善财政内控机制 / 48

第三章 现代财政监督法制建设 / 50

第一节 财政监督法制建设的目标和原则 / 50

一、财政监督法制建设的目标 / 50

二、财政监督法制化建设的原则 / 51

第二节 财政监督法制建设的制度基础 / 53

一、财政监督立法建设 / 54

二、财政监督执法建设 / 55

三、财政监督行政建设 / 77

四、财政监督法制宣传建设 / 83

第三节 加强财政监督法制化建设的重要举措 / 83

一、财政监督法制化建设的问题 / 83

二、财政监督法制化建设的重构路径 / 85

第四章 现代财政监督程序与质量控制 / 91

第一节 财政监督程序 / 91

一、审核审批程序 / 92

二、专题调查程序 / 93

三、财政检查程序 / 93

第二节 财政监督质量控制 / 105

一、财政监督质量控制的含义 / 105

二、财政监督质量控制的内容 / 106

三、建立财政监督质量控制机制 / 109

第五章 现代财政监督内容体系构建 / 112

第一节 预算管理监督 / 112

一、预算编制监督 / 113

二、预算执行监督 / 113

三、决算监督 / 115

第二节 财政收入监督 / 116

一、财政收入监督概述 / 116

二、税收收入监督　　/ 118

三、非税收入监督　　/ 122

四、债务监督　　/ 126

第三节　财政支出监督　　/ 127

一、财政支出监督概述　　/ 127

二、国库集中支付监督　　/ 130

三、政府采购监督　　/ 131

四、转移支付监督　　/ 134

五、专项支出监督　　/ 135

第四节　会计监督　　/ 138

一、会计监督概述　　/ 138

二、会计信息质量检查　　/ 140

三、注册会计师行业行政监督　　/ 145

第五节　金融监督　　/ 151

一、金融监督概述　　/ 151

二、金融企业监督　　/ 152

三、国际金融组织和外国政府贷款的监督　　/ 161

第六节　资产监督　　/ 166

一、资产监督概述　　/ 166

二、资产监督的对象、内容和方式　　/ 168

第七节　财政内部监督　　/ 175

一、财政内部监督概述　　/ 175

二、财政内部监督的主要内容　　/ 178

目 录

第六章　现代财政监督的信息化建设　/ 187

第一节　现代财政监督的信息化建设概述　/ 187
一、财政监督信息化建设的必要性　/ 187
二、现代财政监督信息化建设的目标及原则　/ 191

第二节　现代财政监督信息化的主要内容　/ 193
一、财政监督信息化系统概述　/ 193
二、外网门户网站　/ 194
三、办公自动化系统　/ 194
四、财政监督信息化业务系统　/ 197

第三节　现代财政监督信息化建设的主要措施　/ 202
一、现代财政制度和大数据时代使财政监督信息化面临的挑战　/ 203
二、现代财政监督信息化建设的主要措施　/ 205

第七章　现代财政监督绩效　/ 212

第一节　财政绩效监督　/ 213
一、财政绩效监督概述　/ 213
二、财政绩效监督的内容、方法和程序　/ 215
三、深化财政绩效监督　/ 225

第二节　财政监督部门的绩效评价　/ 231
一、财政监督部门（专门机构）绩效评价的现状　/ 231
二、推进财政监督部门（专门机构）绩效评价工作的思路　/ 232

第八章　现代财政制度下的内部控制　/ 237

第一节　财政内部控制的基本内涵　/ 238

一、财政内部控制的含义　/ 239

二、加强财政内部控制的必要性　/ 239

三、财政内部控制目标和原则　/ 241

四、财政内部控制层次结构　/ 243

五、财政内部控制的内容　/ 244

第二节　财政内部控制制度的构建与实践　/ 245

一、我国财政内部控制制度的构建　/ 245

二、财政内部控制的制度体系　/ 247

三、财政内部控制制度的执行体系　/ 250

四、财政专职监督机构的内部控制　/ 252

五、财政部内部控制和财政系统内部控制　/ 252

第三节　进一步完善财政内部控制制度的思路　/ 253

一、财政部门内部控制制度建设应处理好的关系　/ 253

二、落实财政内部控制制度应把握的关键　/ 254

三、推进财政内部控制制度的措施选择　/ 255

参考文献　/ 260

后　　记　/ 268

第一章 现代财政制度与财政监督

本章导读：现代财政制度是国家治理能力与治理体系现代化的重要基础，需要与之相适应的现代财政监督体系。本章介绍了财政监督的内涵和作用，提出了现代财政制度对财政监督的新要求，并分析了财政监督与其他监督的关系。

财政是国家治理的基础和重要支柱。财政制度安排体现并承载着政府与市场、政府与社会、中央与地方等方面的基本关系，在治国安邦中始终发挥着基础性、制度性、保障性作用。

当前，中国已进入全面建成小康社会的决定性阶段，既面临前所未有的发展机遇，也面临前所未有的风险挑战，国家治理的重点就是应对大国崛起过程中可能出现的各种危机和风险，亟须建立统一完整、权责对等、公开透明、参与广泛和制衡关系清晰的现代财政制度。而财政监督嵌于财政运行的全过程，在严格预算管理、加强增收节支、保障政策执行、维护财经秩序、提供决策参考等方面发挥着重要作用，是现代财政制度的重要组成部分。

第一节 财政监督的内涵及作用

一、财政监督的内涵

(一) 财政监督的概念

财政监督,是指监督主体为保障财政政策的贯彻落实和财政管理的有序、有效进行,依法对财政运行相关主体的财政财务行为所实施的监控、检查、稽核、制裁、督促和反映等活动的总称。

财政监督是一个含义非常宽泛的概念,有广义和狭义之分。广义的财政监督,是指在财政管理活动中拥有监督权的各主体依照法定的权限和程序,对财政活动全过程进行的监管和督察。广义的财政监督是一个涉及多环节、多部门的监督体系,不仅包括财政部门的监督、审计部门的监督、司法机关的监督而且还包括社会监督等,它们之间既相对独立,又相互联系,共同构成了我国的财政监督体系。狭义的财政监督,是指财政机关依法对财政管理中财政资金运行的规范性、安全性、有效性实施的监督。为适应财政部门干部培训的需要,本书所阐述的财政监督特指"财政部门的监督",即狭义的财政监督,中央和地方各级财政部门是财政监督的执法主体。

(二) 财政监督的机构及职责

财政监督专门机构和财政业务管理机构共同行使财政监督的职责。前者是指财政部门专司财政监督职责的机构;后者主要包括预算管理机构、国库管理机构和会计管理机构等。前者是从监督的角度参与财政管理,后者是从管理的角度开展财政监督。财政监督专职机构和业务管理机构只有加强协调,密切配合,才能切实履行财政监督职责,实现财政监督目标。

1. 财政监督专门机构的职责

由于财政监督职责、财政监督对象及财政管理体制等方面的差异，我国各级财政监督专职机构的职责也有所不同。财政监督专门机构，一方面按照分级负责的财政管理体制对本级财政负责，接受本级政府管理，及时向本级财政和政府报告财政监督中发现的重要情况或问题；另一方面接受上级财政部门对财政监督的业务指导。

（1）财政部监督检查局的职责。拟定财政监督的政策和制度；监督财经纪律执行情况，办理违反财税政策、法规、制度的重大举报案件，依法组织查处工作；研究提出完善财税法规、财会制度和加强财政管理的意见和建议；会同有关部门做好各类财务会计制度的检查处理及违纪款项的收缴入库工作；承担监督检查会计信息质量和注册会计师行业执业质量的有关工作。开展会计监管国际合作；监督检查财政系统及部内各单位执行财政法规、政策、制度和预算的执行情况；负责财政部内部控制管理，承担财政部内部控制委员会日常工作，负责牵头拟定、审定财政部内部控制制度和办法，组织实施内部控制专项检查、考核和评价，对存在问题研究提出处理意见。指导部内各单位内部控制工作；参与指导行政事业单位内部控制制度建设；负责财政部内部审计工作，监督检查部内司局、财政部驻各地专员办和部属单位执行财政财务法律、行政法规和规章制度情况，承担领导干部经济责任审计工作，开展出资人审计；归口管理财政部驻各地专员办的检查工作。

（2）地方财政监督专职机构的职责。代表本级财政部门监督检查本级和下级政府所属的各个部门、各个单位的预算执行情况，并对发现的违法违纪行为提出处理意见；监督检查本级和下级政府所属的各个部门、社会团体、企事业单位的财务收支，以及执行财税法规政策、财务会计制度的情况，并对其违反财经法律法规的行为和案件进行处理；监督检查社会经济中介机构执行财税法规、政策和财务及会计制度的情况，并对其违法违规行为进行处理；受理违反财税法规、政策和财务以及会计制度的举报事宜，办理对坚持执行财经纪律人员进行打击报复的重点案件；研究确定财政监督检查的工作规划与强化财政监督检查的措施，提出改进和完善财税法规、政策和财务以及会计制度的意见或建议；对本级政府的各项国有资产进行监督；根据授权办理其他有关监督检查的事项；配合有关部门开展专项工作等。

2. 财政部门业务管理机构及其监督职责

财政部门业务管理机构主要包括预算管理机构、国库管理机构和会计管理机构等。中央财政业务管理机构和地方财政业务管理机构的监督职责存在一定差异，概括起来，财政部门业务管理机构承担的职责主要有：对财政税收、财务会计法规制度执行情况进行监督管理；对下级财政预算实施动态监控；对预算编制、执行情况进行监督管理；对转移支付资金进行监督管理，对专项资金进行跟踪问效和绩效评价；指导和监督国库业务，并对国库集中收付进行监督管理；对政府采购制度的执行情况进行监督管理；对行政事业单位资产实施监督管理；对行政事业性收费、政府性基金等非税收支进行管理；对会计工作进行监督管理等。

（三）财政监督的内容、方式与方法

1. 财政监督的内容

财政监督作为财政的一项基本职能，同政府预算收支和企事业单位执行国家有关财务会计政策情况密切相关。其监督内容主要包括：

（1）预算监督。对各级政府预算编制、预算执行、决算的监督检查是财政监督的重要内容。财政部门通过预算监督，可以预警、反馈、核实、通报存在的问题，促进各部门和各预算单位认真贯彻《预算法》和其他规范性文件，增强预算的约束力和规范性。

（2）财政收入监督。财政收入监督由税收收入、非税收入、社会保障基金收入等方面的监督组成。其中，税收收入监督一般分为两个层次：一是税务部门按照税收征收管理法实施的稽查，主要解决税收征缴中存在的问题；二是财政监督机构对其进行的再监督，主要解决税收征收管理以及缴退库中存在的问题，这是对税务部门征管质量的监督。对非税收入和社会保险基金收入的监督进一步拓宽了财政收入监督的范围,也成为财政监督的重要内容。

(3) 财政支出监督。财政支出监督是指对部门预算、国库集中支付、政府采购和转移支付等事项,以及专项支出的监督。财政监督的主要目的是通过保证财政资金的安全、规范和有效来保证财政政策的落实。财政支出监督的重点应该围绕财政支出重点领域推进展开。

(4) 财务会计监督。财务会计监督是财政部门依照《会计法》及国家有关财务会计法规制度对行政事业单位和企业的各项财务会计活动的合法性、真实性实施的监督。它同时包括对会计师事务所等社会中介机构执业质量的监督。

(5) 金融监督。金融监督是指财政部门对国有商业性金融企业的财务资产,政策性金融业务和政府债务项目实施的监督。金融监督在保障国家金融安全和经济安全,促进经济和社会平稳健康发展方面履行着重要的监管职责。

(6) 国有资产监督。国有资产的使用者要接受财政监督,依法、合理、有效使用国有资产,防止国有资产的流失,实现国有资产保值、增值,提高国有资产的使用效益。国有资产监督是维护国有资产完整性和安全的需要。

(7) 内部监督。财政内部监督是财政监督专职机构对财政部门的管理行为、内部控制运行以及财政部门本级和所属单位的财务收支和内部管理等情况实施的监督与控制活动,是财政部门惩治和预防腐败体系的重要组成部分。

2. 财政监督的方式

财政监督方式是完成财政监督工作的专门工作形态,是由财政监督的内容所决定的。

(1) 现场监督和非现场监督。财政监督按照监督实施地点可分为现场监督和非现场监督。现场监督是监督机构派人到被监督对象所在地,通过听取汇报、查验资料、盘点资产等方法,对被监督对象执行财税法规政策等情况所进行的监督检查活动。现场监督主要包括日常监督、专项检查和案件核查等。专项检查和案件核查又可以采取就地检查或异地交叉检查等方式。

非现场监督是财政部门或监督人员通过全面了解被监督对象的基本情况,

定期或不定期地审阅被监督对象的报表或报送资料，通过分析、测算并加以管制，对其相关经济活动进行全面、动态的监控。一般情况下，财政部门可以通过非现场监督，防患于未然，为制定切实有效的政策和措施提供依据。

（2）日常监督、专项检查和个案检查。财政监督按照监督的工作方式可分为日常监督、专项检查和个案检查。日常监督是指财政监督专职机构和财政业务管理机构在财政日常运行中按照国家法律法规对预算资金的筹集、分配和使用以及决算过程所进行的日常监督管理活动。日常监督是财政监督最基本、最主要的方式之一。

专项检查指财政部门根据财政管理和监督过程中暴露的难点、热点和重大问题，有计划、有部署、有针对性地开展的检查活动，是日常监督检查有益和必要的补充。财政监督专职机构根据上级指示，组织力量对社会公众举报线索进行专案检查、核证也属于专项检查范围。

个案检查是根据上级批示的公众举报案件，以及日常监督检查和专项检查中发现的线索，组织力量进行检查核证。检查结束要向上级和有关部门报告查处情况，并对查处的违法违纪问题进行严肃处理。

（3）事前监督、事中监控和事后检查。按照财政管理事项发生、发展和终结的不同阶段，财政监督可分为事前监督、事中监督和事后监督。事前监督是指财政部门通过对国家机关、企事业单位、其他经济组织等主体未来进行的经济事项（包括经济决策和经济行为）及其相关行为合法性、合规性、合理性进行审核或监督，从而保障经济事项步入预定轨道的一种经济管理活动。事前监督是建立财政监督机制的起点，是财政管理的预防性措施。

事中监控是指财政部门通过对国家机关、企事业单位、其他经济组织等主体正在进行尚未完结的经济事项及其相关行为的合法性、合规性进行审查，保障经济事项在预定轨道中正常运行的一种经济管理活动。事中监控是对经济行为过程进行的观察和控制。

事后检查是指财政部门依照法律法规，对国家机关、企事业单位及其他经济组织等主体已经终结的经济事项、运行结果及相关行为的合法性、合规性、有效性进行检查、评价以及处理处罚的一种经济管理活动。事后检查是对财政运行的最终考核与评价。

（4）合规监督和绩效监督。按照监督的目的可分为合规监督和绩效监督。合规监督是指财政部门对国家机关、企事业单位以及其他经济组织等主体各项财务活动是否严格执行国家财政政策、遵守财经法规、制度所进行的监督检查活动。

绩效监督是指财政部门以提高财政资金分配与使用绩效为目的，在有效开展财政支出资金合规性监督的基础上，按照绩效管理的目标和要求，运用科学的监督标准和分析方法，对财政支出行为过程及结果进行客观、公正的评价与监督的活动。财政绩效监督包括行为监督和结果监督。行为监督体现了财政监督的监控职能，包括投入监督和过程监督。结果监督反映了财政绩效监督最终目标，包括产出监督和影响监督。服务对象或社会公众满意度是结果监督的重要方向。

（5）独立检查和联合检查。按照监督的组织形式可分为独立检查和联合检查。独立检查是指由财政部门按照财政监督检查工作计划，独立组织本级财政部门所实施的各项财政监督检查活动。

联合检查是指财政部门根据工作需要，采取上下联动方式或者会同其他有关部门对被检查单位所进行的检查活动。这种监督形式主要是针对专业性强、涉及面广的重大问题进行的。

3. 财政监督方法

财政监督的方法有多种，在监督检查过程中每一种方法都发挥一定的作用，但每一种方法都有其局限性，因此，在具体方法的选择上，财政部门和工作人员应全面了解和综合分析，根据财政监督任务和被监督单位的具体情况，按不同类型的工作事项和不同目的选择最佳的监督方法。综合运用多种监督方法，可以有效提高监督效率，确保监督检查工作的顺利完成。

（1）审核。审核是指财政部门及其派出机构按照法律法规等要求，对有关单位的会计和业务资料的真实性、完整性、合规性进行审阅、核实与查对的方法。审核是财政业务管理机构和财政监督专职机构通用的最基本的监督方法，其特点是管理和监督关口前移，监督成效高，具有预警作用。

（2）审批。审批是指财政部门及其派出机构在审核基础上所进行的批复业务。审批与审核的主要区别在于前者有明确结论并予以批复，承办事项终结；而后者只形成结论，不予批复。

（3）监控。监控是财政部门及其派出机构按照法律法规等规定，对预算编制、执行和财政管理中的某些重要事项进行监督控制，确保财政资金分配合理、使用安全，并达到预期目的的方法。

（4）监缴。监缴是指财政部门及其派出机构根据财政管理的要求，对应缴预算的政府性基金、行政事业型收费收入和罚没收入等非税收入的缴库或汇缴财政专户情况就地进行监督的方法。

（5）对账。对账是指财政部门对税收收入征收部门、预算支出部门和人民银行国库等部门开展按月收入和支出核对的方法。

（6）分析。分析是指财政部门及其派出机构为加强财政收支监管，通过对本级财政收支数据及其相关经济指标等进行比较分析，查明原因、寻找解决途径的方法。

（7）调查。调查是指财政部门围绕财政管理和财政检查中暴露的难点、热点和重点问题，有针对性地进行了解和考察的方法。调查是各项工作的基本手段，是科学决策的必经程序。

（8）检查。检查是指财政监督检查人员对会计记录和其他书面文件的准确性、可靠性、真实性所进行的审阅、核对与测试等活动。其中，审阅是指财政监督检查人员通过阅读和审核各种会计凭证、账户、报表以及有关文件和其他原始资料，从中发现问题和线索的一种检查方法。核对是指财政监督检查人员将两种或两种以上的相互关联的会计凭证、账簿和报表等资料进行互相对账或交叉对照，以检查其内容是否一致、计算是否正确的一种方法。测试是指财政监督检查人员对被查单位的凭证、账簿和报表的数字进行计算、平衡，以验证其是否正确。

(9) 监盘。监盘是指财政监督检查人员现场监督被检查单位对实物资产、现金及有价证券等实施盘点，并进行适当抽查的方法。

(10) 观察。观察是财政监督检查人员对被检查单位的经营场所、实物资产和有关业务活动及其内部控制执行情况等所进行的实地监察。

(11) 查询。查询是指财政监督检查人员对有关人员进行的书面或口头询问，可以有效了解书面资料中未能详尽提供的信息，弄清事实真相。

(12) 函证。函证是财政监督检查人员为印证被检查单位会计记录所载事项而向第三方发函询证，获取和评价检查证据的活动。函证可分为积极函证和消极函证。前者要求被函证单位在收到函证信件后应该给予回复，后者则是被征询人认为委托事项有差异时，才给予回函答复。财政监督检查人员在发出函件一定时间未得到答复时，则认为所查事项无误。

(13) 分析性复核。分析性复核是财政监督检查人员对被检查单位重要的比率或趋势进行的分析，包括调查异常变动以及这些重要比率或趋势与预期数额和相关信息的差异。

二、财政监督的作用

(一) 现代财政制度的核心要素

现代财政制度建设包括现代预算制度、现代税收制度和体现一国政治制度的政府间财政关系现代化等内容。其中，现代预算制度的建设是现代财政制度建设的最主要内容。美国著名经济学家熊彼特提出了由"税收国家"向"预算国家"演进的现代财政制度发展过程。其中，"税收国家"制度是以税收法定原则的确立和现代直接税税制的建立为根本标志，形成政府收入的法定、确定、公平原则和对政府收入行为的有效约束。而"预算国家"制度不仅要求政府要规范自身的收入行为，还必须约束自身的支出行为，政府预算成为财政监督和政治制衡的重要工具。"预算国家"制度的建立，标志着现代财政制度的真正形成。中国是一个发展中的大国，实现中华民族伟大复兴的中国梦需要与之相称的国家治理能力，主要体现为财政汲取能力、政治渗透能力和危机解决能力。所有这些能力的提升都要依靠财政来支撑，财政制度及其财政监督是维系这些活动的规则和手段。中国的现代财政制度必然是体现中国政治制度、预算制度和现代税收制度特征的一种制度安排和制度创新。

现代财政制度必须体现受托责任、透明度、可预见性、公众参与的特征，这也是现代财政制度建设的核心要素。

1. 现代财政制度必须体现受托责任

财政是政府利用国家权力（包括政治、经济等权力）筹集、使用和管理公共资金的活动。因此，财政活动、管理、监督从本质上讲是公共权力的行使过程，财政部门作为公共权力的受托者，承担着公民的受托责任，并代理行使公共权力。从这个意义上讲，财政部门行使财政职能首先要受制于公民的监督和制约，在我国表现为各级人民代表大会对财政部门的问责和权力制约。公共权力制衡原则是公权运用的基本法则，不受监督的公共权力，必然诱发权力部门或个人的自利动机，出现机会主义行为，损害公共利益，甚至威胁到正常的经济和社会秩序。接受监督和制约是公共权力部门受托责任的必然要求，财政部门受托行使公共权力的行为和过程也必须受到有效的监督和制约。宪法及财政基本法是现代财政制度建立的基本法律基础，也是体现其受托责任的法律依据。

2. 现代财政制度要求财政运行及其过程必须是公开、透明的

提高透明度是国家治理的一个重要手段，是建设现代财政制度的一种基本调节方式，是财政法治化的基础，在国家治理中举足轻重。财政资源是一种公共资源，提高透明度，对公共资源的使用是一种规范和约束，降低因产权不明晰带来的低效率，提高社会公众对政府财政行为的支持和信赖。从这层意义上讲，财政透明度提高是社会进步的一个重要标志。

3. 现代财政制度的政策结果必须是可预见的

可预见性是以结果为导向、对公共决策可取得成果的一种判断，是财政管理结果的重要表达形式。一种最直观的可预见性表达形式是绩效，财政支出绩效评价是对财政支出结果的一种评价。可预见性的第一个层面是量化结果，第二层面才是在量化结果的基础上硬化约束。没有可量化的结果，那么无法对结果进行价值评判，或者使价值评判存在极大的任意性和不规范性。缺乏约束规则，则会使得结果的量化失去赖以依存的根本价值。对现代财政制度来说，绩效必须同时满足两个条件才具备可预见性，这也将反过来影响公共决策的结果。要建立全面规范、公开透明的现代财政制度，首先要求具有明确的管理目标，目标的明确和结果的可预见性都有利于规范财经纪律、加强收支控制和实现战略性资源配置。

4. 现代财政制度必须体现公民参与性

公民参与决策体现了国家治理中的公民的权利，体现了政府的受托责任。政府公共决策归根结底是要满足公民愿望，而参与最直接反映了公民需求。约翰·克莱顿·托马斯在《公共决策中的公民参与：公共管理者的新技能与新策略》一书中提出了公民参与的有效决策模型，如果解决了公民的有效参与问题，能期望解决公共决策的合理性。事实上，公民参与政府决策过程，不仅表达了公民参与决策的机会及主张利益的权利，也是提高政府治理能力的基础之一。参与型财政制度更有助于提高纳税人的遵从程度，从而有利于政府财政汲取能力的提高。

（二）财政监督是现代财政制度的重要内容

美国著名政治学者弗朗西斯·福山在《政治秩序的起源：从前人类时代到法国大革命》一书中提出了现代政治的三要素理论，认为一个国家政治稳固且良性运转的三大要素依次是：强大的政府、法治和责任制。三者紧密联系，缺一不可。一国之政府是政治权力的集中行使者，法治则要求限制政府权力，责任制促使政府在运行过程保持公开透明和规则化，保证国家治理真正服从于公民意志。后两个要素是第一个要素的约束条件,可以防止政府权力泛滥和制度失灵,从而造成公共利益分配的偏移。作为一个发展中的大国,中国要维系一个强有力的政府,治理好一个人口大国,必须把法治和责任制两要素抓好。实现国家治理能力的现代化,基础和支柱在于财政制度的现代化。深化财税体制改革、建立现代财政制度,既是对现行财税体制和制度的继承与创新,又是适应国家治理现代化新形势、对财税体制等基础制度的系统性重构。要保证财政制度的现代化和先进性,就必须明确现代财政制度下财政监督的基础性地位,发挥财政监督的基础性作用。而财政制度的现代化就是财政管理的法治化和问责制度化,就有赖于财政监督制度现代化(财政监督是问责制的前提条件)。财政监督的必要性及与财政管理的不可分割性表明,财政监督本身就是现代财政制度的一项重要内容。

1. 加强财政监督是建立现代财政制度的内在要求

党的十八届三中全会明确提出建立现代财政制度的目标和三大任务,就是建立全面规范、公开透明的现代预算制度,建立健全有利于科学发展、社会公平、市场统一的税收制度体系,调整中央和地方政府间财政关系,建立事权和支出责任相适应的制度。不论是现代预算制度、现代税收制度,还是事权与支出责任相适应的现代政府间关系中,都包含着财政监督的过程,所谓监督寓于制度之中。现代财政制度的建立过程,就是现代财政监督制度的形成和完善过程。现代财政制度必然是一种受托责任清晰、监督体系完善、参与广泛、公开透明的制度安排。通过对制度运行情况进行核对与校正,对其正确性与合理性进行反馈和评估,以此促进机制的不断优化完善,夯实财政运行的基础,确保财政工作有序开展,这是建立现代财政制度的应有内容。

2. 加强财政监督有利于财政职能的实现

在社会主义市场经济条件下,财政监督与资源配置、收入分配、调控经济职能都是财政固有的职能,它们彼此相互关联、相辅相成。财政监督对资源配置、收入分配、稳定经济三项职能的实现具有促进、规范、优化和保障的作用。财政监督通过反映、督促、检查和制裁等活动,及时发现和纠正预算编制和执行中的偏差,保证财政资金分配的合规性、合理性和有效性。财政监督通过对财政资金运行的跟踪、检测、分析、反映,为宏观经济调控提供决策依据;通过对财政资金流向及其效率的判断,为财政资源的有效配置和经济的稳定发展提供保障;通过对财政资金绩效的监督,为各级政府部门构建协同监管机制和改进财政管理水平创造条件。

现代财政制度所带来的系统性创新需要财政监督的同步创新来支撑。其中,深化预算管理改革的目标就是加快转变政府职能,完善管理制度,创新管理方式,提高管理绩效;盘活存量资金,用好增量资金,构建全面规范、公开透明的现代预算制度。税制改革的目标是建立一个税种布局科学、法律制度健全、征纳便利高效,有利于科学发展、社会公平、市场统一的完善的现代税收制度。深化纵向财政关系体制改革是国家治理体系的重要一环,目标是要实现政府间规范、稳定、高效、公平的良好格局。现代财政制度三大支柱的构建都对财政监督提出了新的要求,需要财政监督进行协同、调整、综合和创新。

3. 加强财政监督是维护"国家治理"基础和支柱更加稳固的重要手段

"财政是国家治理的基础和重要支柱",财政在我国经济社会发展中占有重要地位,发挥着重大作用。为了使"国家治理"的基础和支柱更加稳固,其中一个重要的手段就是加强财政监督,充分发挥财政监督的作用。特别是随着我国财政规模的不断扩大,财政分配关系越来越复杂,财政资源配置对宏观经济运行影响越来越大的情况下,加强财政监督对我国"国家治理"现代化具有重要意义。

围绕党中央、国务院重大决策部署,对涉及人民群众切身利益和财政资金投入的重点领域开展监督检查是财政监督工作的重要职责。"十二五"以来,全国各级财政部门共对72.97万个单位进行了监督检查,查补追缴各项财政收入共计907亿元。财政监督在确保政令畅通,促进各项政策措施落实到位,保障资金规范使用,维护经济和社会稳定方面发挥了重大作用。当前,我国经济社会正处于转型期,财政面临的矛盾和问题较多,财政改革的任务也非常繁重，在这样的发展过程中，尤其需要加强财政监督，从制度上建立常态预警机制，防范财政风险，从而保障宏观经济的稳定和社会的平衡发展。

4. 加强财政监督是依法治国和依法理财的重要途径

党的十八届四中全会通过的《中共中央关于全面推进依法治国若干重大问题的决定》标志着依法治国迈向新的历史高度。加强依法理财，是现代财政制度建设、法治政府建设的内在要求。推进依法理财，就是依法履行财政执法职责，严格财政行使执法责任和权限，强化对财税违法行为的监督检查，完善纠错问责机制。自2015年1月1日起实施的新预算法是依法治国理念在财政领域的具体体现。新预算法第88条明确规定"各级政府财政部门负责监督检查本级各部门及其所属单位预算的编制、执行"，财政部门承担着依法落实财政监督责任的具体使命。"天下之事，不难于立法，而难于法之必行。"法律的生命力在于实施，法律的权威也在于实施，要贯彻落实好新预算法，各级财政部门就必须强化对预算编制执行和财政资金管理使用的监督检查，切实发挥好事前审核把关、事中过程监控、事后检查问责的作用。

第二节　现代财政制度对财政监督的要求

在不同的社会政治和经济环境下，财政监督反映了不同发展时期国家政治、经济和社会的基本特征以及生产关系的性质和财政运行规律。现代财政制度的构建及对财政监督的影响也是在承接以往历史时期的特点和要求的基础上逐步产生的。

从1949年新中国成立到1978年党的十一届三中全会召开之前，我国处于计划经济体制下，与当时统收统支的财政体制相适应，财政监督的主要任务是加强经济监督和控制，堵塞财政流失漏洞，维护财经纪律，促进增产节约。财政监督的对象和内容主要是企事业单位财务收支，执行财税政策等经济事项；监督方式以对企业财务管理和经济核算的直接干预式监督为主。这一时期，财政监督作为财政基本职能的特征得到了充分体现，形成了财政监察机构和财政驻厂员制度互为补充的财政监督格局。虽然受到"大跃进"和"文化大革命"的影响，财政监督机构历经两次撤销和恢复，但是，财政监督的重要作用和地位也由此得到反复验证和加强。

1978年党的十一届三中全会以后到1993年党的十四届三中全会决定建设社会主义市场经济体制目标之前，我国处于以放权让利、搞活经济为改革基本方略的发展时期，财政管理的中心是为保障改革开放和增加财政收入服务，财政监督工作的主要目的是平衡财政收支、严肃财经纪律，治理整顿经济秩序；监督的对象和内容是企业的财务收支活动；监督方式主要是专项检查、事后检查等，以查办案件和查补收入为主要方式。

1993年以来，我国的改革开放事业进入建设社会主义市场经济体制的新时期，财政监督事业也开始进入一个新的发展阶段。为适应经济体制改革的需要，我国于1994年实行分税制财政体制改革，并于1998年开始推进公共财政体系建设。这些都赋予了财政监督更重要而艰巨的历史使命，也为财政监督提供了更为广阔的发展空间。尤其是当我国的经济规模越来越大，财政收支高速增长的情况下，财政监督主动适应形势需要，适时调整监督思路，不断加大监督力度的作用越来越显示出来。在监督理念上，实现了从检查型监督向管理型监督转变；在监督内容上，实现了从注重查补收入向收支并重转变，从外部监督向内部监督相结合转变；在监督方式上，实现了从注重事后专项检查向事前审查审核、事中跟踪监控和事后检查处理有机结合的全过程监督转变；在监督目的上，注重把财政政策落实当作根本目的，实现了从关注和查处财政违规事项的"纠错"型监督向建立和完善内控机制、促进财政管理的"预防"型监督转变，从安全性和合规性监督向效益性监督转变。

经过多年的实践，党的十八届三中全会在对历史经验进行总结的基础上，提出了"全面深化经济体制改革，加快改革财税体制"，"加强对政府全口径预算决算的审查和监督"，"确保决策权、执行权、监督权既相互制约又相互协调"，"让权力在阳光下运行"等多项要求，为提高财政资金使用方向与公共政策的契合度，保证经济和社会的稳定协调发展，给财政监督制度的完善指明了方向，提出了新的要求。

一、财政监督行为的法制化

深化财税体制改革，建立现代财政制度，首先就是要建设法治财政。国家治理的现代化，有赖于各个领域的现代化。尤其是财政作为国家治理的基础和重要支柱，应当不断完善财政立法，树立法治理念，依法理财，将财政运行全面纳入法制化轨道。作为"大国财政"，财政法制化尤为重要。特别是在市场主体、利益主体多元化的发展阶段，财政作为调节社会利益关系的国家公器，财政法制化势在必行，是协调城乡间、区域间、阶层间利益的前提条件。只有将各种利益格局的调整纳入法制化框架下，将矛盾和冲突的化解推上法制化轨道，才能提高国家治理水平，实现社会和谐安定。在国家治理体系中，财政法制化的核心就是通过对公共部门和市场主体进行约束，规范财政分配秩序，通过财政监督促进政府和市场有序协调运转，防止权力随意扩张而损害公共利益。因此，要按照完善立法的要求，尽快建立和完善财政法律、法规和制度，规范各种财政分配关系和行为，调整经济关系和利益矛盾，促进经济社会协调发展。

近年来，我国财政监督法制化建设已经取得了可喜的进展。2012年，财政部在总结财政监督工作实践经验的基础上，出台了《财政部门监督办法》，作为第一部全面规范财政监督行为的综合性法律制度，为财政监督法制建设奠定了重要基础。但是，在现代财政制度框架下，已经颁布的法律法规仍然存在很多问题亟待改进和明确。例如，大多数规章制度要么源于自身特有的规范对象，使得财政监督规定较为分散，对财政监督主体、职责、内容、手段规定不具体，只进行原则性的笼统描述，缺乏对具体实施方案和程序的说明，从而难以有效指导财政监督的实践工作，惩罚激励和绩效考核也都缺乏约束力和可行性。在财政监督"多龙治水"的局面下，财政部门与审计等其他监督部门的沟通上同样缺乏法律协调机制。因此，未来仍需要通过法制化建设明确财政监督实施主体、责任范围、权限配置等多重问题。

二、财政监督程序的标准化

加强财政监督工作需要不断改进财政监督工作的方式、方法，提高财政监督工作的质量和效率。而财政监督工作质量和效率的提高，则需要用法律手段来规范财政监督行为。只有在监督程序合法、检查人员行为规范的前提下，才能保证监督检查的结果合法。所以，必须通过加强财政监督法制建设，进一步规范监督行为，促进财政监督工作有理有据，合规合法，发挥财政监督的效能和作用。财政监督的法制化为财政监督检查工作提供了最根本的权力基础，但具体工作的执行还需要加以系统化和标准化，通过财政监督程序的层层分解、步步细化，将财政监督全过程紧密掌握在系统工程之中。这样才能便于统筹规划和组织安排，能够形成以整体质量控制为目标、以项目质量控制为基础、以人员行为控制为核心的质量控制机制。

所谓标准，是检查与衡量工作质量及其结果的统一规范。现代财政制度下，财政监督程序的标准化即是行为标准化、流程标准化、任务标准化、责任标准化。财政监督程序标准化的本质目的是实现财政监督工作程序的专业化、科学化。财政监督标准化管理是按照财政科学化、精细化管理的要求，积极探索和掌握财政监督业务的客观规律，对每一个部门、每一项工作、每一条流程、每一个环节、每一个岗位建立科学、细致的标准规范，并加以管理，从而形成统一的思想认识和行动步调，以提升财政监督工作的质量、效率和水平。当然，财政监督程序的标准化并不是独立存在的，而是必须与财政监督行为的制度化、范围的全面化、方式的信息化以及工作的绩效化相辅相成、协调一致。

三、财政监督范围的全面化

现代财政制度必须是统一的、全面的制度安排。财政活动遍布于政府行为的各个方面,因此,在政府活动中,无论是涉及财政收支活动,还是涉及财政的管理活动,都必须置于财政监督之下。现代化的财政监督要从全局的角度,规范各级政府的行为,覆盖各种收支活动以及各种收支活动的各个环节,从而全面维护社会分配秩序,确保社会公平正义。

公共财政框架下,对财政部门狭义的财政监督范围厘定较为狭窄,往往只强调预算管理、财政收支、国有资产管理的财政监督,对会计监督和金融监督重视不足,缺乏理论上的提炼。党的十八届三中全会《中共中央关于全面深化改革若干重大问题的决定》明确提出,政府要加强市场活动监管。以此为指导,各地财政部门要认真履行《会计法》、《注册会计师法》赋予的市场监管职能,围绕服务国家宏观调控、规范市场经济秩序、严肃财经纪律、开展会计监督工作。另外,金融组织、金融产品、金融服务正在不断的推陈出新,金融风险的潜在威胁也在不断集聚。作为宏观调控的实施者,政府必须在市场风险迸发之前防微杜渐,在控制金融风险的同时引导金融行业更好地为实体经济发展服务。金融监督需要财政部门以金融企业会计信息质量检查为抓手,把防范化解风险作为金融监管工作的生命线,推动金融企业加强内部控制,规范经营核算,有效防范金融风险,维护国家的金融安全。金融监督要与多种监督形成严丝合缝的网络,代替原来不完整的碎片化监督格局,充分发挥现代化财政监督体系的合力效应。

四、财政监督方式的信息化

财政监督本身是一项工作量极大的业务,尤其是各级预算部门需求的多元化、财政收支的多样化、财政风险的多源化,都需要投入极大的精力去甄别计算，如果一味依赖于人工化的统计抽样等手段，根本无法保证财政监督的实效性。现代财政制度必须是高效的财政制度，要实现国家治理能力现代化，首先就是要保证工具方法的现代化。在高速膨胀的经济信息量下，先进的计算机技术已经广泛应用于财政管理和财政监督密切相关的各个领域，财政监督亟须在方式、手段和技术上进行一次全新的变革，为进一步提高财政监督效率提供技术支持。尤其是大数据时代的到来，对财政监督程序的标准化、财政监督范围的全面化、财政监督工作的绩效化的要求越来越高，需要处理的信息种类越来越多，数量越来越密集，财政部门应当坚持创新驱动理念，不断通过运用科技信息手段提高整体监督过程的效率。

财政监督信息化建设的主要内容包括财政监督日常业务管理系统和财政监督现场检查系统两部分。财政监督信息化建设的总体目标定位为业务监督网络化、监督检查电子化和沟通互动信息化。具体来说，近期以促进规范、提高效率为目标，加快推进机制建设成果向信息化的转化，使现有的财政监督工作基本实现由依靠手工操作向使用计算机的转变，做到流程清晰、步骤明确、运作高效和操作规范；远期以实现全程、动态监督为目标，形成有软件能用、有数据备查、有网络互通、有制度保障的格局，形成对财政财务收支的真实、合法和效益实施动态监督的信息化系统。为了实现这些目标，财政监督部门应坚持科学合理、系统全面、分步实施和安全保险的原则从制度建设、软硬件投入、人才培养、信息化平台建设、信息库整合和加强信息安全性的角度来进行信息化建设。

五、财政监督导向的绩效化

长期以来，我国财政监督主要是以合规性监督为主，弱化了针对财政资金收支效率的绩效监督，即强调对与错的评判，忽视好与差的评价。随着财政绩效管理的实施和财政改革的不断深化，财政资金绩效问题将日益受到关注，绩效监督也逐步成为财政监督工作的重要内容。现代财政制度是在结果可预见的前提下以结果为导向的财政管理制度，仅仅是对与错的评判显然不足以约束财政收支行为，即使是符合规定来源、规定去向的财政收支行为，如果不加以限制，也会带来差的绩效和坏的结果。因此，未来革新监督理念，从合规性监督转向绩效监督是现代财政制度下财政监督的必然要求。

各级财政部门应加大财政绩效管理与绩效监督的理论研究和实践探索，强化成本意识、规范意识，建立并完善绩效评价指标和绩效监督标准体系，积极探索绩效监督方式方法。在合规性监督的基础上，坚持"先易后难、突出重点、夯实基础、规范操作、分步实施"的原则，稳步推进财政绩效监督工作，不断丰富绩效监督手段，积累绩效监督经验，加强绩效监督成果的利用，促进财政管理水平的提高。

第三节 财政监督与其他监督的关系

在我国，财政监督同人大监督、审计监督、行政监察和其他政府部门经济监督等共同形成了广义的财政监督，但这几种监督方式在法理、方法论、监督的领域、范围和环节等方面还有着重大的差别。只有准确识别这些差别，才能在建立现代财政制度中对财政监督的职能进行合理定位。

一、财政监督与人大监督的关系

人大监督是最高权力机关的监督，是指各级人民代表大会及其常委会依据《宪法》以及国家的相关法律法规，对政府及其财政部门执行国家有关财经政策和法律法规情况，预算编制、执行情况的监督。各级人民代表大会及其常委会监督的权力是由《宪法》赋予的，主要包括审查和批准政府预算草案以及政府预算执行情况的报告、审查和批准政府预算在执行过程中所必须做的部分调整方案、对政府预决算情况进行监督等。

人大监督具有明显的特征：一是权威性。各级人大及其常委会的监督与同级其他国家机关、社会组织相比较，是最高层次、最具权威的监督，具有强制性和约束力。二是法定性。人大及其常委会审批预算与监督预算的执行，具有法律的规定性和权威性。经过人大及其常委会审查批准的预算和部分调整的方案必须认真执行，不经过法定程序，不得擅自变更。三是规范性。人大审批监督需严格按照法定的程序，并且是一项集体行使职权的行为，只有经过法定的民主程序形成的决议，才具有约束力。这些特征决定了各级人大及其常委会对财政的监督地位，是我国最高层次的财政监督。

而财政机关对财政资金的监督，即"狭义的财政监督"，是人大监督之下的政府部门监督。加强财政监督是人大监督的重要基础，并有利于更好地落实人大监督的意志，发挥人大监督的作用。

二、财政监督与审计监督的关系

审计监督是指国家审计机关按照《审计法》，对被审计单位的财政财务收支及其经济活动的真实性、合法性和效益性进行检查、评价的一种监督活动。财政监督与审计监督既有密切联系，又有明显差别。

财政监督具有管理属性，监督寓于管理之中，通过监督及时发现和纠正财政运行过程中出现的问题，保证财政分配的科学性、正确性和有效性，是保证财政资金安全的一道重要防线。财政监督一般是由部门自身管理职能派生、衍生的经济监督职能。审计监督是一种具有独立性的外部经济监督活动，需要由专门机构和专职人员独立地进行。正是因为财政监督具有管理属性，所以财政监督主要通过剖析问题、提出建议、完善管理的方式进行监督，而审计监督则主要通过惩戒警示和相应的措施进行监督，制裁性质更强，同时审计监督的外部性决定了其与利益主体是分离的，业务流程是隔离的，能够有效弥补财政监督的不足。

财政监督涵盖财政资金运行全过程，事前审核、事中监控、事后检查

"三位一体",以事前审核和事中监督为主,以事后检查为辅;而审计监督更为关注的是对财政经济运行结果的监督,以事后监督为主。

财政监督的重点在于对重大财税政策的落实情况进行督察,通过对财政资金使用情况的检查,为未来财税政策的调整提供依据;审计监督的重点在于公共资金使用单位是否严格遵循法律法规、财经纪律,考查的重点是公共资金使用的合规性。

财政监督和审计监督是有区别的,不能相互替代的,又是密不可分的。一方面,二者同属于经济监督、行政监督;另一方面,二者最终目标一致,部分工作实现路径、工作方式和运作手段也相似。财政监督和审计监督应相互联系、相互促进、相互补充、相互支持,通过发挥各自的优势,共同促进各级政府、相关部门提高财政管理绩效,规范财政经济秩序。

三、财政监督与行政监察的关系

行政监察是国家行政系统内部由专门监察机关实施的,对行政机关、国家公务员,以及行政机关任命的其他人员的廉政、勤政和执法情况进行监督检查的一种职能活动。监察机关是政府行使监察职能的机关,对国家行政机关、国家公务员和国家行政机关任命的其他人员实行监督。监察机关依法履行职责,在监察活动中,向行政机关提出改进工作的建议,堵塞行政管理中的漏洞,避免和减少工作失误;对违反行政纪律的行政机关、国家公务员和国家行政机关任命的其他人员进行查处,依法进行法律制裁;依照法律支持和鼓励行政机关、国家公务员忠于职守,清正廉洁,保障合法权益,创造良好的行政环境,进而提高其依法行政的水平,达到改善行政管理、提高行政效能的目的。

财政监督与行政监察既有分工、各司其职,又相互促进、互为补充。财政监督着重负责查处单位的财政财务违法违纪行为,行政监察着重负责查处个人的财政财务违法违纪行为。财政监督发现个人违法违纪问题需要移送行政监察机关；行政监察机关检查相关单位的财政财务违法违纪行为时，则经常借助财政监督力量开展工作；财政监督也经常协助行政监察机关开展各种专项治理工作。实际工作中，二者应加强配合，形成合力，共同打击各种财政财务违法违纪行为。

四、财政监督与其他政府部门经济监督的关系

其他政府部门经济监督，主要是指除审计、财政以外的具有经济监督职责的政府部门，如税务机关、国有资产管理部门、金融监管部门等，依据国家有关法律法规，履行各自经济监管职责的活动。

财政监督同税务监管、国有资产监管、金融监管等其他政府部门经济监督在监督对象、内容、手段和目标等方面，既各有侧重，又相互补充。如财政监督既实施对税务机关的监督，又可以延伸对纳税人纳税情况进行监督。财政监督和金融监管部门都履行对国有及国有控股金融企业监管职责，但金融监管部门履行对所有金融企业的监管职责，促进提高金融企业竞争力，防范金融风险；财政监督更侧重于金融企业资产财务监督，保障国有资产保值增值，防范金融风险转化为财政风险。国有资产监管主要指国有资产监管机构，代表国家行使出资人职责，加强对授权监管企业的重大投资决策、重要人事安排和收益分配行为的监督，但由于国有资产是国家财政的基础和实现政府职能的载体，财政作为国家履行职能的物质基础、体制保障、政策工具和监督手段，也必须加强对国有资产的监督，主要是通过制定和督促实施财税、财务法规等方式，与国有资产监管部门共同做好国有资产保值增值工作，提高财政资金使用效益。

当前，我国多部门政府经济监督体系在分工、配合和履行职责过程中还存在某种程度上的重复和交叉现象，监督成本高，监督效率低，影响了我国政府经济监督职能及财政监督职能的发挥。现代财政制度的内容之一就是要建立起现代财政监督体系，形成各部门相互协调、相互补充、相互配合的分

工明确、界限明晰、运行高效的财政监督制度。多个政府部门在具体监督实施过程中必须形成分工明确又密切配合的监督网络，以减少监督成本。应当注重各部门的互相协调、互相补充、互相促进。财政监督在实际工作中，既要强化自身的监督职责，更要加强与其他政府部门经济监督的协调配合，形成监督合力，共同发挥政府经济监督作用。

回顾与总结：财政监督是现代财政制度的重要内容，是促成财政制度现代化和国家治理现代化的重要保证。经济越发展，就越需要加强和完善财政监督。财政监督表现为财政监督专职机构、财政业务管理机构在财政管理过程中，依法对财政运行中的相关主体的财政财务行为实施检查、调查、建议和反映等活动。财政监督以财政收入监督、财政支出监督、会计监督、金融监督、资产监督、财政部门内部监督和财政绩效监督为主要内容，在建立现代财政制度中意义重大。

我国的财政监督伴随着社会政治、经济和财政管理体制的变化，财政监督体系也在不断的完善。现代财政制度下的财政监督更加强调法制化、标准化、全面化、信息化和绩效化。

此外，财政监督的作用在与人大监督、审计监督、行政监察及其他政府部门经济监督的区别中更清晰地凸显出来。

第二章 国外财政监督实践与借鉴

本章导读：本章系统梳理了国外财政监督的制度类型，对立法型、司法型和行政型三种财政监督类型进行了阐述。在此基础上对比了各国财政监督实践，从监督行为的法制化、监督程序的标准化、监督范围的全面化、监督方式的信息化以及监督工作的绩效化五个方面进行了对比分析。并据此对我国财政监督提供了启示和经验借鉴。

第一节 国外财政监督制度类型

当前，各国财政监督制度主要是依据阿利克斯学派理论进行构建，并根据各国实际情况和财政职能范围，将财政监督内容拓展到社会监督和其他行业，共同构成完整的财政监督体系。

法国经济学家阿利克斯为主的学派认为，财政监督应按照监督机关的性质即隶属关系进行划分，主要包括三个层次的基本架构：一是立法监督。其职权在于制定财政会计法规，议决国家预算和决算。审计对国会负责，此种审计机构是具有立法性质的监督机构。二是司法监督。其职权范围在于按照现行法规及预算,审核国家财政收支的实际状况及其执行结果。这种权力由具有司法性质的审计机关掌握,独立于财务行政之外。三是行政监督。其职权在于整理财务行政和核实财务收支,防止违法乱纪的现象,由财政部掌理,如审计机关隶属于财政部,是具有行政监督性质的审计机关。

一、立法型财政监督及其特征

立法型财政监督指国家立法机关对国家公共权力施行的监督,其监督主体是国家立法机关,如国会、议会等。其创意根源于民主政治的一种深刻的"委托责任关系理论",即"国民—国家—政府"的委托代理,国民在向政府委托授权的同时,保留了对政府权力行使的监督和控制。这种监督制度的突出特点是由议会、财政部和审计署共同对国家财政进行监督,议会享有最高的财政监督权,审计组织隶属于国会行使财政监督权。实行立法型财政监督的国家主要有英国、美国、加拿大、澳大利亚和新西兰等国家。

立法型财政监督制度的优越性体现在:第一,可以实现国家管理权的合理分工并实现专业化,有利于政府集中力量处理好各项行政事务,又可以通过立法监督规定政府行为的边界,捍卫公民的民主权利。第二,是其他监督的力量之源,立法型财政监督侧重的是宏观监督,如立法机关对政府的监督,必然强化政府对自身行为的监督意识和责任,促使其加强行政监督。同时也为司法监督提供了有力保障,因为司法的公正与独立必须建立在完善的法治之上。第三,立法型财政监督具有最高的权威,是依托于宪法和法律的最高权威。

值得注意的是,立法型财政监督也有其局限性:首先,立法型财政监督的具体实践者是立法机关的议员或者代表,他们的素质高低、专业知识程度直接决定着财政监督的有效与否;其次,立法型财政监督侧重于宏观层面,因而不利于对微观主体及其行为的监督;最后,财政监督工作的特殊要求,如专业化、技术化也是立法型财政监督无法全面兼顾的。因此,立法型财政监督必须在司法监督和其他监督形式的协调配合下共同发挥作用。

二、司法型财政监督及其特征

司法型财政监督是指国家司法机关依照法定职权及法定程序对行政机关和公务人员的行政行为是否合法进行的监督，包括检察机关的监督和审判机关的监督两方面。监督形式主要是审计法院或会计法院对财政资金分配、使用主题及其使用情况的监督。这种监督的制度特点是议会只对国家财政监督实施宏观监督，具有司法性质的审计机关对财政监督具有较大的职权，财政部门设有执行财政监督的专门机构，但在行政级别上没有特殊的地位。实行司法型财政监督制度的国家主要有法国、西班牙、意大利和希腊等国家。

司法型财政监督的优势表现在其独立性、直接性、法定性、强制性等特点，与行政机关的内部监督相比，它是效果最直接、形式最特殊的一种国家法律监督制度。更主要在于它可以运用国家的审判程序对各种不合财税法规的行为进行处罚，并保持独立、公正与客观。可见，司法对财政监督的监督无疑是最有约束力和威慑力的。

不足之处在于，司法型财政监督是一种事后监督，所依据的只能是已发生的既定事实，通过惩处手段对其他财政主体及其行为过程起到威慑作用，难以做到事前的防范和事中的跟踪控制，必须与其他形式的监督紧密配合，综合运用才能达到监督目的。

三、行政型财政监督及其特征

行政型财政监督是指国家行政机关依据国家法律法规对自身行为、其附属机构行为和关联机构行为实施的监督。在监督中，表现为财政机关对其内部机构的行为以及使用财政资金的部门单位的资金运转情况进行的监督，是对内监督与对外监督的结合体。监督主体主要是政府及所属部门或者只是财政部门。主要特征是在各级政府设置行政管理部门，专门负责行使财政监督职权。实行行政型财政监督制度的国家主要有瑞典、瑞士、沙特阿拉伯、苏丹等国家。

行政型财政监督的优势在于：一是由足够的专业知识和技术力量对财政资金及其使用情况进行监督，能有效克服其他监督存在的信息不对称所导致的"弱监督"、"漏监督"现象；二是能够及时地组织专业技术人员对各种异常情况进行监督检查、实施事中监督控制，起到防患于未然的作用；三是行政监督侧重于具体主体及其行为的监督，它可以根据财政资金的运转情况把监督的触角延伸到各个领域、各个主体部门甚至具体的事项上，是对资金流量的全程监控。

当然，行政型财政监督主体的层次决定了行政监督的权威有限，法律上未予以明确的地位也给实际财政监督工作造成诸多的不便，如财政监督和审计监督的"撞车"现象，对违反财政秩序、法规行为的处罚不力或无力处罚，行政监督还可能受制于上级干预，形成共事者合谋，也显示出行政监督的固有弊端。

第二节　国外财政监督实践比较

虽然世界各国根据各自的实际情况，所采用的财政监督体制不尽相同，但它们也都存在某些共性，在财政监督的权力、程序、范围、方式、绩效和内部监督方面形成了有价值的实践经验，值得我国参考借鉴。

一、监督权力保障的比较

从国外财政监督实践来看，各国都十分重视法律制度建设，法制化程度比较高，用以保障财政监督活动的进行。各国大都通过议会立法的形式来调整财政监督职能，部分国家甚至在宪法中对财政监督制度予以规定。同时注重立法的可操作性和及时性，既能以立法的形式对财政监督主体依法履行职责提供保障，又十分注重结合社会发展现状及时修订法律，从而不断完善财政监督法制。

（一）美国

美国国会通过的法律或者其他相关法规条款中都具体规定了财政监督的职责和任务，法律体系比较完备。宪法第 1 条第 7、8、9 项和修正案第 16 条都规定了国会的征税、举债和拨款权，作为国会的权力依据。国会先后通过了《监察官法》、《财政主官法》、《政府管理改革法》和《单项否决权法》等，赋予监察官以独立监督的权力，为财政监督提供法律依据。除此之外，美国建立了一套体系完整、职责明确、依据充分的预算监督系统，《1921 年预算与审计法案》、《1974 年国会预算和截流控制法案》、《1985 年平衡预算和赤字紧急控制法案》、《1993 年政府绩效及结果法案》等，都是美国预算控制和监督方面比较重要的法律。

（二）法国

法国在 2001 年 8 月 1 日，新《财政法组织法》由总统颁布实施，重点是加强议会对预算的监控力度。不仅扩大了议会对预算批准的范围，提高了议会获取政府经济财政方针报告等相关信息的质量，同时建立各种机制，便利议会在预算领域的工作。

（三）日本

日本国会陆续颁布了《财政法》、《地方财政法》、《地方交付税法》、《地方自治法》、《财务省设置法》等法律法规，保证监督管理的规范化和透明化。

（四）澳大利亚

澳大利亚有健全的经济监督法律法规体系，除《公司法》、《审计法》、

《会计准则》等原则性法规外，还有《财政管理和责任法》、《审慎监管法》、《预算诚实法》、《公共财政透明法》等一系列具体法规。其中，《财政管理和责任法》对财政资金申请、拨款、支付行为进行规范和全过程监控，并规定了操作性很强的处罚条款。

（五）德国

德国财政监督法律体系比较完备，既有联邦的《基本法》、《经济平衡发展和增长法》，又有联邦及各州颁发的《预算基本原则法》。其中《基本法》要求"对公共管理部门的各项支出进行成果监督评价"，而且《预算法》规定"行政部门必须对其施政的财务影响进行成本收益评估"。

（六）俄罗斯

俄罗斯的《俄罗斯联邦预算法典》对国家和地方财政监督进行了专款规定。其中第268条规定"联邦财政部对总支配人、支配人和用款单位使用预算资金情况实行内部监督。在本法典规定情况下，联邦财政部对联邦主体预算及地方预算的执行实施财政监督"。第270条对联邦主体和地方财政机关实施的财政监督进行了专项规定。

（七）阿根廷

阿根廷详尽地列举了每项工作的法律依据，从宪法到《国家公共财政管理与组织法》，再到部门规章，自觉依法行政的观念比较强。

（八）其他国家

瑞士制定了《联邦财政监督法》，新西兰实施了《公共财政法》，乌克兰通过了《建立国家监督检查总局》的法律，埃及制定了《政府会计法》，波兰先后制定了《公共资金法》、《税务检查法》等，确立了财政监督的法律地位。

二、监督程序的比较

国外财政监督工作程序和方式普遍具有法制化的特征,财政监督工作必须依据相关法律进行,监督人员由法定程序任免,处罚由相应法规规定,做到了有法可依、依法监督。这是欧美等市场经济国家的一个显著特征。同时,各国都高度重视预算编制和层级审批,讲究监督程序的完整性,结构严密,运作高效,对经济预测和编制准确时间充足。并充分利用现代化技术手段,不断提高财政监督效率,丰富财政监督的理论内涵和实践手段。

(一) 美国

美国预算监督制度有严密的职权设计和程序保障,从预算的形成、审批、预算的划拨、执行、调整到最后的决算,预算管理的全过程都有规范的程序。比如,在预算执行阶段,美国国会最有效的监督途径是对拨款的控制,按照预算程序,授权是预算监督的第一关,拨款是预算监督的第二关。国会通过了授权法案只是同意立项,政府拿到钱还需要通过拨款程序。即使在预算法案生效以后要完成拨款活动,仍须国会批准。

(二) 法国

法国财政部非常重视预算的事前审核和拨付审核两个环节。为提高预算管理效率,法国财政部在各部和大区都派驻机构和人员,通过财政监察员和公共会计的日常监督工作,既代表财政部发挥事前监控的作用,又及时掌握预算执行中的信息和问题,以便做出应对。而设在财政部内的财政监察总署的主要任务是随时根据部长指示对涉及国家财政收支的活动及其他事项进行监督检查,并核实、查处。其工作均不事先通知,而是在接受部长命令后立即行动,结束后形成书面报告直接报送部长,被称为财政部长的"别动队"。

(三) 加拿大

加拿大财政年度为当年4月1日至次年3月31日,每年3月着手编制下年预算。财政部据此制定本部门的业务计划,为三年滚动计划。每年6月组织内阁磋商,对部门初步预算进行修改。10月中旬进行议会磋商,经过听证后,众议院财政委员会提出磋商报告。财政部与总理根据该报告和内阁讨论结果最终确定预算案。次年2月财政部长代表政府向议会提交预算案。5月末,众议院财政委员会向众议院全体会议提交预算审查报告,并在议会讨论通过。

(四) 澳大利亚

澳大利亚财政年度是每年7月1日到次年6月30日,财政预算案由联邦部门预算和联邦对州的转移支付预算两部分组成。澳大利亚注重预算编制的程序和监督,以编制2016~2017年度财政预算为例:第一步为预算磋商阶段,大约需要6个月的时间:2015年9月国库部做出2016~2017年度经济形势预测报告,测算新财政年度收入总规模,开始预算编制;10月,财政与行政管理部依据测算结果向联邦总理提出编制年度预算的设想和指导原则,并以总理信的形式向各部部长征求意见;11月各部长就自己领域提出部门预算报告,提交财政与行政管理部;12月至2016年2月,财政与行政管理部与各部门商讨,连同国库部编制的预算收入计划,形成国家收支预算说明报送内阁审核。第二步为预算审核阶段,大约2个月的时间:3月由34名议员组成的内阁预算审核委员会对国际预算收支说明进行审核和项目取舍;4月联邦总理再次审核修正,形成预算报告草案。第三步为预算审议阶段,5月中旬政府将预算草案提交议会众议院审议,国库部部长在众议院接受议员的质询。众议院三读后交参议院审议,参议院通过后将修正案送回众议院,再通过后即成为有法律效力的国家预算。

(五) 荷兰

荷兰财政部预算司根据上年基数和半年增长，对下一年进行审慎详细的预测，制定出预算政策和目标，并对各部门上报的支出预算草案进行多轮讨论研究，与各部门反复交换意见后报议会审批。整个预算编制过程要持续1年多。财政监督司对各部门财政政策的实施情况、预算资金的使用情况进行监督检查，主要通过与各部门组成正式的或非正式的、临时的或长期的监督委员会，来监督中央各部门的执行情况和内部财务制度的合理性。

(六) 希腊

希腊财政部派驻各部门的财政审计人员要对派驻部门预算编制的真实性和合理性进行事前审核，并由财政派驻机构和该部门将部门预算联合上报财政部。在部门预算执行过程中的每一笔预算资金的使用拨付都需同时经财政部派驻该部门财政审计机构审核签字同意。

(七) 西班牙

西班牙财政监督的法律地位十分明确，财政监督的职责和工作都在议会通过的法律条款中有具体规定，不受其他部门的影响。监督总署偏重于对违规行为进行定期或不定期的专项检查，其派驻的财政监督员主要负责日常监督工作。

(八) 丹麦

丹麦国会通过的《预算法》《审计长法》等法律，以及财政部颁布的行政命令，明确规定了财政监督机构的职责、权限、监督程序和手段。

三、监督范围的比较

在监督范围上，各国既重视收入监督，又重视支出监督，既重视外部监督,又重视内部监督,既重视安全性监督,又重视有效性监督,监督范围全面而且重点突出,对"资金流"实行全过程监督。

(一) 法国

法国财政部门在财政资金拨付过程中担负着重要的监督职责,并通过内设的相关司局、监督监察员、公共会计、财政稽查总署、经济财政监察总署、税务稽查等机构和人员付诸实施,主要包括:财政监察员对支出;承诺、结算、支付指令的事前核准;公共会计对支付环节的审核与记账;财政稽查总署负责进行事后监督检查;经济财政监察总署负责对国有领域的监督和公共管理咨询;税务部门对纳税人进行税务稽查等。法国财政部门对预算收支的监督管理资金运行的全过程,在财政管理和社会经济管理中发挥着重要作用。

(二) 巴西

巴西的预算编制与预算执行分别由计划预算部和财政部组织进行。计划预算部依据长期计划、预算方针、预算目标编制预算草案。财政部主要负责预算执行和监督,主管财政政策、会计工作、金融债务、国有资产管理和预算执行及监管,内设税务总局、国库总局、联邦监控总局、经济政策总局、金融管理总局、国有资产总局、法律事务总局等机构,同时对中央银行、巴西银行、联邦住宅储蓄银行、联邦保险委员会等机构履行管理和监控职能。为加强预算收支管理,提高工作效率,财政部1987年建立了财政管理统一体系(计算机网络),这个体系连接并涵盖预算编制、税收、国库、银行账户、预算单位等涉及预算收支的所有环节,用于预算收支的增减变动和监控。税务总局、国库总局、联邦监控总局具体负责预算执行和监督。

(三) 希腊

希腊财政部内设有财政监督专职机构——行政和财政审计总局,其下设有驻政府部门事务司、驻法人单位及雅典市事务司、驻国防部专门会计办公室和驻地方政府审计办公室等职能司局，同时希腊财政部在各部门、公共机构和大区、地方政府都派驻有公共财政审计机构，分别负责监控各部门、各公共机构及大区、地方政府财政资金的使用情况，目前全国派驻约850人，由财政部行政和财政审计总局统一管理，统一支付工资，派驻机构向财政部负责。财政部在加强支出的监控方面负有重要的职能作用，主要体现在预算编制、预算执行和资金使用三个环节。

（四）西班牙

西班牙财政部门负责对政府预算支出进行监督，税务机关履行对纳税人的税收监督。西班牙国家预算拨款监督是由经济财政部所属的国家行政预算监督总署来完成的，该总署的行政编制在经济财政部，是财政部的二级单位，但它的业务领导属内阁会议，工作上有相对的独立性和较高的权威性。主要职责是监督所有政府机关和公共部门的经济活动；对中央政府部门的财政支出质量进行日常监督；对违反财政制度规定的行为进行定期或不定期的专项检查，以及对国家财政决算合法性进行核查等，遇有重大问题有权直接向议会报告。监督方式主要由事前计划审查和事中、事后财务监督两种。

（五）丹麦

丹麦财政部将财政监督完全寓于财政管理之中，在预算编制、资金拨付、资金使用绩效和决算等方面进行全方位的监督。在预算编制过程中，加强了对各部门所申报的支出规模，以及将支出指标分解到其分支机构的情况监督，确保预算编制控制在总规模内。在整个预算执行过程中，财政部注重监督各部门的预算支出进度情况，严格控制其支出总量。各部门在财政年度内要向财政部三次提交关于预算执行和用款情况的报告，财政部通过审核报告和跟踪检查方式及时对各部门预算执行情况进行监控，行使监管职能。财政部还设有先进的电脑清算监控系统，全面掌握国库支付情况，对国库支付中的超限额支出和不正常支付情况，有关业务局通过进行查询或现场调查方式，查明原因，以便及时研究处理所发现的问题。

（六）智利

智利经济财政部对预算支出执行情况的监督主要由预算司和国库司承担。在预算执行过程中，政府各部门要每月将预算执行情况汇总，通过计算机网络报经济财政部，并附详细的预算执行说明。预算司主要审查当月资金使用是否与预算一致，资金使用是否有效合理。同时，国库司及其派出机构也承担部分预算支出的监督工作，参与调查评估等。经济财政部制定了《预算执行考核评级制度》，每年公告各部门预算执行的考评情况，并将考核结果同个人报酬结合起来。智利经济财政部对预算收入的监督则由隶属经济财政部的税务局承担。由于实行国库集中收付制度，税务局不负责收税，只承担申报纳税的审核和税款缴纳稽查的职能。

（七）波兰

波兰财政部内设有公共支出监督司、税务检查司、内审司等专门监督机构。公共财政监督司从财政部门管理的角度，依照有关法律，监督公共支出资金使用情况；税务检查司依照《税务监督法》对纳税人纳税情况进行专项检查，还设有其他税务机构负责税收征管；内审司主要负责对财政部内设各司及派驻税务检查机构进行内部审计，制定内部审计规程，组织内审工作。

（八）墨西哥

墨西哥财政部"内控监察局"共有869名工作人员，其中369人负责对财政部执行预算的情况进行监督，评估财政部内各单位工作目标完成情况，评估费用开支是否合理，其余500人负责对收入征收和管理部门进行监督。内部监督是对公共权力进行监督制约的重要组成部分，深化财政部门内部监督是加强财政管理和财政运行的基础环节，普遍得到了各国的高度重视。

四、监督方式的比较

当今世界面临着信息化、全球化两大趋势,作为国家经济运行监督体系重要组成部分的财政监督机构,必须面对财政监督信息化的挑战。国外普遍建立了高度发达的财政监督网络,利用计算机信息处理系统,形成了规模庞大的数据收集体系,大大降低了监督成本,提高了监管水平和工作效率。

(一) 美国

美国利用计算机技术进行财政监督管理,财税部门都建有全国联网的计算机系统,处理大部分的预算拨款业务和税收征管及监督检查业务。联邦财政部每年预算支出约1.4万亿美元,发生支出拨款行为约9亿次,其中约4.5亿次大额的预算拨款是通过电子计算机支付,另4.5亿次中小额度的预算拨款是由银行支票支付。联邦税收收入约有82%是通过计算机系统征收,其余18%通过其他手段征收,他们计划在不久的将来税收征管的基础工作全部实现计算机化。美国为财政监管提供了重要平台,税收监督管理计算机软件中有一项纳税人管理分析系统,即把纳税人历年的纳税资料按照稽核项目需要,分为10大类,再按具体项目分成小类,变成软件存入计算机。软件系统可以比较容易地分离出诚实的纳税人和有偷税漏税嫌疑的纳税人,然后重点进行审计检查。

(二) 加拿大

加拿大政府充分运用计算机网络系统对财政资金运行全过程实施动态监督,其高度信息化的国库集中支付系统,现代化的财政监管手段,奠定了财政监督的基础。加拿大有高度信息化的国库集中收付系统,建立在收付系统和中心会计系统基础之上。实行单一预算,国库集中收付制度是预算执行的基本制度,进行以银行为中介的资金收付体系,囊括了所有的单位、部门和个人。国家出纳总署依据网络数据,月度终了30个工作日内发布月度财务报告,45个工作日内发布税情报告,6个月内发布年度财务报告,6~9个月内发布决算报告。

(三) 韩国

韩国建立了比较完善和严密的预算监督网络。财政部门编制的预算必须经议会批准后方可实施。一经议会批准,年中一般不再变动,如需变动,也必须经过议会的严格审查和批准。在预算执行中,建立有比较完善的预算监督网络。韩国建有专门的国家监察院,职责相当广泛,不但有权对各地区、各部门使用预算资金情况进行监督检查,发现挪用资金等问题时,会同财政经济院进行处理,由财政经济院收回预算资金并给予处罚,履行财政监督职责,而且还有权对政府公务员的廉政情况进行检查,发现问题做出纪律处分或移送司法机关处理,兼有我国审计署和监察部的职责。税务机关为隶属于财政部门的单列机构,只负责税收的征收管理,税收政策由财政部门负责制定和解释。监察院负责对国税厅的税收征收情况进行监督,发现违反税法问题,按规定依法补征和处分。

(四) 智利和秘鲁

智利、秘鲁两国建立了一套现代化的监控体系,财政资金的分配、拨付、使用去向、结存情况等,通过网络控制体系可以一目了然。智利所有财政支出由国库直接支付,国库建立分类账册管理信息系统,并建立全国性清算系统。秘鲁建立了一套财政管理与监督于一体的软件系统,将全国所有用款单位联结起来,从这个系统中可及时了解某个部门资金使用、结余等情况。对预算收入的监督,则由税务局的稽查机构负责。

(五) 加拿大和挪威

加拿大和挪威两国的纳税申报系统、国库收付系统和财政日常管理等方面计算机网络水平都比较高，而且加拿大国库委员会秘书处还专门负责搜集和整理出全球最好的管理模式和方式方法，汇编成册，供各部门推广使用。

（六）巴西和委内瑞拉

巴西、委内瑞拉多年来形成了一套完整的财政管理计算机网络体系，连接并涵盖预算编制、税收、国库、银行账户、预算单位等涉及预算收支活动的所有环节，能够全面反映预算收支的增减变动情况，为各级监管部门提供技术支撑。

（七）阿根廷

阿根廷经济部通过强大的信息网络系统，完成对预算编制执行的所有工作，对每一笔财政资金进行跟踪监控，一旦发现实际执行数与预算数有差异则要详细分析形成差异的原因，确保预算执行准确无误。

五、绩效监督的比较

根据公共产品理论和委托代理理论，要求政府开展财政绩效监督是纳税人的必然选择。现代财政制度下财政监督的发展方向是向绩效监督发展，即财政监督的重点应由安全性、规范性逐步向有效性拓展。绩效监督不仅包括一般意义上的经济效益和财务监督，也包括社会效益监督，包括政治的、经济的、文化的、科学的多方面内容的监督。要求以最小的资金支出取得最大的社会效益，提高财政支出效率，有效实现政府职能；以预算分配的科学性最大限度地满足社会公共需要，促进财政管理规范化。

（一）英国

财政绩效管理主要包括绩效预算、绩效审计、绩效评估等几方面的内容，是在政府行政主导下循序渐进地推动的，并无立法。绩效目标和绩效指标由政府与各部门签订的公共服务协议中明确规定,各部门的战略目标由财政部与各部门协商决定,其他内容主要由各部门负责制定,财政部审查并提出改进建议。财政部、内阁委员定期对各部门和机构在完成绩效任务过程中存在风险进行定期检查和监控。负责公共支出的内阁委员会,每年两次召集各部门负责人汇报该部门当前绩效目标的完成情况、存在的风险,以及控制风险的计划。财政部每季度收集一次各部门绩效任务的进程信息,定期发布,并向内阁委员会报告。同时设定绩效审计,准确了解各个部门预算支出所取得的实际效果,通过与预期绩效目标对比,可以发现部门是否完成预期任务。每个预算年度结束后,各部门根据各自预算执行情况,提交部门绩效报告,并由隶属于议会的国家审计办公室进行绩效审计。

(二) 新西兰

新西兰财政监督与管理最突出的特点是建立了绩效评价考核制度。从20世纪90年代开始,新西兰进行了以责任、透明和绩效为目标的一系列财政预算管理制度改革,主要做法有:引入公司治理模式,建立受托责任,部长与CEO之间签订绩效协议,一签五年可续签,绩效协议与政府战略目标挂钩;制定财政经济发展规划,明确政府各部门阶段性发展目标,各部门根据总体发展目标制定年度目标并在当年部门预算中予以阐明,为绩效预算考核奠定基础;建立"面向产出和结果"的绩效考核制度,设立一些具体的成果指标,用于评估预算绩效;明确绩效考核主体,财政部负责绩效预算考核的总体工作,包括制定考核程序、方法等;设定绩效考核实施步骤,提出绩效目标→预算执行过程的考核→对执行结果评估验收→反馈绩效考核结果→绩效考评奖罚的运用。

(三) 日本

日本政府有审查地方政府财务状况的专门制度。地方政府须披露相关财务信息,在财务恶化的早期阶段受援改善财务状况。地方居民、地方议会和审计人员可考核地方政府、地方公共企业以及第三方公司的潜在风险。考核意在巩固财政流量和存量指标。若地方政府仅凭自身能力难以解决财政困难，中央政府就将给予支持。法国财政监督总署在检查中可以采取冻结账目等手段进行检查，并向部长直接报送报告。澳大利亚对发现的违规问题直接进行处理，若涉及严重违法可通过司法程序处理。同时对专项资金使用效率进行评估，若评估表明专项资金使用效率不高，将影响下年度的拨款数额。日本财务省注重财政支出管理，监督财政支出使用效率。

（四）加拿大

财政绩效考评是加拿大政府及其部门的法定责任，根据《政府责任法》第10条规定，建立了一套较为完整的政府工作绩效考评体系。将考评结果与政府工作目标相比较，对政府工作进行修改。政府始终把财政责任放在重要位置，通过部门绩效考评来评价部门领导的政绩，实际是一套完整的政府行为约束机制。

（五）阿根廷

阿根廷经济部的预算监督局将绩效评价作为预算监督的一项重要工作，在关注财政资金合规性的同时，更加关注资金的使用效益。绩效评价与监督相结合，绩效评价结果是次年预算安排的重要依据，对科学安排预算起到了较好的促进作用。

（六）芬兰

芬兰政府认为，绩效管理不是一个单纯技术方法问题，而是渗透在政府工作各个环节和层面上。预算编制和执行不仅是一个财政资金的分配和拨付过程，更是一个以资金投入结果为导向的财政资源合理配置过程，这一过程的效率必须在年度决算报告中进行评估。芬兰政府规定部门机构推行权责发生制政府会计，通过对项目成本的核算，在效率和成本之间建立联系，反映政府预算支出成本，以考察和评价效率的实现情况。

（七）其他国家

1993年1月5日，美国第103次国会通过的《美国政府绩效与成果法》，启动了项目绩效改革与监督。澳大利亚和新西兰两国财政部门都制定了绩效评价的原则和基本操作规范，建立评价信息网络，提供绩效评价培训等服务，引导绩效评价的发展方向。

六、内部监督的比较

内部监督，指的是各监督主体就财政收支及其他财政相关事项的自我监督，又称系统的自循环监督，指监督主体和监督对象属于同一组织，形成同一系统的自我约束机制。财政部门的内部监督，实质上可以理解为对财政各职能部门在财政资金分配过程中行使权力的制衡，主要包括两个方面：一是对财政部门内部上、下级之间财政分配行为及其管理活动进行监督；二是对本级机关内部各职能部门的财政分配行为及其管理活动进行监督。

（一）德国

德国有政府管理与监督中的内控机制，实行严格的内部控制制度，把权力分立、权力制衡的宪政思想充分体现在财政监督体制中，确保内部控制制度在整个财政监督和财政管理体系中有效运行。政府各部门包括财政部均设有专门的监督机构——监督检查委员会，负责对国家安排的预算支出资金使用情况进行监督，发现问题及时纠正。为了强化对税收收入的监督管理，采取了在财税局内部将定税与收税相分立、检查与执行相分离的做法。对预算支出也建立了相应的制约机制，如将开列账单与拨款相分离、将监督检查与检查结果的落实整改相分离，等等。

（二）瑞士

瑞士联邦、州、社区三级均设有高度独立的财政监控机构（也称审计机构），主要负责对财政资金、包括对下级转移支付资金管理使用情况进行监督检查。瑞士联邦财政监控局已经有150多年的历史，1999年以后发展成为一个具有高度独立性的机构，在制定检查计划、实施检查等方面均独立行使职责，不受财政部干预，年度工作报告以财政部名义直接上报议会，财政部无权修改。财政监控机构的主要任务是对有关部门和单位的财政财务收支情况进行审计，拥有很大的权威。财政监控局有权查阅被审计单位的有关资料，包括涉及个人的秘密，有权要求被审计单位提供情况，有权停止被审计单位正在进行的财务行为。

除此之外，瑞士联邦政府也非常重视内部审计的作用。联邦政府主要部门均设有内审机构，监督内部控制制度是否得到贯彻执行。财政监控机构负有对各部门内审工作进行指导和监督的职责，负责制定内审工作规则，对内审人员进行业务培训，对内审工作成效进行监督检查，内审工作直接向部门主管领导报告。

（三）匈牙利

匈牙利《国家财政法》规定，内部监督必须由部门一把手负责，各个部门每年制定财政监督计划，向财政部及时报告内部监督情况。匈牙利财政部按照欧盟要求，财政部内设财政监督司，专门负责财政内部监督，配备了人员，建立了风险分析制度，针对各司掌握的资金量、工作任务等情况，研究各部门的风险大小，对风险大的项目进行重点监督检查。

匈牙利还单独设置有政府性监督机构——政府监管局，有60名工作人员。该机构1993年以前成为中央审计办公室，挂靠财政部，1994年独立出来，负责对国家财政、经济、海关、税务政策实施监督，还负责对中央预算拨款、国外贷款、援助资金的管理和使用进行审计监督。

(四) 奥地利

奥地利非常重视内部监督。财政部设有内部审计处，4~5人，名义上隶属预算司，实际归财政部长直接领导，负责对各司执行国家法律法规及工作效率的监督检查。还参与财政宏观调控，根据欧盟规定严格监控财政赤字规模，每年根据经济增长预测数进行财政收支预测，分析存在的问题，提出财政增收节支的措施。另外，政府各部也都设有内部审计处，负责对本部门执行法律法规情况的监督检查。

(五) 芬兰

芬兰政府部门的内部控制体系十分完善，预算的申请、审批、执行和执行结果的审计整个过程都建立在权责发生制的基础上，部门需要对自身内部控制执行效果进行评估并接受财政监督和审计机关的指导。这种严格的内部监督为财政资金使用的安全性、合规性和有效性提供了制度上的保障。

芬兰中央政府预算法案规定，政府机构必须采取适当的内部控制措施，确保政府机构财务和决策行为的合法性、有效性，确保政府机构管理的资金和资产的安全性，确保政府结构的财务和决策行为的公正、透明。每个部门必须依法制定内部财务制度，其内部财务制度必须充分细化便于审计部门进行检查，任何财务制度的变动必须通知主管部门、审计署和国库局。年度决算报告中必须对内部控制的有关措施和执行情况进行分析和评估。

(六) 波兰

波兰财政部内设有公共支出监督司、税务检查司、内审司等专门监督机构。公共支出监督司从财政部门管理的监督，依照有关法律，对公共支出资金使用情况进行监督检查；税务检查司依照《税务监督法》对纳税人缴纳税收情况进行专项检查；内审司主要负责对财政部内设各司以及派驻税务检查机构进行内部审计，制定内部审计规程，组织领导地方财政内审工作。波兰非常重视内部审计工作，由一位财政部副部长主要负责。内部审计侧重于效益审计，通过监督检查内设机构控制制度的有效性和合理性，对其工作效能做出评价，提出改进管理的意见和建议。

在逐步加强财政内部监督的同时，波兰政府积极探讨内部监督的方式方法，通过内部监督风险分析制度，逐步建立风险防范控制体系，追求财政预算管理的效果最优化。财政监督和审计相互配合、互通信息，达到提高财政监督和审计监督整体效能的目的。

（七）委内瑞拉

委内瑞拉财政部对部内公务员包括财政监督人员的管理非常严格。一是在制度规定上十分严厉，在制度落实上从严执法。财政部内设财政监察司，为全国内部控制监察局的派驻机构，直属部长办公室管理，它的基本任务是综合评估财政部机关及附属部门的内部控制和管理运行体系，保证与现行的法律条款一致，以便为现行的管理方式建立一个可靠的、合理的体系和程序，以保持其真实性、合法性及透明度。二是规定的事项和程序详细透明，从小处着眼，注意公务员道德和素质培养，避免管理方面的笼统和空洞，有利于人事机构照章管理和处罚。

第三节 启示与经验借鉴

从国外财政监督的实践来看，大多数国家财政监督法律完备、机构健全、制度完善、人员充实、职责明确，许多经验做法有较强的参考意义，值得我们借鉴和学习。

一、加快立法进程，确保财政监督的权威性

实施依法治国是构建社会主义和谐社会的重要内容。随着我国社会主义

民主政治建设的不断发展完善，要求政府部门不断提高依法行政的水平。依法治国、依法行政，必然要求财政部门依法理财、依法实施财政监督。通过立法明确财政监督的法律地位和职责，使财政监督做到有法可依，是顺利开展财政监督的基本保障。从国外财政监督实践看，大多数国家都把法制建设放在十分重要的位置，表现在：一是立法层次高，德国、瑞士、意大利的《宪法》都对财政收支活动有明确规定；二是普遍具有较为完备和富有权威的财政监督法律体系，如澳大利亚的经济监督法律法规很健全，来保障本国经济活动的健康发展。总的来看，各国财政监督的法律制度较为完备，财政监督职责权限明确，财政监督的执行程序界定清晰，法律条款的权威性较高、可操作性较强，为财政监督工作的展开奠定了良好的基础。

相比较而言，我国财政监督的法制建设与国外有些国家相比还存在较大差距，缺乏有效的法律法规手段来保证财政监督的实施成效。构建现代财政制度，法制财政建设依然是重中之重。近年来，我国虽然加快了社会生活各个方面的立法进程，但还没有真正形成财政监督的法律体系。目前迫切需要制定和完善财政监督的法律法规，提升财政监督的法律地位，进一步推动财政监督向法制化、规范化发展，确保财政监督的权威性。同时建立健全财政监督法律体系，落实财政处理处罚的追踪制度，对被查单位执行处理决定情况进行监督检查，严格财政监督工作秩序的长效机制，并加强财政监督法律法规宣传和贯彻实施，坚持依法监督，严格规范执法。

二、强化全过程财政监督

借鉴国外做法，财政监督应该更新监督理念、突出监督重点、改进监督方式，强化全过程财政监督。一是在财政监督的理念要做到大局保障、源头治理、过程监控，将财政监督工作贯穿于财政中心工作大局之中，切实为大局服务；同时贯穿于财政管理的体制、机制建设和改革的总体设计之中，围绕财政资金的安全性、规范性和有效性，从制度上实现财政权力运行监督制约自控机制；还要贯穿于财政管理的全过程之中，强化事前、事中和事后监督，逐步实现对财政资金运行全过程的动态监控。另外，要推进完善健全的全过程财政监督机制，逐步建立起预算编制、执行、监督相互协调、相互制衡的机制，实现对财政资金运行全过程的科学、规范、有效监督和管理。围绕现代财政制度的要求，体现财政管理特色，对财政运行进行检测、预警、分析、保障、规范等多功能的财政监督运行机制和监控体系，逐步建立事前审核、事中跟踪问效、事后检查考评的全过程财政监督机制。

三、加快信息化建设，改进财政监督方式

通过信息网络，实现对财政资金运行全过程的实时监控，使财政监督逐步从单一的进点查账向信息化、科学化监督方向发展，利用信息技术可以有效提升财政监督的效率。

财政监督信息化建设是我国"金财工程"的重要内容之一。财政信息公开透明，是有效实施财政监督的基础和前提，也是提高财政监督效率、降低监督成本的重要条件。综观世界发达国家，财政监督无一不是靠强大的网络信息技术支持。美国、加拿大、瑞典等发达国家的财政监督均是依托于强大的网络信息系统支持。而与此相比，我国财政监督信息化建设相对滞后，以网络和计算机为代表的现代信息技术在财政监督领域的作用亟待加强。

四、重视开展财政绩效监督

从理论上看，要求政府开展绩效监督是纳税人的必然选择。根据公共产品理论和委托代理理论，政府必然是公共产品的提供者。但政府"经济人"的本性以及政府行为缺乏竞争的状况，容易导致政府行为的低效率甚至失灵失效。另外，经过多层委托代理关系后，纳税人作为委托代理关系的源头存在将代理成本降到最低的倾向，这就要求政府部门必须通过财政绩效监督向

纳税人提高委托代理的成本信息。

而从现实来看，我国提出建立现代财政制度，现代财政制度下财政监督的发展方向是向绩效监督发展，即财政监督的重点应由安全性、规范性逐步向有效性转变。绩效监督不仅包括一般意义上的经济效益和财务监督，也包括社会效益监督，包括政治的、经济的、文化的、科学的多方面内容的监督。绩效监督要求以最小的资金支出取得最大的社会效益，提高财政支出效率，有效实现政府职能。同时以预算分配的科学性最大限度地满足社会公共需要，促进财政管理规范化。

目前我国财政资金的绩效监督尚处于探索阶段，伴随新《预算法》的实施，绩效预算的改革正在持续推进中。在此基础上，探索绩效监督的新路子，通过绩效监督来促进财政支出结构的优化，已势在必行。今后要注重绩效监督，不仅监督检查合规性，还要注重检查财政资金是否实现了预期收益，包括是否实现了预期的社会效益和经济效益。建立科学的绩效评价指标体系，按照定性与定量结合的办法，尽量使得绩效目标量化、具体化、效益化。

五、加强内部监督，完善财政内控机制

公共权力制约理论认为，任何权力都具有公共性，同时有极强的扩张性，掌权者使用权力一直达到最大限度为止，因此必须以独立、客观、公正、公开的监督权制约公共权力运行。而内部监督是对公共权力进行监督制约的重要组成部分。深化财政部门内部监督是加强财政管理和财政运行的基础环节。财政内部监督机制通过对财政资金投入风险评估、预算审批到预算执行、事后效益检查执行等实行严格的监管，使财政资金的安全性、规范性和有效性得到基本保障。

纵观国外，内部监督得到世界各国的普遍重视。一个明显特点是各国都建立了专门内部监督机构，虽然各国内部监督机构名称各不相同，但各国都按照法律的规定设立内部监督机构，并且内部监督人员具有广泛的职权，可

以随时查询其他单位的财务收支信息，并及时予以纠正，而且各国内部监督机构都具有较强的独立性，虽然大多数隶属于财政部门，但其一般直接对财政部长报告和负责，独立性较强。

相比较而言，我国财政部门内部监督工作还有待进一步加强。目前虽然我国各级财政部门都不同程度地开展了内部监督工作，但是财政部门以及使用财政资金部门的内控机制还存在薄弱环节，包括机构建设、人员素质、内部监督控制职能以及执行程序规范等，只有实现这些目标，才能建立起严密、规范、有效的内部控制体系和反腐倡廉的预防机制。我国亟须进一步加大内部监督在改进财政管理中的作用，完善财政内部控制体系，促进财政预算、执行、监督的相互分离和相互制衡，增强财政监督的公平性和公正性。各级财政部门应在内部上下之间、内部机构之间、各管理环节之间建立一套有效的内部监督管理制度和制约机制，充分发挥财政监督在健全管理制度、堵塞管理漏洞、保障财政资金安全、保护财政干部等方面的积极作用。可以通过建立内部考核机制促进检查工作程序的规范和责任追究制度的执行，增强内部监督的权威性和威慑力，严格整改制度。

回顾与总结：财政监督是现代财政制度的重要内容。世界发达国家财政监督普遍权威性、立法层次高，法律对财政监督程序、范围和方式都有较为明确的规定。同时注重提高资金使用效率，重视绩效监督和内控机制的构建。而这些是我国财政监督的薄弱环节。借鉴国外宝贵经验，现代财政制度下的财政监督必须强化法制建设，重视利用信息化手段开展全过程监督。加强内部监督，完善内控机制，尽快建立内部考核和问责机制。最重要的是在绩效预算改革的基础上尽快建立绩效监督指标体系，推进绩效监督改革。

第三章 现代财政监督法制建设

本章导读：财政监督法制建设是现代财政制度下开展财政监督工作的必然要求，也是全面推进依法治国、依法执政、依法行政的重要举措。随着市场经济的发展，经济主体多元化、经济行为多样化、经济问题复杂化日益显现出来，客观上要求加强财政监督法制建设，为财政监督工作奠定法治基础。本章首先提出财政监督法制建设的目标和原则，阐明财政法制建设应遵循的经济法律制度框架，解析财政监督在立法、执法、行政管理过程中的制度约束原理。之后，对我国财政监督法制建设的现状和存在的问题进行深入分析。最后，就完善我国财政监督法制建设提供了一些可参考的政策建议。

第一节 财政监督法制建设的目标和原则

一、财政监督法制建设的目标

财政监督法制建设的总目标是：有法可依、有法必依、执法必严、违法必究。它们之间相互联系、相辅相成、相互作用、互为条件，形成一个统一的有机整体。

有法可依是实现和健全财政监督法制的前提。它是指应高度重视和加强财政监督的立法工作，制定完备的财政监督法律法规体系，使涉及财政管理事项的各个方面和执法财政监督职权的部门都有法律规范可以遵循。所以，建立健全财政监督法律体系既是财政监督机构依法行政、依法监督的首要环节，也是有效开展财政监督工作的重要保证和客观要求。

有法必依是加强财政监督法制建设的中心环节。它要求财政监督机构及其工作人员必须依法办事，坚持"以事实为依据，以法律、法规为准绳"的原则开展财政监督，严格遵守和执行法律法规。

执法必严是实现和加强财政监督法制建设的重要条件。它是指财政监督机构和工作人员在执法过程中要切实依照法律规定的内容和程序办事，维护法律的尊严和权威。财政监督机构在行政作为时，要严格执法，严肃处理处罚各种财政违法违规行为，以维护财政监督的严肃性和权威性。

违法必究是加强财政监督法制建设的保证。一切违法行为一旦发生，就要求对违法行为给予适量的追究和制裁，决不允许任何组织和个人有超越于法律之上的行为存在，必须坚持一切组织和公民在法律面前一律平等的原则。

二、财政监督法制化建设的原则

财政监督法制建设原则可划分为一般原则和具体原则。

一般原则是指财政监督法制建设中，财政监督立法、财政监督执法和财政监督法制宣传共同遵循的原则。具体原则是指在财政监督立法、财政监督执法和财政监督法制宣传各自所遵循的原则。（1）财政监督法制建设的一般原则。我国财政监督法制建设应遵循的一般原则包括社会主义原则、民主参与原则、公正平等原则和奖励惩罚原则。社会主义原则是指财政监督法制建设必须坚持社会主义道路，从我国国情出发，按照社会主义市场经济规律调整财政监督关系；民主参与原则是指财政监督法制建设过程中必须充分发扬民主并尊重被监督对象的合法正当权利；公正平等原则是指财政监督法制建设过程中必须合乎法度，合法合理，是非清楚，不偏袒任何单位和个人，从公共利益出发，得到社会大多数人的广泛认同；奖励惩罚原则是指财政监督法制建设要坚持预防为主，防治结合，做好宣传教育工作，依法奖励先进，制裁违法行为和责任者。(2) 财政监督法制建设的具体原则。财政监督法制建设的具体原则是指财政监督立法、财政监督执法和财政监督宣传各自应遵循的原则要求。

(一) 财政监督立法应遵循的原则

(1) 遵循我国立法的基本原则。财政监督立法要遵循《立法法》确定的基本原则，贯彻落实党和国家的路线、方针、政策，充分体现党和国家关于财政改革与发展的政策要求，体现财政监督服务于财政工作总体目标的要求，对改革实践证明基本成熟的政策规定，应当抓紧制定法律予以规范；对有些需要在实践中继续探索的，可以先制定法规或规章，经过一段时期试行后，在时机成熟时再制定法律；对现行法律法规也要经常清理，及时修改或者废止。

(2) 依照法定的权限和程序进行。参与财政监督立法活动的各机关、单位应当按照规定，各负其责，加强协调，密切配合。立法技术的好坏直接影响到立法的质量。一部好的法律，规定要明确具体、简洁易懂，便于理解、掌握、遵守和执行。立法的结构形式能够最大限度地体现立法的内容，法律中的每个概念、每个条文都必须正确表达立法者的意愿。

(3) 确保财政监督立法的统一和协调。总体来看，财政监督立法要坚持局部利益服从整体利益，妥善处理中央和地方、部门与部门之间的利益关系，把国家利益、人民的根本利益放在首位，避免不适当地强调局部利益和权力，确保财政监督立法的统一和协调。

(4) 兼顾实际性和前瞻性。财政监督立法既要从实际出发，又要考虑社会经济的发展，正确把握社会经济和财政监督的运行规律及其发展趋势，对可能出现的问题具有前瞻性，指导立法，充分发扬民主，制定科学化、系统化的财政监督法规体系。

(二) 财政监督执法应该坚持的原则

(1) 合法原则。是指财政监督执法行为必须在遵守财政法律行为规则和制度下进行，包括执法立法合法、执法行为合法、执法内容合法三个方面。

(2) 适当原则，又称为合理原则。是指财政监督执法行为在合法的前提下应尽可能客观、公正、合理和适当。

(3) 平等原则。是指财政监督执法主体的执法没有偏私，行为公平。平等公平是政府行政的基本要求。平等公平原则要求有关财政监督法律规则上的平等和有关财政监督法律法规适用的公平两个方面。

(三) 财政监督法制宣传应坚持的原则

(1) 长期性与阶段性相结合原则。是指要在长期地、持之以恒地进行财政监督法制宣传教育的前提下，保质保量地完成不同阶段的具体目标任务，扎实稳步推进财政监督法制宣传教育工作。

(2) 普遍性与重点性相结合原则。普遍性是指接受财政监督法制宣传教育对象和财政监督法制宣传教育内容都要广泛，重点性是指财政监督宣传的对象和内容要突出重点。

(3) 灌输引导与自我教育相结合原则。是指财政监督法制宣传既要注重对公民的灌输教育和引导，又要注重启发公民自我教育的内在动力。

第二节　财政监督法制建设的制度基础

有法必依是做好财政监督工作的基础，执法必严是开展财政监督工作的关键，违法必究是保障财政监督严肃性、权威性和有效性的手段，法制宣传是提高财政监督法治观念的重要途径。因此，完善财政监督法制建设的制度体系需要从立法建设、执法建设、行政建设、法制宣传四个方面来展开。

一、财政监督立法建设

财政监督立法，是指国家法定机关在其权限范围内，依照法定的程序，制定、修改或废止财政监督法律、法规和规章的活动。在立法建设过程中，要抓住提高立法质量这个关键，按照一定法治前提，构建系统完备、科学规范、运行有效的财政监督制度体系。

（一）财政监督的立法前提

财政监督立法机构所依据的法治前提包括以下四点：

（1）遵循并反映经济和社会发展规律，紧紧围绕全面建设小康社会的奋斗目标，紧密结合改革发展稳定的重大决策，体现、推动和保障发展执政兴国的第一要务，为在经济发展的基础上实现社会全面发展提供法律保障。

（2）把握立法规律和立法时机，正确处理好立法与改革的关系，做到立法决策与改革决策相统一、立法进程与改革进程相适应。

（3）根据《宪法》和《立法法》的规定，严格按照法定权限和法定程序进行立法。

（4）通过分析立法项目的成本效益，衡量财政监督的立法过程成本、执法成本以及社会成本，做到立法成本效益最大化。

（二）财政监督的立法体系

财政监督法律法规体系应体现监督主体职权范围、监督内容、监督权限配置、监督程序、监督手段以及监督责任等。

（1）明确财政监督主体。在财政监督法律法规中，进一步明确财政监督主体，对财政监督检查工作实行统一组织、统一管理，从而保证监督检查工作的质量，强化财政监督检查工作的力度。

（2）合理配置财政监督权限。在财政监督法律法规中应详尽描述财政监督部门及其专职机构、业务机构行使财政监督的权限，同时制定监督机构的联动、协调合作的监督机制，以减少执法成本，提高执法效率，使财政监督执法主体严格按照法律的条文和原则执法，使财政监督相对人的正当利益和法律尊严得到应有的维护。

（3）深化财政监督内容。在财政监督法律法规中应进一步明确财政监督的内容，为实施财政监督检查和处理处罚提供法律依据。

（4）规范财政监督程序。在财政监督法律法规中，应对财政监督的程序法定化，对财政监督主体的行为进行规范和约束，切实做到流程清楚、要求具体，使财政监督工作各个环节有章可循。

（5）细化财政监督手段。除现有的财政监督手段外，目前在实际工作中，最薄弱的是对财政监督相对人缺乏有效的制约手段，导致财政监督不能有效地发挥作用。在财政监督法律法规中解决财政监督手段问题，将极大地增强财政监督工作的力度。

（6）明晰财政监督责任。财政监督法律法规应明确财政监督的责任，建立健全责任追究制度，这既是对财政监督相对人合法权益的保护，也是对财政监督机构及其工作人员执法行为的约束，体现依法行政的要求。

二、财政监督执法建设

财政监督执法是指财政部门在法定的职权范围内，依照法律法规和规章制度的规定，对财政监督的相对人行使权利，履行义务，遵守法律法规和规章等情况进行的监督、检查等活动。这就要求财政监督机构要严格执行财政法律、行政法规和政府规章，严格按照规定程序实施监督检查，不断提高依法监督的水平和质量。

(一) 财政监督执法的法律依据

根据财政监督内容的不同,财政监督机构在实施预算监督、财政收入监督、财政支出监督、财务会计监督、金融监督、资产监督、内部监督等执法过程中所依据的法律法规也不同。以下对这些法律法规进行简要概述。

1. 预算监督执法的法律法规

(1)《中华人民共和国预算法》。自 2015 年 1 月 1 日起,我国开始施行新《预算法》。新《预算法》对预算管理职权、预算收支范围、预算编制、预算审查和批准、预算执行,决算以及财政监督等内容给出了相关规定。其中,第 9 章第 88 条规定:"各级政府财政部门负责监督检查本级各部门及其所属各单位预算的编制、执行,并向本级政府和上一级政府财政部门报告预算执行情况。"第 90 条规定:"政府各部门负责监督检查所属各单位的预算执行,及时向本级政府财政部门反映本部门预算执行情况,依法纠正违反预算的行为。"同时,新《预算法》还指明了各种违法违规行为应当承担的法律责任,赋予了财政部门行使行政处罚权的相应权利。[①]

(2)《部门决算管理制度》(财库〔2013〕209 号)。《部门决算管理制度》明确了部门决算数据质量监督的具体内容。第 10 章 43 条规定:"各地区、各部门汇总的部门决算报送后,各级财政部门应当组织对所报的部门决算的真实性、完整性和规范性进行监督检查。"第 44 条要求财政部和地方各级财政部门要按照统一管理、分级实施原则对全国和各地区部门决算数据质量开展监督检查。第 45 条、第 46 条进一步规定了财政部门监督检查的方式(随机筹集与定向选择相结合)以及监督检查的内容。第 48 条要求财政部门对监督检查结果实行通报制度。[②]

---

① 第十二届全国人民代表大会常务委员会第十次会议. 关于修改《中华人民共和国预算法》的决定. http://baike.so.com/doc/6708344-6922360.html.
② 财政部关于印发《部门决算管理制度》的通知(财库〔2013〕209 号). http://www.gov.cn/gongbao/content/2014/content_2644821.htm.

(3)《财政部关于深入推进地方预决算公开工作的通知》(财预〔2014〕36号)。为深入贯彻落实党的十八大和十八届二中、三中全会精神,以及国务院常务会议、廉政工作会议等精神和要求,按照深化财税体制改革、推动地方实施公开透明的预算制度的总体部署,根据《中华人民共和国政府信息公开条例》(国务院令第492号)、《党政机关厉行节约反对浪费条例》等有关文件规定,财政部2014年3月4日发布《关于深入推进地方预决算公开工作的通知》。《通知》提出了地方预决算公开信息的内容、主体、形式、时间以及工作要求。强调了各级财政部门和各部门落实预决算公开的责任和义务;加强社会反映评估、舆论引导、信息跟踪、有效回应的重要性。[1]

(4)《财政部关于专员办加强财政预算监管工作的通知》(财预〔2014〕352号)。该《通知》详述了专员办加强财政预算监管工作的主要职责。包括:①开展属地省区中央预算单位预算管理。审核属地中央预算单位预算编制;审核中央财政直接支付资金,监控授权支付资金,监控预算执行进度和政府采购预算执行,审批管理银行账户;审核属地中央预算单位决算编制。②审核中央对地方转移支付资金预算相关基础资料,监督中央对地方转移支付资金预算执行。③监督中央重大项目预算执行和财务管理。④监督国家重大财税政策执行情况。⑤监督中央预算收入执行和国库业务。⑥承担中央预算支出绩效管理工作。⑦监督地方政府债务。⑧监督会计信息质量。⑨配合参加内部审计。[2]

2. 财政收入监督执法的法律法规

(1)《国务院关于清理规范税收等优惠政策的通知》(国发〔2014〕62号)。该《通知》第5条第1款指出,财政部门对法律法规规定的税收优惠政策和经过国务院批准实施的非税收入优惠政策要牵头定期评估。没有法律法规障碍且具有推广价值的政策,要尽快在全国范围内实施;有明确执行时限

---

[1] 财政部关于深入推进地方预决算公开工作的通知(财预〔2014〕36号)中华人民共和国中央人民政府,http://www.gov.cn/zhengce/content/2014-10/02/content_9111.htm.
[2] 财政部关于专员办加强财政预算监管工作的通知(财预〔2014〕352号).

的政策，原则上一律到期停止执行；未明确执行时限的政策，要设定政策实施时限。对不符合经济发展需要、效果不明显的政策，财政部要牵头会同有关部门提出调整或取消的意见，报国务院审定。第6条规定："建立由财政部牵头的清理税收等优惠政策部际联席会议制度，具体负责政策指导和统筹协调，加强监督检查和跟踪落实，研究解决重大问题，重大事项及时报告国务院。省、市、县级人民政府要建立由财政部门牵头、相关部门配合的清理税收等优惠政策工作机制，组织实施本地区的清理规范工作。"①

(2)《政府非税收入管理办法》（财税〔2016〕33号）。为了加强政府非税收入管理，根据国家有关规定财政部制定《政府非税收入管理办法》。该《办法》第34条规定，各级财政部门应当建立健全非税收入监督管理制度，加强非税收入政策执行情况的监督检查。第35条规定，执收单位应当建立健全内部控制制度，接受财政部门的监督检查，如实提供非税收入情况和相关资料。②

(3)《中华人民共和国社会保险法》。2010年10月28日第十一届全国人民代表大会常务委员会第十七次会议通过《中华人民共和国社会保险法》。《社会保险法》第71条、第78条规定，财政部按照职责对社会保障基金的收支、管理和投资运营情况实施监督。第82条规定，财政部门对属于本部门、本机构职责范围的举报、投诉，应当依法处理。不属于本部门、本机构职责范围的，应当书面通知并移交有权处理的部门、机构处理。并且第91条规定了财政部门有权对隐匿、转移、侵占、挪用社会保险基金或者违规投资运营的责令追回，没收违法所得，并对直接负责的主管人员和其他直接责任人员依法给予处分。③

---

① 国务院关于清理税收等优惠政策的通知（国发〔2014〕62号）. http://www.gov.cn/zhengce/content/2014-12/09/content_9295.htm.

② 财政部. 关于印发《政府非税收入管理办法》的通知（财税〔2016〕33号）. http://www.forestry.gov.cn/main/222/content-853881.html.

③ 第十一届全国人民代表大会常务委员会第十七次会议. 中华人民共和国社会保险法. http://www.gov.cn/jrzg/2010-10/28/content_1732870.htm.

(4)《全国社会保障基金条例》(国务院令第667号)。为了规范全国社会保障基金的管理运营,加强对全国社会保障基金的监督,保证安全前提下实现保值增值,2016年2月3日国务院第122次常务会议通过了《全国社会保障基金条例》。该《条例》第7条规定:"全国社会保险基金的风险管理和内部控制方法应当报国务院财政部门和社会保险行政部门备案。全国社会保障基金理事会依法制定的会计核算方法应报国务院财政部门审核批准。"第8条规定:"全国社会保障基金理事会应当定期向国务院财政部门报告社会保障基金管理运营情况。"第19条规定,国务院财政部门和社会保险行政部门按照各自职责对社会保障基金的收支、管理和投资运营情况实施监督。同时,第26条指出财政部门和社会保险行政部门要针对社会保障基金理事会的违法违规行为给出处理意见。①

(5)《社会保险基金财务制度》(财社字〔1999〕60号)。财政部为了加强社会保险基金管理,根据国家有关法律法规制定《社会保险基金财务制度》。该制度第9条至第12条分别就财政部门对基金预算的审批、执行、调整的一般管理程序给出了法理解释。第25条规定:"经办机构要根据财政部门核定的基金年度预算及月度收支计划,按月填写财政部门统一印制的用款申请书,并注明支出项目,加盖本单位用款专用章,在规定的时间内报送统计财政部门。对不符合规定的凭证和用款手续的,财政部门有权责任经办机构予以纠正。"第44条规定:"财政部门要定期或不定期地对收入户、支出户和财政专户内的基金收支和结余情况进行监督检查,发现问题及时纠正,并向政府和基金监督组织报告"。②

3. 财政支出监督执法的法律法规

(1)《中华人民共和国预算法》。《预算法》第57条规定:"各级政府财

---

① 国务院. 全国社会保障基金条例(中华人民共和国国务院令第667号). http://www.gov.cn/zhengce/content/2016-03/28/content_5059035.htm.

② 财政部、劳动和社会保障部. 社会保险基金财务制度. http://baike.so.com/doc/6810133-7027087.html.

政部门必须依照法律、行政法规和国务院财政部门的规定,及时、足额地拨付预算支出资金,加强对预算支出的管理和监督。"第 59 条规定:"各级国库库款的支配权属于本级政府财政部门。除法律、行政法规另有规定外,未经本级政府财政部门同意,任何部门、单位和个人都无权冻结、动用国库库款或者以其他方式支配已入国库的库款。"第 60 条补充规定:"已经缴入国库的资金,依照法律、行政法规的规定或者国务院的决定需要退付的,各级政府财政部门或者其授权的机构应当及时办理退付。"第 65 条规定,各级预算周转金由本级政府财政部门管理,不能挪作他用。

(2)《财政预算资金拨付管理暂行办法》(财库〔2001〕60 号)。《暂行办法》第 19 条规定:"各级财政部门应当建立财政资金,特别是专项资金和重大项目建设资金的跟踪检查制度和信息反馈系统,确保财政资金使用安全、规范、合理。"第 21 条规定:"各级财政部门要建立内部监督检查制度,对财政资金审核拨付、会计核算等日常工作实施定期检查和不定期抽查。对违规违纪行为及时作出处理。"[1]

(3)《中华人民共和国国家金库条例》。《国家金库条例》第 4 条规定:"各级国库库款的支配权,按照国家财政体制的规定,分别属于同级财政机关。"第 18 条规定:"国家的一切预算支出,一律凭各级财政机关的拨付凭证,经国库统一办理拨付。"[2]

(4)《中华人民共和国国家金库条例实施细则》。《国家金库条例实施细则》第 11 条第 4 款规定:"各级财政、征收机关和国库的有关业务会议,要互相通知派人参加,并根据工作需要,由财政机关牵头定期举行联席会议,以便及时互通情况,协调解决工作中存在的问题。对预算收入的收纳、划分、报解、入库工作进行检查,加强监督。"[3]

(5)《财政部〈关于进一步规范地方国库资金和财政专户资金管理的通

---

[1] http://www.chinaacc.com/new/63/74/2002/1/ad923014101111120027784.htm.
[2] http://www.law-lib.com/law/law_view.asp?id=3272.
[3] http://www.law-lib.com/law/law_view.asp?id=51227.

知〉》（财库〔2014〕175号）。针对近年来一些地方财政部门违规将国库资金转入财政专户虚列支出；用国库资金对外借款规模较大，清理回收不及时；未严格执行国务院和财政部关于规范财政专户管理的规定等问题，2014年财政部颁布《关于进一步规范地方国库资金和财政专户资金管理的通知》，《通知》声明了财政部门要严格执行国库集中收付制度、严格控制新增财政对外借款、严格规范财政专户管理、严格落实管理责任，为深化现代国库管理制度建设和预算管理制度改革提供了制度保障。①

（6）《中央单位财政国库管理制度改革试点资金支付管理办法》（财库〔2002〕28号）。《管理办法》第107条和第108条对财政部和财政专员办在财政性资金支付管理中的职责给出了明确规定。其中，财政部的主要职责有：组织制定有关政策和规章制度，管理和监督财政国库管理制度改革试点实施；审核办理预算单位印鉴预留手续；审批一级预算单位报送的分月用款计划。根据年度支出预算和分月用款计划，合理调度资金，办理财政直接支付业务，下达财政授权支付额度；对预算执行、资金支付、财政决算中的重大事项组织调查；选择代理银行，会同中国人民银行协调预算单位、代理银行和其他有关部门的相关业务工作。财政专员办的职责为：审核预算单位用款是否符合预算；是否按规定程序申请使用资金；是否根据合同条款支付资金；是否按项目进度申请使用资金。②

（7）《中华人民共和国政府采购法实施条例》（国务院令第658号）。《政府采购法实施条例》第60条规定："财政部门对集中采购机构的考核事项包括：政府采购政策的执行情况；采购文件编制水平；采购方式和采购程序的执行情况；询问、质疑答复情况；内部监督管理制度建设及执行情况。财政部门应当制定考核计划，定期对集中采购机构进行考核，考核结果有重要情

---

① 财政部. 关于进一步规范地方国库资金和财政专户资金管理的通知（财库〔2014〕175号）. http://www.szzy.ah.cn/cwc/Content.aspx?chn=527&id=14809.
② 财政部、中国人民银行. 中央单位财政国库管理制度改革试点资金支付管理办法（财库〔2002〕28号）. http://www.cutech.edu.cn/cn/zcfg/cjjr/webinfo/2005/03/1180925442262780.htm.

况的,应当向本级人民政府报告。"第62条规定:"省级以上人民政府财政部门应当对政府采购评审专家库实行动态管理,具体管理办法由国务院财政部门制定。"第63条规定:"各级人民政府财政部门和其他有关部门应当加强对参加政府采购活动的供应商、采购代理机构、评审专家的监督管理,对其不良行为予以记录,并纳入统一的信用信息平台。"第64条规定:"各级人民政府财政部门对政府采购活动进行监督检查,有权查阅、复制有关文件、资料,相关单位和人员应当予以配合。"①

(8)《国务院关于加强地方政府性债务管理的意见》(国发〔2014〕43号)。为加强地方政府性债务管理,国务院于2014年10月2日颁布《关于加强地方政府性债务管理的意见》。该《意见》第4条第1款规定:"财政部根据各地区一般债务、专项债务、或有债务等情况,测算债务率、新增债务率、偿债率、逾期债务率等指标,评估各地区债务风险状况,对债务高风险地区进行风险预警。列入风险预警范围的债务高风险地区,要积极采取措施,逐步降低风险。债务风险相对较低的地区,要合理控制债务余额的规模和增长速度。"第7条规定:"财政部门作为地方政府性债务归口管理部门,要完善债务管理制度,充实债务管理力量,做好债务规模控制、债券发行、预算管理、统计分析和风险监控等工作。"②

(9)《国务院关于改革和完善中央对地方转移支付制度的意见》(国发〔2014〕71号)③。该《意见》第6条指出,省级财政部门对于具有地域管理信息优势的专项转移项目要采取因素法分配、选取客观因素确定合理权重,并指导制定资金管理办法实施细则,按规定层层分解下达到补助对象。第8条明确,财政部门应在全国人大批准后20日将中央对地方转移支付预算安排

---

① 国务院. 中华人民共和国政府采购法实施条例(国务院令658号). http://www.gov.cn/zhengce/content/2015-02/27/content_9504.htm.
② 国务院关于加强地方政府性债务管理的意见(国发〔2014〕43号). http://www.gov.cn/zhengce/content/2014-10/02/content_9111.htm.
③ 国务院关于改革和完善中央对地方转移支付制度的意见(国发〔2014〕71号). http://www.gov.cn/zhengce/content/2015-02/02/content_9445.htm.

及执行情况向社会公开,并对重要事项作出说明。

(10)《关于印发〈革命老区转移支付资金管理办法〉的通知》(财预〔2015〕121号)。财政部于2015年7月2日向河北省、山西省、辽宁省等23个财政厅(局)下达了《革命老区转移支付资金管理办法》。该《办法》就资金分配、资金管理和使用、监督检查等给出了具体解释。其中,第6条规定:"财政部参考对各地区管理使用转移支付资金的绩效评价和监督检查结果,采用因素法分配革命老区转移支付资金。"第15条规定:"省级财政部门负责确定省以下财政部门的监督检查职责,定期对省以下财政部门管理和使用革命老区转移支付资金情况开展监督检查,监督检查有关情况应当及时报告财政部。"① 该《办法》从制度层面规范了革命老区转移支付相关工作。

4. 财务会计监督执法的法律法规

(1)《中华人民共和国会计法》。《会计法》是国家基于规范会计行为,保证会计资料的真实性和完整性,加强经济管理和财务管理,提高经济效益,维护社会主义市场经济秩序而制定和颁布的。《会计法》第33条规定了财政部门实施会计监督的内容,主要包括四个方面:一是监督各单位是否依法设置会计账簿。二是监督各单位的会计凭证、会计账簿、财务会计报告和其他会计资料是否真实、完整。三是监督各单位的会计核算是否符合《会计法》和国家统一的会计制度的规定。四是监督各单位从事会计工作的人员是否具备会计从业能力并接受管理,会计机构负责人是否符合任职条件等。②

《会计法》授予财政部门履行会计监督职责,同时还赋予财政部门对违法会计行为的行政处罚权和建议处罚权。第42条、第43条、第44条和第47条规定了财政部门对会计相关人员违法违规行为应承担的法律责任。

---

① 财政部. 关于印发《革命老区转移支付资金管理办法》的通知(财预〔2015〕121号). http://yss.mof.gov.cn/zhengwuxinxi/zhengceguizhang/201508/t20150807_1408332.html.
② 人民代表大会常务委员会. 中华人民共和国会计法. http://baike.haosou.com/doc/3561509-3745553.html.

(2)《财政总预算会计制度》(财库〔2015〕192号)①。为了进一步规范各级政府财政总预算会计核算,提高会计信息质量,充分发挥总预算会计的职能作用,财政部于2015年10月10日颁布《财政总预算会计制度》的通知。《财政总预算会计制度》第58条规定:"各级总会计应自觉接受审计、监察部门,以及上级政府财政部门的监督,按规定向审计、监察部门,以及上级政府财政部门提供有关资料。"

(3)《财政部门实施会计监督办法》(财政部令第10号)。《财政部门实施会计监督办法》对会计监督检查的内容、形式和程序、处理、处罚的种类和适用条件给出了清晰的解释。如第9条规定:"财政部门依法对各单位设置会计账簿实施监督检查,内容包括:①应当设置会计账簿的是否按规定设置会计账簿;②是否存在账外设账的行为;③是否存在伪造、编造会计账簿的行为;④设置会计账簿是否存在其他违反法律、行政法规和国家统一的会计制度的行为。"第16条介绍了财政部门实施会计监督检查的具体形式:①对单位遵守《会计法》、会计行政法规和国家统一的会计制度情况进行全面检查;②对单位会计基础工作、从事会计工作的人员持有会计从业资格证书、会计人员从业情况进行专项检查或者抽查;③对有检举线索或者在财政管理工作中发现有违法嫌疑的单位进行重点检查;④对经注册会计师审计的财务会计报告进行定期抽查;⑤对会计事务所出具的审计报告进行抽查;⑥依法实施其他形式的会计监督检查。此外,该监督办法根据第24条、第26条、第27条、第25条等条款规定将被审单位会计违纪行为纳入法治的处理、处罚程序。②

(4)《事业单位会计制度》(财会〔2012〕22号)。《事业单位会计制度》是国家为了规范单位的会计核算,保证会计信息质量,根据《中华人民共和

---

① 财政部. 关于印发《财政总预算会计制度》的通知 (财库〔2015〕192号). http://www.gov.cn/xinwen/2015-10/23/content_2952675.htm.

② 财政部. 财政部门实施会计监督办法 (财政部令第10号). http://www.gov.cn/gongbao/content/2002/content_61884.htm.

国会计法》、《事业单位会计准则》和《事业单位财务规则》制定和施行的。该制度要求事业单位应按照规定运用会计科目,并对各类会计科目的账目处理给出了充分解释,使财政监督事业单位财务状况有据可查。①

(5)《行政单位会计制度》(财库〔2013〕218号)。《行政单位会计制度》是国家为了规范行政单位会计核算,保证会计信息质量,根据《中华人民共和国会计法》和其他有关法律、行政法规和部门规章制定的。自2014年1月1日起施行。该制度由财政部在《行政单位会计制度》(财预字〔1998〕49号)基础上进行了修订,对行政单位的会计信息质量要求、资产、负债、净资产、收入、支出、会计科目以及财务报表等内容作了详细介绍。②

(6)《企业会计准则》(中华人民共和国财政部令第76号)。《企业会计准则》是国家为了规范企业会计确认,计量和报告行为,保证会计信息质量,根据《中华人民共和国会计法》和其他有关法律、行政法规制定的准则。2014年,财政部相继对《企业会计准则——基本准则》、《企业会计准则第2号——长期股权投资》、《企业会计准则第9号——职工薪酬》、《企业会计准则第30号——财务报表列报》、《企业会计准则第33号——合并财务报表》和《企业会计准则第37号——金融工具列报》进行了修订,并发布《企业会计准则第39号——公允价值计量》、《企业会计准则第40号——合营安排》和《企业会计准则第41号——在其他主体中权益的披露》三项具体准则。这些准则为财政监督部门加强和规范企业会计行为、提高企业经营管理水平和会计规范处理起到指导作用。③

(7)《事业单位财务规则》(中华人民共和国财政部令第68号)。《事业单位财务规则》是为了进一步规范事业单位的财务行为,加强事业单位财务

---

① 财政部会计司. 关于印发《事业单位会计制度》的通知(财会〔2012〕22号). http://kjs.mof.gov.cn/zhengwuxinxi/zhengcefabu/201301/t20130105_724904.html.
② 财政部国库司. 关于印发《行政单位会计制度》的通知(财库〔2013〕218号). http://gks.mof.gov.cn/zhengfuxinxi/guizhangzhidu/201312/t20131225_1029251.html.
③ 财政部条法司. 财政部关于修改《企业会计准则——基本准则》的决定(中华人民共和国财政部令第76号). http://tfs.mof.gov.cn/zhengwuxinxi/caizhengbuling/201407/t20140729_1119494.html.

管理和监督，提高资金使用效益，保障事业单位健康发展制定的规章制度。自2012年4月1日起施行。《事业单位财务规则》的第5条、第7条、第9条、第10条、第21条、第23条、第29条、第34条、第40条、第45条、第52条、第53条、第54条均详细阐明了财政部门在事业单位预算、收入、支出、结余、资产负债、单位清算、财务报告等领域的管理内容。并于第10章财务监督章节中对事业单位财务监督的主体、内容、方法以及制度建设等作了专项规定，有利于事业单位提高对财务监督的认识，建立健全各项监督制度，堵塞管理漏洞，提高管理水平。①

(8)《行政单位财务规则》（中华人民共和国财政部令第71号）。《行政单位财务规则》是国家为了规范行政单位的财务行为，加强行政单位财务管理和监督，提高资金使用效益，保障行政单位工作任务的完成制定的。自2013年1月1日起施行。《行政单位财务规则》中涉及财政监督的条款散见于以下条款中：第9条"财政部门对行政单位实行收支统一管理，定额、定项拨款，超支不补，结转和结余按规定使用的预算管理办法"。在行政单位编报预算环节，财政部门应审核预算建议数并下达预算控制数，经法定程序批准后，财政部门批复行政单位预算。第13条赋予了财政部门审批行政单位决算的权利。第21条规定："行政单位从财政部门或者上级预算单位取得的项目资金，按照规定向同级财政部门或者上级预算单位报告资金使用情况，接受财政部门和上级预算单位的检查监督。"第36条进一步规定："行政单位开设银行存款账户，应当报同级财政部门审批，并由财务部门统一管理。"同时，第48条指出行政单位应当在财政部门、主管预算单位等部门的监督指导下进行财务的划转和撤并。撤销的行政单位，其全部资产由财政部门或者财政部门授权的单位处理。②

---

① 财政部．事业单位财务规则（中华人民共和国财政部令第68号）．http：//www.gov.cn/flfg/2012-02/22/content_2073876.htm.

② 财政部．行政单位财务规则（中华人民共和国财政部令第71号）．http：//www.gov.cn/gzdt/2012-12/10/content_2287137.htm.

值得一提的是,《行政单位财务规则》在第 10 章专设了"财务监督"章节。该章节详细阐述了行政单位财务监督的主体、内容、方法以及制度建设,对规范和监督行政单位财务行为提供了很好的法律依据。

(9)《企业财务通则》(中华人民共和国财政部令第 41 号)。《企业财务通则》是国家为了加强企业财务管理,规范企业财务行为,保护企业及其相关方的合法权益,推进现代企业制度建设,依据有关法律、行政法规的规定制定的规章制度。自 2007 年 1 月 1 日起施行。《企业财务通则》第 4 条规定了各级财政部门在加强对企业财务的指导、管理、监督等方面承担的主要职责。包括:第一,监督执行企业财务规章制度,按照财务关系指导企业建立健全内部财务制度。第二,制定促进企业改革发展的财政财务政策,建立健全支持企业发展的财政资金管理制度。第三,建立健全企业年度财务会计报告审计制度,检查企业财务会计报告质量。第四,实施企业财务评价,监测企业财务运行状况。第五,研究、拟订企业国有资本收益分配和国有资本经营预算的制度。第六,参与审核属于本级人民政府及其有关部门、机构出资的企业重要改革、改制方案。第七,根据企业财务管理的需要提供必要的帮助、服务。第 59 条、第 65 条、第 67 条、第 68 条对上述条款中的细节规定做了进一步解释。另外,该《通则》的第 9 章第 69 条至第 76 条专门就财政部门的监督、审查、处罚等方面进行了详细解读。[1] 可以说,现行《企业财务通则》为企业的财务管理和财政部门的财政监督提供了可靠的法律指导。

5. 金融监督执法的法律法规

(1)《金融企业财务规则》(财政部令第 42 号)。《金融企业财务规则》第 4 条规定:"各级人民政府财政部门依法指导、管理和监督本级金融企业的财务管理工作。"第 6 条指出了财政部门履行财务管理职责有:①监督金融企业执行本规则以及其他的财务管理规定,指导、督促金融企业建立健全内部财务管理制度;②指导、督促金融企业建立健全财务风险控制体系,监测金

---

[1] 财政部. 企业财务通则(中华人民共和国财政部令第 41 号). http://www.gov.cn/ziliao/flfg/2007-01/29/content_511302.htm.

融企业财务风险及其营运状况，监督金融企业的财务行为；③加强金融企业财务信息管理，实施金融企业财务评价；④监督金融企业接受社会审计和资产评估；⑤制定并实施促进金融企业改革和发展的财政、财务政策，组织金融企业财务管理人员的业务培训；⑥有关法律、行政法规规定的其他财务管理职责。第61条、第62条规定了财政部门对金融企业各类违规违法行为施以的责罚措施。①

（2）《金融类企业国有资产产权登记管理暂行办法》（财金〔2006〕82号）。为了进一步做好金融类企业国有资产产权登记管理工作，加强金融类企业国有资产监督管理，全面、及时掌握金融类企业国有资产分布和变动情况，防止国有金融资产流失，财政部于2006年10月12日印发《金融类企业国有资产产权登记管理暂行办法》。该《办法》第4条规定："金融类企业国有资产产权登记管理工作按照统一政策、分级管理的原则，由县级以上（含县级，下同）主管财政部门组织实施。"第5条介绍了各级主管财政部门履行的监督检查职责，具体包括：依法确认金融类企业国有产权归属，理顺产权关系，核发产权登记证；统计、汇总和分析金融类企业国有资产占有、使用和变动情况；监督国有及国有控股金融类企业的出资行为；对金融类企业产权被司法冻结等产权或有变动事项进行备案；检查金融类企业国有资产经营状况；向上级主管财政部门报送国有资产产权登记与产权变动状况分析报告。该《办法》突破了产权登记证的法律地位，强化了财政部门对金融类国有资产的监督权限。②

（3）《金融企业国有资产评估监督管理暂行办法》（财政部令第47号）。为了加强对金融企业国有资产评估的监督管理，规范金融企业国有资产评估行为，维护国有资产所有者合法权益，2007年10月12日，财政部公布了

---

① 财政部. 金融企业财务规则（中华人民共和国财政部令第42号）. http：//www.gov.cn/ziliao/flfg/2006-12/18/content_471492.htm.
② 财政部. 金融类企业国有资产产权登记管理暂行办法（财金〔2006〕82号）. http：//www.mof.gov.cn/mofhome/jinrongsi/jinrongleiqiyeguoyouzichanguanli/200807/t20080704_56007.html.

《金融企业国有资产评估监督管理办法》。该《暂行办法》第 3 条规定："县级以上人民政府财政部门按照统一政策、分级管理的原则,对本级金融企业资产评估工作进行监督管理。上级财政部门对下级财政部门监督管理金融企业资产评估工作进行指导和监督。"第 11 条、第 12 条、第 14 条、第 15 条、第 16 条详细介绍了财政部门审核金融企业资产评估项目、审核项目提交的材料以及受理申请时限等程序。第 26 条、第 27 条、第 28 条又对省级(以上)财政部门的监督检查权限进行了强调性说明。[①]

(4)《金融企业国有资本保值增值结果确认暂行办法》(财政部令第 43 号)。为了加强对金融企业国有资本的监督管理,反映金融企业国有资本运营状况,规范金融企业国有资本保值增值结果确认工作,维护国家所有者权益,财政部于 2007 年 1 月 11 日颁布《金融企业国有资本保值增值结果确认暂行办法》。该《办法》第 4 条规定:县级以上人民政府财政部门应当依据经会计师事务所审计的金融企业年度财务会计报告,在全面分析年度内国有资本增减变动因素的基础上,按照统一政策、分级管理的原则,对本级直接管理的金融企业国有资本保值增值结果进行确认。上级财政部门对下级财政部门的工作进行指导和监督。第 6 条规定:"金融企业国有资本保值增值确认结果,应当作为财政部门对金融企业进行绩效评价的重要依据。"第 23 条、第 24 条、第 25 条、第 26 条进一步介绍了财政监督部门对金融企业未按本法规定报送国有资本保值增值材料的行为给予的罚则处理办法。[②]

(5)《银行抵债资产管理办法》(财金〔2005〕53 号)。《银行抵债资产管理办法》第 31 条规定:"财政主管部门应当加强对当地银行抵债资产收取、保管和处置情况的监督检查,对不符合本办法规定的,应当及时进行制止和纠正,并按照有关规定进行处理和处罚。财政部驻各地财政监察专员办事处

[①] 财政部. 金融企业国有资产评估监督管理暂行办法 (中华人民共和国财政部令第 47 号). http://www.gov.cn/ziliao/flfg/2007-11/30/content_821977.htm.
[②] 财政部. 金融企业国有资本保值增值结果确认暂行办法 (中华人民共和国财政部令第 43 号). http://www.gov.cn/gongbao/content/2007/content_812709.htm.

负责对当地中央管理的金融企业分支机构抵债资产收取、保管和处置的监督管理。"①

(6)《地方金融企业财务监督管理办法》(财金〔2010〕56号)。为了加强对地方金融企业的财务监督管理工作,促进地方金融企业健康发展,财政部于2010年6月7日颁布《地方金融企业财务监督管理办法》。第3条指出:"地方财政部门是地方金融企业的财务主管部门,对本级地方金融企业实施财务监督管理,指导下级财政部门开展财务监督管理工作。主要职责包括:监督地方金融企业执行本办法及其他财务管理规定;指导、督促地方金融企业建立健全内部财务管理制度;指导、督促地方金融企业建立健全财务风险控制体系,监测地方金融企业财务风险及其运营状况;监督地方金融企业的财务行为;加强地方金融企业财务信息管理;监督地方金融企业接受社会审计和资产评估等。"第29条规定:"地方财政部门应根据财务登记情况、财务信息、企业绩效评价结果等建立监测地方金融企业运营的指标库,及时发现和消除风险隐患。对地方金融企业出现的重大风险问题,应向当地政府和上级财政部门报告,尽早采取化解措施,避免金融风险转化为财政风险。"第30条要求:"地方财政部门应根据财政部制定的各项规定,建立对地方金融企业及其分支机构定期或不定期的监督检查制度。地方财政部门应与金融监管部门派出机构建立健全地方金融风险联合评估机制,制订应急预案,安排必要的金融风险防范资金,维护地方金融秩序稳定。"第31条规定:"地方财政部门应结合日常财务监管,有计划、有重点、分步骤地对地方金融企业的财务执行情况等问题进行专项检查。对地方金融企业财务管理中违反国家规定的,地方财政部门要严格按照《会计法》、《财政违法行为处罚处分条例》(国务院令第427号)和《金融企业财务规则》等法律法规进行处理。"第32条、第33条、第34条、第35条给出了地方财政部门针对地方金融企业各类违法

---

① 财政部. 银行抵债资产管理办法(财金〔2005〕53号). http://www.als.gov.cn/main/government/jrzc/25c98480-8b91-4ffb-8e0c-685978ffe27c/.

违规行为实施的法律处理手段。①

（7）《外国政府贷款项目监督检查办法》（财金〔2011〕117号）。为了规范和加强对外国政府贷款项目和资金的监督检查，提高贷款项目的实施质量和资金的使用效益，财政部于2011年9月26日发布《外国政府贷款项目监督检查办法》。该《办法》第2章第4条、第5条规定了财政部和省级财政部门作为外国政府贷款工作的归口管理机构应当履行的职责内容。其中，财政部的职责包括：研究建立科学有效的监督检查机制，制定监督检查相关制度；组织实施对项目的监督检查；对有关机构履行监督检查职责进行督促、指导；对有关机构履行职责的情况进行检查、评价及奖惩；财政部驻各地财政监察专员办事处对所在地区的项目进行监督检查。省级财政部门的职责包括：制定本地区的项目监督检查制度；制定年度检查计划并报财政部备案；组织实施对本地区项目的监督检查；配合有关监督检查机构对本地区项目的检查；落实或者督促有关单位落实对违规问题的处理。另外，第3章、第4章、第5章、第6章分别对财政监督的检查范围、对象、内容、日常监督方式、重点检查项目以及检查处理办法等做了详细的、规范的法律规定。②

（8）《国际金融组织和外国政府贷款赠款管理办法》（财政部令第38号）。《贷款赠款管理办法》确立了政府外债统一管理的原则，明确了财政部对国际金融组织和外国政府贷款、赠款实行统一管理，地方财政部门统一负责本地区贷款、赠款的全过程管理。第7条介绍了财政部对贷款、赠款实行统一管理，履行工作范围：①研究确定贷款、赠款的管理原则，制定基本规章制度；②会同国务院有关部门研究拟定贷款规划；③统筹开展贷款、赠款的对外工作，与国际金融组织和外国政府等进行磋商谈判并签订法律文件；④负责贷款、赠款的转贷、转赠、资金使用、偿还、统计、监测等；⑤对贷

---

① 财政部. 关于印发《地方金融企业财务监督管理办法》的通知（财金〔2010〕56号）. http：//www.gov.cn/gongbao/content/2010/content_1737213.htm.

② 财政部. 外国政府贷款项目监督检查办法（财金〔2011〕117号）. http：//www.gov.cn/gongbao/content/2012/content_2112761.htm.

款、赠款活动进行政策指导、协调与监督。另外，第 52 条、第 53 条、第 54 条条款对项目单位违反《办法》规定，财政部提出了相应处理处罚措施。①

（9）《外国政府贷款管理规定》（财金〔2008〕176 号）。为进一步落实《国际金融组织和外国政府贷款赠款管理办法》，完善外国政府贷款管理制度，财政部于 2008 年 12 月 17 日颁布了《外国政府贷款管理规定》。该《规定》第 3 条指出了财政部门作为政府外债的统一管理部门，会同有关部门对贷款借、用、还等全过程实施管理与监督。第 7 条、第 8 条赋予了财政部和省级财政部门的各项监督管理职权。第 39 条、第 40 条、第 41 条、第 42 条规定了省级财政部门、财政部驻各地财政监察专员办事处对贷款项目实施监督检查的范围和内容。②

除此之外，我国还陆续出台《金融企业国有产权转让管理办法》、《国际金融组织贷款债务偿还办法》、《国际金融组织和外国政府贷款捐赠管理办法》、《财政部关于外国政府贷款地方拖欠项目清欠政策有关问题的通知》、《国际金融组织和外国政府贷款还贷准备金管理暂行办法》等规章制度，为指导财政监督部门实施金融监督检查提供制度保障。

6. 资产监督执法的法律法规

国有资产是国家财政的基础和实现政府职能的载体，财政作为国家履行职能的物质基础、体制保障、政策工具和监督手段，通过制定和督促实施财税、财务法规等方式，参与配合国有资产监督工作。

财政部门制定和实施的财税、财务法规主要有：《企业国有资产监督管理暂行条例》（中华人民共和国国务院令第 378 号）、《国务院办公厅关于加强和改进企业国有资产监督防止国有资产流失的意见》（国办发〔2015〕79 号）、《国务院关于改革和完善国有资产管理体制的若干意见》、《整合建立统一的公

---

① 财政部. 国际金融组织和外国政府贷款赠款管理办法（中华人民共和国财政部令第 38 号）. http://www.gov.cn/gongbao/content/2007/content_705527.htm.
② 财政部. 关于印发《外国政府贷款管理规定》的通知（财金〔2008〕176 号）. http://www.gov.cn/zwgk/2008-12/31/content_1193277.htm.

共资源交易平台工作方案》(国发办〔2015〕63号)、《国务院关于清理规范税收等优惠政策的通知》(国发〔2014〕62号)等。举例说明:

(1)《国务院关于改革和完善国有资产管理体制的若干意见》(国发〔2015〕63号)。该《意见》提出了改进国有资产监管方式和手段的若干可行方案。其中第4条第13款要求财政部门会同国有资产监管机构等部门建立覆盖全部国有企业、分级管理的国有资本经营预算管理制度,根据国家宏观调控和国有资本布局结构调整要求,提出国有资本收益上交比例建议,报国务院批准后执行。[①]

(2)《整合建立统一的公共资源交易平台工作方案》(国发办〔2015〕63号)。该《通知》提出了完善公共资源监管体制机制、转变监督方式的几点工作设想。其中,要求财政部门与发展改革部门、国土资源、国有资产监督管理等部门按照职责分工,加强对公共资源交易活动的监督执法,依法查处公共资源交易活动中的违法违规行为。[②]

(3)《关于进一步规范和加强行政事业单位国有资产管理的指导意见》(财资〔2015〕90号)。为保障行政事业单位有效运行和高效履职,提升资产管理水平,2016年1月14日,财政部印发《关于进一步规范和加强行政事业单位国有资产管理的指导意见》。《意见》重申了"国家统一所有,政府分级监督,单位占有、使用"的管理体制,进一步明确了"财政部门—主管部门—行政事业单位"三个层次的监督管理体系,强化财政部门综合管理职能和主管部门的具体监管职能。[③]

[①] 国务院关于改革和完善国有资产管理体制的若干意见(国发〔2015〕63号). http://www.gov.cn/zhengce/content/2015-11/04/content_10266.htm.

[②] 国务院办公厅关于印发《整合建立统一的公共资源交易平台工作方案》的通知(国办发〔2015〕63号). http://www.gov.cn/zhengce/content/2015-08/14/content_10085.htm.

[③] 财政部. 关于进一步规范和加强行政事业单位国有资产管理的指导意见(财资〔2015〕90号). http://qys.mof.gov.cn/zhengwuxinxi/zhengcefabu/201601/t20160114_1649756.html.

7. 内部监督执法的法律法规

(1)《财政部门监督办法》(中华人民共和国财政部令第69号)[①]。2012年2月23日,财政部部务会议审议通过了《财政部门监督办法》。该《办法》第9条规定:"财政专职监督机构制定本部门监督工作规划、牵头拟订本部门年度监督计划、组织实施本部门内部监督检查。"第17条、第20条、第22条、第23条、第24条给出了财政部门实施监督的措施、方式和程序。

(2)《财政部门内部监督检查办法》(中华人民共和国财政部令第58号)。《财政部门内部监督检查办法》是为了规范财政部门内部监督检查行为,保障财政部门内部监督检查有效实施,根据《预算法》、《会计法》等法律有关规定制定施行的,于2010年3月1日颁布生效。

该《办法》第5条首次提出:"财政部门内部监督检查工作实行主要领导负责制。"第6条明确了财政实施内部监督的主要检查任务,涵盖预算/决算的编制、执行、调整;国库单一账户、政府采购、国债管理;税收、非税收入、财政专项资金管理;国有资产和财务管理;会计管理、注册会计师行业和资产评估行业监管情况、外国政府赠款、国际金融组织贷款;财政部门内部控制制度建立与执行情况等。第7条强调财政部门建立内部监督检查协调机制的必要性。除此之外,该《办法》对内部监督方式、重点、程序、被检查单位和个人报送材料以及违法行为的处理方法给出了详细说明。[②]

(二) 财政监督执法的规章程序

财政监督执法程序是指财政监督执法行为所遵循的方式、步骤、顺序以及时限的总和,是规范财政监督执法行为的关键。这就要求财政监督机构必须严格按照有关规章制度的规定规范各项检查流程。

---

① 财政部门监督办法(中华人民共和国财政部令第69号).http://www.gov.cn/flfg/2012-03/19/content_2094400.htm.

② 财政部门内部监督检查办法(中华人民共和国财政部令第58号).http://www.gov.cn/gzdt/2010-02/26/content_1541929.htm.

1. 《财政检查工作办法》（中华人民共和国财政部令第 32 号）

《财政检查工作办法》是为了规范财政检查工作，保障和监督财政部门有效实施财政检查，保护公民、法人和其他组织的合法权益，根据《预算法》、《财政违法行为处罚处分条例》等法律、行政法规制定的。本法于 2006 年 3 月 1 日起施行。

《财政检查工作办法》要求财政部门实施财政检查，应当遵循合法、客观、公正、公开的原则，按照法律法规规章制度的规定，在职权范围内，实施财政检查，依法作出检查结论和处理、处罚决定。同时该《办法》对财政监督部门的检查组织工作、检查实施工作、检查处理工作、检查执行工作等作出了相应的指示。其中涉及：年度财政检查计划的制订要求、财政检查组的人员配置情况、被检查单位应提交的书面资料、检查组长对检查工作质量负有的监督责任、财政部门对检查报告的审核义务，建立健全财政检查审理工作制度的必要性等。①

2. 《财政检查通知书规则》（财监〔2007〕82 号）

《财政检查通知书规则》是为了规范财政检查通知行为，根据《财政检查工作办法》制定的，于 2008 年 1 月 1 日起施行。

财政机关实施财政检查，一般应在 3 个工作日前向被检查单位下达财政检查通知书。财政检查通知书的主要内容有：被检查单位的名称、检查的依据、范围、内容、方式和时间，对被检查单位提出配合检查的具体要求，检查组组长及其成员的名单，财政部门的公章以及签发日期等。财政部门应当将被检查人交回的财政检查通知书送达回证作为检查证据立卷归档。②

3. 《财政检查工作底稿规则》（中华人民共和国财政部令第 58 号）

《财政检查工作底稿具体规则》是为了规范财政检查工作底稿的编制和管

---

① 国务院.财政检查工作办法（中华人民共和国财政部令第 32 号）. http://www.gov.cn/gongbao/content/2007/content_526988.htm.

② 财政部关于印发财政检查工作规则的通知（财监〔2007〕82 号）. http://hk.lexiscn.com/law/law-chinese-1-1375216.html.

理,根据《财政检查工作办法》而制定的,于 2008 年 1 月 1 日起颁布施行。

财政检查工作底稿记录的内容有:被检查人名称、检查项目工作底稿的编号和页数、检查项目的名称、与检查结论或者被检查人违法违规行为有关的事项摘要、附件的主要内容及其张数、被检查人签署意见并签名、检查组制单人签名及填制日期、检查组复核人签名及复核日期等。财政检查工作底稿编制人、复核人应对财政检查工作底稿的真实性、准确性、完整性负责。①

4.《财政检查询问规则》(中华人民共和国财政部令第 58 号)

《财政检查询问规则》是为了规范财政检查询问行为,根据《财政检查工作办法》制定的。《规则》自 2008 年 1 月 1 日起施行。

财政检查人员进行询问时至少要有两名财政检查人员在现场,每次只能对一名被询问人询问。询问的内容一般包括事实发生的时间、地点、当事人、原因、情节和结果等。被询问人提供证言的,财政检查人员应按财政检查询问笔录的格式及要求制作笔录。记录人记录证言应当忠实于被询问人的原话,不得修饰和形容,并为询问人保密。②

5.《财政检查报告规则》(中华人民共和国财政部令第 58 号)

《财政检查报告规则》是为规范财政检查报告的编制,根据《财政检查工作办法》制定的,于 2008 年 1 月 1 日起施行。

根据《财政检查报告规则》中的相关规定,财政检查报告应包含被检查人的基本情况、检查的范围、内容、方式和时间,被检查人执行财税法规情况以及财政、财务、会计等管理事项的基本情况、被检查人存在财政违法行为的基本事实以及认定的依据、被检查人的意见或说明、检查组对被检查人意见或说明的认定意见、检查组对被检查人的处理建议等其他事项。检查组组长对提交的财政检查报告的真实性、准确性、完整性负责。检查组应于检

---

① 财政部关于印发财政检查工作规则的通知(财监〔2007〕82 号). http://hk.lexiscn.com/law/law-chinese-1-1375216.html.
② 财政部关于印发财政检查工作规则的通知(财监〔2007〕82 号). http://hk.lexiscn.com/law/law-chinese-1-1375216.html.

查结束10个工作日内,向财政部门提交书面财政检查报告。特殊情况,经财政机关主要负责人批准,提交财政检查报告的时间可以延长,但最长不得超过30个工作日。检查组在提交财政检查报告时,还应当一并提交财政检查处理、处罚建议或者移送处理建议以及财政检查工作底稿等材料。①

6.《财政检查复核规则》(中华人民共和国财政部令第58号)

《财政检查复核规则》是为规范财政检查复核工作,根据《财政检查工作办法》制定的本规则。自2008年1月1日起施行。

《财政检查复核规则》中的"财政检查复核"是指财政部门对检查组提交的财政检查报告及其有关材料进行复查和审核,并提出复核意见的行为。复核人员指定为内部有关职能机构或者专门人员。复核人员应避免与被检查人或者检查人员有直接利害关系。本《规则》第6条规定了财政检查复核内容。包括:检查事项认定的事实是否清楚;取得的证据是否真实、充分;检查程序是否合法;认定财政违法行为的法律依据是否适当;提出的行政处理、处罚建议或者移送处理建议是否适当等。此外,第11条补充规定了当"检查组与复核人意见存在重大分歧时,经协商仍不能取得一致的,报财政部门负责人裁决,必要时,财政部门应当责成检查组进一步核实,补正有关情况和材料或者另行派出检查组重新实施财政检查。"②

三、财政监督行政建设

为保障财政监督的严肃性、权威性和有效性,财政监督机构必须依法加大对违反国家法律法规、规章制度行为的查处力度,它是从根本上治理财经领域违法违纪问题、维护财经法纪权威性的重要手段。与此同时,财政监督机构要认真贯彻行政复议法,以保护公民、法人和其他组织的合法

---

①② 财政部关于印发财政检查工作规则的通知(财监〔2007〕82号). http://hk.lexiscn.com/law/law-chinese-1-1375216.html.

权益。

(一) 财政监督行政处罚的法律依据

这里的"行政处罚"包括两层含义：一是对监督对象及其违法行为的责任追究；二是对监督主体及其违法行为的责任追究。两者适用的法律依据如下所述。

1. 对监督对象（行政机关）违法行为的行政处罚依据

实践中，全面指导财政监督工作、规范监督对象及其行为的行政法规有很多，这里列举其中具有代表性的四项行政性法规。

(1)《中华人民共和国行政处罚法》。《行政处罚法》是财政部门及其监督机构在财政监督检查工作中处理违法违纪问题时必须遵守的重要法律依据。该法律涉及财政监督的主要条款有：第53条"财政部门不得以任何形式向作出行政处罚决定的行政机关返还罚款、没收的违法所得或者返还没收非法财物的拍卖款项"。第58条"行政机关将罚款、没收的违法所得或者财物截留、私分或者变相私分的，由财政部门或者有关部门予以追缴，对直接负责的主管人员和其他直接责任人员依法给予行政处分；情节严重构成犯罪的，依法追究刑事责任"[1]。

(2)《中华人民共和国行政监察法实施条例》（国务院令第419号）。《中华人民共和国行政监察法实施条例》第24条规定，财政监察机关对被监察人员作出行政处分决定的法律程序：①对由本级人民代表大会及其常务委员会决定任命的本级人民政府各部门领导人员和下一级人民代表大会及其常务委员会选举或者决定任命的人民政府领导人员，拟给予警告、记过、记大过、降级处分的，监察机关应当向本级人民政府提出处分意见，经本级人民政府批准后下达监察决定；拟给予撤职、开除处分的，先由本级人民政府或者下一级人民政府提请同级人民代表大会罢免职务，或者向同级人民代表大会常务委员会提请免去职务或者撤销职务后，由监察机关下达监察决定；②对本

---

[1] 全国人大常委会. 中华人民共和国行政处罚法. 法律快车，http：//www.lawtime.cn/faguizt/45.html.

级人民政府任命的人员，拟给予警告、记过、记大过、降级处分的，由财政监察机关直接作出监察决定，报本级人民政府备案；拟给予撤职、开除处分的，监察机关应当向本级人民政府提出处分意见，经本级人民政府批准后，由监察机关下达监察决定；③对本级人民政府所属各部门和下一级人民政府及其所属各部门任命的人员，拟给予行政处分的，由监察机关直接作出监察决定。其中，县级人民政府监察机关给予被监察人员开除处分的，应当报县级人民政府批准。①

（3）《财政违法行为处罚处分条例》（中华人民共和国国务院令第427号）。《财政违法行为处罚处分条例》对财政监督的对象、范围、内容、处罚的种类与方式等作出了较为完整和规范性的规定。该《条例》第2条规定，县级以上人民政府财政部门及审计部门在各自职权范围内，依法对财政违法行为作出处理、处罚决定。其中，违法行为特指违反国家财政收入管理规定、违反国家财政收入上缴规定、违反国家有关上解、下拨财政资金规定、违反规定使用、骗取财政资金、违反国有财产和预算管理规定等行为。②

（4）《违反行政事业性收费和罚没收入收支两条线管理规定行政处分暂行规定》（中华人民共和国国务院令第281号）。财政部门对在监督检查中发现的违反"收支两条线"管理规定的行为，可以在法定职责权限范围内，根据违反"收支两条线"规定行政处分暂行规定对直接主管人员和其他责任人员提出批评、给予警告；对违反"收支两条线"管理规定并且情节严重的，财政部门可以建议有关部门对直接主管人员和其他责任人员给予记过、记大过、降级、撤职直接开除的处分；对构成犯罪的，财政部门可以提请司法机关依法追究刑事责任。另外，财政部门在管理工作中如果不按预算和批准的收支计划核拨资金，贻误核拨单位正常工作问题，对直接主管人员和其他责任人

---

① 国务院. 中华人民共和国行政监察法实施条例（国务院令第419号）. http://www.gov.cn/zhengce/content/2008-03/28/content_7404.htm.

② 国务院. 财政违法行为处罚处分条例（中华人民共和国国务院令第427号）. http://www.gov.cn/gongbao/content/2011/content_1860871.htm.

员也要依据违反"收支两条线"管理规定给予相应的行政处分。

2. 对财政监督主体违法行为的行政处罚依据

完善财政监督管理制度，强化监督主体职责，需要运用多种法律法规手段对财政监督机构行为进行管理和约束。概括起来，这些法律依据主要包括以下几个方面：

（1）《财政检查工作规则》。在《财政检查工作规则》中专门规定了财政监督检查人员应当具备的资格条件和应当遵守的纪律。其中明确指出，财政监督检查人员在执行检查的过程中应当严格遵守国家有关保密的规定，不能泄露在监督检查过程中知悉的商业秘密，不得将在监督检查中取得的与被检查单位财政收支、财务收支有关的资料用于财政监督检查工作无关的事项；检查人员与被检查的单位或被检查的事项具有利害关系时，要实行回避制度；对检查人员在执行检查中违反法律法规规定和检查规则发生的徇私舞弊、玩忽职守、滥用职权等问题要依法追究行政责任，如果触犯了刑律的还要依法追究刑事责任。

（2）《财政违法行为处罚处分条例》（国务院令第427号）。《财政违法行为处罚处分条例》第28条对财政监督部门工作人员滥用职权、玩忽职守、徇私舞弊等各种违法行为给出了相应的处罚规定。情节较轻的，给予警告、记过或者记大过处分；情节较重的，给予降级或者撤职处分；情节严重的，给予开除处分。构成犯罪的，依法追究刑事责任。

（3）《财政部门内部监督检查办法》（财政部令第58号）。《财政部门内部监督检查办法》第32条明确指出，财政内部监督检查人员若存在：弄虚作假，隐瞒事实真相的；滥用职权，以权谋私的；玩忽职守，给国家和单位造成重大损失的；泄露国家秘密或者被监督检查单位秘密的行为，要根据有关规定给予处理，涉嫌犯罪的依法移送司法机关处理。

除了上述三项独立规章制度外，还有一些零星分布于其他制度中用于规范财政监督检查行为的法律约束。例如，《政府非税收入管理办法》（财税〔2016〕33号）、《中华人民共和国政府采购法实施条例》（国务院令第658

号)、《外国政府贷款管理规定》(财金〔2008〕176号)等。这些规章制度仅是对监督主体违法违纪行为提出了概括式、原则性的处理意见,具体的惩治方法、手段、程序以及法律经办人职能分工并没有详细设定。

(二) 财政监督行政复议的法律依据

财政监督复议是指公民、法人或者其他组织认为具体财政行政行为侵犯其合法权益,向财政监督机关提出财政复议申请,财政监督机构受理财政复议申请,作出财政复议决定的活动。它是财政监督立法、执法和司法救济环节的有效衔接,对于防范财政监督工作中出现的公权侵犯私权、滥用财政监督执法权、保护监督对象合法权益和防范财政监督执法风险意义重大。

1.《中华人民共和国行政复议法》(国务院令九届第16号)

《行政复议法》要求行政复议机关履行行政复议职责时,应当遵循合法、公正、公开、及时、便民的原则,坚持有错必纠,保障法律、法规的正确实施。第3条界定了财政监督机构(行政复议机构)的职责范围。包括:(1)受理行政复议申请;(2)向有关组织和人员调查取证,查阅文件和资料;(3)审查申请行政复议的具体行政行为是否合法与适当,拟订行政复议决定;(4)处理或者转送对本法第7条所列有关规定的审查申请;(5)对行政机关违反本法规定的行为依照规定的权限和程序提出处理建议;(6)办理因不服行政复议决定提起行政诉讼的应诉事项等。第6条规定了公民、法人或者其他组织行政复议的申请内容。(1)行政机关作出的警告、罚款、没收违法所得、没收非法财物、责令停产停业、暂扣或者吊销许可证、暂扣或者吊销执照、行政拘留等行政处罚决定不服的;(2)对行政机关作出的限制人身自由或者查封、扣押、冻结财产等行政强制措施决定不服的;(3)对行政机关作出的有关许可证、执照、资质证、资格证等证书变更、中止、撤销的决定不服的;(4)对行政机关作出的关于确认土地、矿藏、水流、森林、山岭、草原、荒地、滩涂、海域等自然资源的所有权或者使用权的决定不服的;(5)认为行政机关侵犯合法的经营自主权的;(6)认为行政机关变更或者废止农业承包合同,侵犯其合法权益的;(7)认为行政机关违法集资、征收财物、摊派费用或者违法要求履行其他义务的;(8)认为符合法定条件,申请行政机关颁发许可证、执照、资质证、资格证等证书,或者申请行政机关审批、登记有关事项,行政机关没有依法办理的;(9)申请行政机关履行保护人身权利、财产权利、受教育权利的法定职责,行政机关没有依法履行的;(10)申请行政机关依法发放抚恤金、社会保险金或者最低生活保障费,行政机关没有依法发放的;(11)认为行政机关的其他具体行政行为侵犯其合法权益的。对于上述公民、法人或者其他组织提出的行政复议申请,财政监督机关应及时作出行政复议决定。①

2.《中华人民共和国行政复议法实施条例》(国务院令第499号)

为进一步发挥行政复议制度在解决行政争议、建设法治政府、构建社会主义和谐社会中的作用,国务院常务会议于2007年5月23日通过了《行政复议法实施条例》。该《条例》第3条在原有《行政复议法》第3条基础上,增加了五项财政监督机构(行政复议机构)职责。分别为:(1)依照行政复议法第18条的规定转送有关行政复议申请;(2)办理行政复议法第29条规定的行政赔偿等事项;(3)按照职责权限,督促行政复议申请的受理和行政复议决定的履行;(4)办理行政复议、行政应诉案件统计和重大行政复议决定备案事项;(5)办理或者组织办理未经行政复议直接提起行政诉讼的行政应诉事项。此外,《条例》还对复议申请人、被申请人、申请期限、申请提出、复议受理、复议决定、复议指导以及监督和法律责任等内容都给出了详细说明。②

3.《中华人民共和国国家赔偿法》(国务院令第29号)

2010年4月29日第十一届全国人民代表会议常务委员会第十四次会议通过了《关于修改〈中华人民共和国国家赔偿法〉的决定》修正。修正后的

---

① 全国人民代表大会常务委员会. 中华人民共和国行政复议法(中华人民共和国主席令九届第16号). http://www.law-lib.com/law/law_view.asp?id=478.

② 全国人民代表大会常务委员会第177次常务会议. 中华人民共和国行政复议法实施条例(中华人民共和国主席令第499号). http://www.gov.cn/zhengce/2007-06/08/content_2602483.htm.

《国家赔偿法》对公民、法人和其他组织利益受损的行政赔偿、刑事赔偿以及赔偿方式和计算标准都给出了详细的司法解释。为财政监督部门公正执法、文明执法,维护公共利益、人民权益和社会秩序提供了重要的制度支持。①

四、财政监督法制宣传建设

社会法制关键是指社会对法律、法规的认知和遵守程度,核心是依法办事。依法治国是一种原则和方式,其能否实施取决于社会法制观念。在一个社会法制观念强的国家,依法办事的程度高,依法治国就容易实现。相反,在一个法制观念相对弱的国家,依法办事的程度低,依法治国就比较难实现。社会法制观念对财政监督的影响主要体现为社会对财税法规的认知和遵守程度。社会对财税法规认知程度高,自觉遵守的程度高,财政监督面临的阻力小,反之,财政监督面临的阻力就大。

财政监督法制建设要求加大财政监督普法宣传,组织内容丰富,形式多样的普法宣传活动,提高财政监督干部法律素质和全社会财税法律意识。可以通过举办法律知识学习讲座和培训班,组织编写财政监督普法教材和充分利用新闻媒体舆论工具,广泛开展普法宣传活动,增强全社会的财税法律意识和法治观念。

第三节 加强财政监督法制化建设的重要举措

一、财政监督法制化建设的问题

经过多年努力,我国财政监督法制建设不断完善和进步。目前基本形成

---

① 第十一届全国代表大会常务委员会第十四次会议. 中华人民共和国国家赔偿法(中华人民共和国国务院令第 29 号). http://www.gov.cn/flfg/2010 - 04/30/content_1596468.htm.

了包括财政监督法律、行政法规、部门规章以及规范性文件组成的多层级的财政监督法规体系。然而由于立法起步较晚，立法层次较低，法制建设过程中存在的诸多问题仍然不能完全适应公共财政对财政监督工作的要求，财政监督在立法建设、执法建设和行政建设中存在的不足概括为以下几个方面。

(一) 财政监督立法权威性不高

尽管我国从 1995 年开始，先后制定了《财政监督机构工作暂行规定》、《财政检查工作办法》、《财政部门内部监督检查办法》、《财政部门实施会计监督办法》等一系列法律法规，但是这些法规的法律层次较低，一般都是财政部门制定的规章制度，法律的强制性和权威性较为欠缺。[①] 如 2012 年 3 月 2 日我国颁布实施的第一部全面规范财政监督行为的综合性法律制度——《财政部门监督办法》，该《办法》对财政监督机构、监督范围和权限、监督方式和程序以及法律责任等进行了原则性的法律描述，但是有关财政部门监督的具体实施方案和监督程序没有给出细致说明，从而难以有效指导财政监督的实践工作。所以制定一部内容全面、法律层次高的《财政监督法》势在必行。

(二) 财政监督执法依据不充分

财政监督执法依据不充分主要体现于规章制度的粗线条和形式化。如《财政部门监督办法》第 4 条规定，财政部门实施监督应当坚持事前、事中、事后监督相结合，建立覆盖所有政府性资金和财政运行全过程的监督机制。但是当前的制度建设中，关于事前事中监督的内容、监督对象、监督方法以及关联机构的协调配合等都缺少详细介绍，导致在实际工作中，财政部门多以事后财政检查为主，侧重对财政财务行为的合法性、合规性给予评价，忽视了"为什么要花这笔钱、要达到怎样的公共政策目标、预期的效果如何"

---

① 蒋洪. 公共财政决策与监督制度研究 [M]. 北京：中国财政经济出版社，2008：284.

等合理性、可行性的价值判断。

(三) 财政监督行政处罚力度不够

近年来，我国财政管理方面的违法违纪问题屡禁不止，成为稳定财经秩序的主要障碍。这与我国财政监督处罚力度薄弱不无关系。目前与财政监督有关的法律法规中，《财政违法行为处罚处分条例》对相关责任的确定是较为成型的。该条例总共35条，条款对财政收入征收管理、财政收入入库及国库资金管理、财政预决算编制、预算执行、国有资产管理、国家有关投资建设项目管理、预算单位账户管理、票据管理、会计管理等相关财政管理过程中出现的违法行为给出了具体的惩罚措施。然而，该《条例》通篇没有对"一般情节"、"情节较重"、"情节严重"等情况进行明确解释。另外，该《条例》就总体而言，对行政违法行为的处罚力度较轻。《条例》中涉及的处罚措施有罚款、警告、记过、记大过、降级、撤职、开除和追究刑事责任。除了在第20条"单位和个人有本条例规定的财政违法行为，构成犯罪的，依法追究刑事责任"和第28条"财政部门……的工作人员滥用职权、玩忽职守、徇私舞弊……构成犯罪的，依法追究刑事责任"中涉及了刑事责任，其他条款中最严重的情节也只是开除和处分。[①] 说明可供财政监督部门实施处罚措施的法律依据还不够细致，存有改进的余地。

二、财政监督法制化建设的重构路径

当前，我国财政监督的法律和制度建设还不够完备，不能完全适应市场经济条件下公共财政框架以及财政体制改革的要求，需要进一步强化财政监督法制化建设。

---

① 王晟. 财政监督理论探索与制度设计研究 [M]. 北京：经济管理出版社，2009：215.

(一) 财政监督立法建设方面

法律是治国之重器，良法是善治之前提。全面推进财政监督立法建设，发挥立法的引领和推动作用，必须坚持巩固立法基础、加强立法保障、完善立法体系。

1. 做实财政监督立法的制度基础

一是开展立法前评估工作，健全立法项目论证制度。重要的财政监督法律法规由政府法制机构组织起草，对争议较大的重要立法项目，要及时报请本级人民政府决定，或由决策机关引入第三方评估，积极开展财政监督立法成本效益分析、社会风险评估等工作，有效防止立法过程中的部门利益和地方保护保护主义法制化。

二是遵守立法程序，提高财政监督立法公众参与度，拓展公民、法人或者其他组织有序参与监督立法的途径和方式，建立有关国家机关、社会团体、专家学者等对监督立法中涉及的重大利益调整论证咨询机制。拟设定的制度涉及监督相对人切身利益或各方存在较大意见分歧的，要采取座谈会、论证会、听证会、问卷调查等形式广泛听取意见。除依法需要保密外，法律法规规章草案要通过网络、报纸等媒体向社会公开征求意见。

2. 加强财政监督立法的制度保障

一是落实规范性文件的合法性审查，实行制定机关对规范性文件统一登记、统一编号、统一印发制度。加强备案审查制度和能力建设，把所有规范性文件纳入备案审查范围，做到有件必备、有错必纠，切实维护法制统一和政令通畅。

二是建立规范性文件定期清理制度。根据《立法法》规定，定期开展法规规章立法后评估。坚持立改废并举，对不符合经济社会发展要求，与上位法相抵触、不一致，或者相互之间不协调的法规、规章和规范性文件，要及时修改或者废止，建立法规、规章和规范性文件清理长效机制，清理结果要向社会公开，为重构财政监督法律体系奠定制度基础。

3. 健全财政监督立法的制度体系

一是在条件成熟之时，出台《财政监督法》或《财政监督条例》，从法律上确定财政监督的地位，以法律或行政法规的形式系统地明确财政监督的主体、职责范围、内容、程序、手段、责任等，规范财政监督活动，为财政监督的实施提供根本性的制度保障。

二是加强财政监督重点领域立法，实现立法和改革决策相衔接，做到重大改革于法有据。同时抓紧制定和完善《财政部门监督办法》的配套政策措施，对监督执法和行政过程中的经验及时总结，不断推进理论创新、制度创新、机制创新和方法创新，形成有利于全面推进依法行政、建设法治政府的制度环境。

三是进一步确立财政监督检查专门机构的执法主体资格，规定财政监督检查的权限和职责，合理界定其监督对象范围，规范监督检查的程序和方式，以此为财政监督执法工作提供一个准确、客观的执法尺度和强制化、规范化的法律保障。

四是研究法律、法规、条例、细则等之间的相互联系，建议成立财经法律联动协商机制和法律信息交流平台，及时处理法律分歧，提高依法监督的有效性。

（二）财政监督执法建设方面

法律的生命力在于实施，法律的权威也在于实施。各级财政监督部门必须在法制轨道上开展执法工作，依法全面履行监督检查职能，强化对财政运行相关主体及其行为的监督和制约，维护财政监督的严肃性。

1. 梳理监督执法的制度依据

各级财政监督部门要按照法律、法规、规章分类排序、列明目录，组织好梳理执法依据，做到分类清晰，编排科学。下级财政监督部门梳理执法依据时，要注意与上级财政监督主管部门的执法依据相衔接，避免遗漏。梳理完毕的执法依据，除下发相关执法部门外，要以适当方式向社会公布。

2. 加强监督执法程序

一方面，财政监督机构必须严格审核审批程序，规范行政审核审批。各级财政监督机构要从行政审核、项目审批入手，健全工作操作规程，规范行政执法行为。另一方面，建立执法全过程记录制度，不断细化财政监督检查流程，执法程序和步骤，切实做到流程清楚、要求具体、期限明确。只有严格遵循法定程序，才能依法保障监督相对人、利害关系人的合法权益，做到公正、公平执法。

3. 推行监督执法的权力清单制度

在全面梳理、清理调整、优化程序的基础上，将财政监督部门的职责权限、法律依据、管理流程、监督方式等事项以权力清单的形式向社会公开。

4. 健全监督执法评议考核机制

结合财政监督内部机构的具体情况，制订监督执法评议考核方案，明确评议考核的具体标准，利用现代信息管理手段对财政监督执法部门和人员行使执法职权和履行法定义务的情况进行重点考核，包括财政监督执法人员是否符合执法资格，执法行为是否符合执法权限，适用执法依据是否规范，监督执法程序是否合法，监督执法决定的内容是否合法适当，监督执法案卷质量情况等。通过评议考核机制，规范监督检查人员行为，提高监督质量。

（三）财政监督行政建设方面

当前我国财政监督约束机制仍然不够健全，一些违法或者不当的行政行为得不到及时、有效的制止或者纠正，行政管理相对人的合法权益受到损害得不到及时救济。解决这些问题，适应新形势下依法治国进程，必须高度重视财政监督行政建设的重要性。

1. 加大监督处罚力度

推行依法行政、依法监督，维护财政监督的严肃性，需要不断加大财政监督执法的惩罚力度。一方面，各级财政监督部门要将处理人和处理事结合起来，依法追究行为当事人的违法违纪责任，并与纪检监察部门和司法部门保持密切联系，建立和完善联合办案制度，健全案件移送制度。另一方面，各级财政监督部门要将内部通报和公开曝光相结合，采取政府公告等多种形式，将重大违法违纪案件向社会公开曝光，充分利用新闻舆论的力量，有效扩大财政监督的社会影响，增强财政监督的威慑力。

2. 完善纠错问责机制

财政监督部门要严格执行行政监察法、公务员法、行政机关公务员处分条例和关于实行党政领导干部问责的暂行规定，坚持有错必纠、有责必问。对因有令不行、有禁不止、行政不作为、失职渎职、违法行政等行为，导致重大责任事故、事件或者严重违法行政案件的，要依法依纪严肃追究有关领导直至行政首长的责任，督促和约束监督相对人严格依法办事。

3. 加强行政复议工作

财政监督部门要认真贯彻行政复议法，畅通复议申请渠道，简化申请手续，对符合法律规定的行政复议申请，要"重依据、重证据、重程序"开展深入调查，综合运用书面审查、实地调查、公开听证、和解、调解等手段依法及时、公正作出复议决定，对违法或者不当的行政行为，该撤销的撤销，该变更的变更，该确认违法的确认违法，对拒不履行或者无正当理由拖延履行行政复议决定的，要依法严肃追究有关人员的责任。建立健全适应复议工作特点的激励机制和经费装备保障机制，完善行政复议与信访的衔接机制。

（四）财政监督法制宣传方面

首先，建立法律知识学习培训长效机制，定期组织财政监督执法人员参加通用法律知识培训、专门法律知识轮训和新法律法规专题培训。完善各级财政监督执法人员学法制度，做到学法的计划、内容、时间、人员、效果"五落实"。

其次，加强财政监督执法人员队伍建设，狠抓执法纪律和职业道德教育，全面提高执法人员的法律素质和业务素质。完善财政监督执法人员法治能力的考查测试制度。加强任职前法律知识考查和依法行政能力测试，将考查和测试结果作为任职的重要参考。

最后,积极落实"谁执法、谁普法"的普法责任制,建立执法人员以案释法制度,使执法人员在执法普法的同时不断提高自身法治素养和依法行政能力。同时,加强典型示范和宣传引导。大力培养建设财政监督法治先进典型。通过召开现场会、经验交流会等形式及时总结、交流和推广经验,充分发挥先进典型的示范带头作用。以报刊、广播、电视、网络等多种媒体形式,广泛宣传财政监督法制建设目标、工作部署、先进经验、经典做法,正确引导舆论,努力营造办事依法、遇事找法、解决问题用法、化解矛盾靠法的良好法治环境。

回顾与总结:本章主要介绍了财政监督法制建设的目标和原则、制度框架,以及我国财政监督法制建设的实施现状和存在的问题,并在此基础上提出了完善财政监督法制建设的基本思路。

第四章 现代财政监督程序与质量控制

本章导读：财政监督必须依程序进行，本章着重介绍了广义的财政监督程序，以及财政监督质量控制的含义、方法、机制建设等相关内容。

第一节 财政监督程序

财政监督程序是财政部门实施财政监督活动、办理财政监督事项时所必须遵循的操作流程。它有广义和狭义两种含义，广义的财政监督程序指的是财政监督工作从开始到结束的全部过程；狭义的财政监督程序指的是实施财政监督工作所采用的步骤、规程和方法。本章所阐述的基本程序主要侧重于广义的财政监督程序。财政监督程序可以使财政部门及其工作人员有计划、有步骤地开展监督检查工作，从而提高财政监督工作效能。严格遵守财政监督程序，是实现财政监督工作有法必依、执法必严、违法必究的重要保证。财政部门及其工作人员在实施财政监督工作中，不但要正确执行国家有关财政经济法律法规，而且必须遵守法定的财政监督程序，如《财政检查工作办法》、《财政检查工作规则》等。唯有如此，才能保证财政监督工作顺利实施，同时有助于保护被监督对象的合法权益。

由于财政监督有审核审批、专项检查和专题检查等不同的方式方法，因而其财政监督程序也有所不同，具体可分为审核审批程序、专题调查程序和财政检查程序三类，下面分别阐述。

一、审核审批程序

审核审批程序是财政部门根据国家财经法规对财政事项进行审理核定或批准的工作步骤。一般包括受理、初审、复核、审批和办结五个阶段。

（一）受理

根据规定对需要办理财政事项单位的申请，进行接收并审核上报材料的完整性与真实性。

（二）审核

主要是对需要办理财政事项单位的申请及上报材料提出处理意见。

（三）复核

由专职人员或分管领导对初审工作进行复核，提出复核意见。

（四）审批

初审和复核意见上报，由主管领导或领导集体研究，对申请单位作出审批并签发。

（五）办结

下达批复文件，并对相关财政审核批复的文件资料进行归档。

二、专题调查程序

专题调查程序是财政部门为实施财政监督与管理,对财政事项进行调查研究的工作步骤,一般包括拟订调查计划或方案、实施调查和完成调查报告三个阶段。

(一)拟订调查计划或方案

针对财政调查事项或专题拟订调查计划,包括调查目的、调查时间、人员组织、方式方法、调查需要搜集的资料和注意事项等。

(二)实施调查

根据调查计划或方案对财政调查事项或专题,进行具体的调查,收集调查素材、资料和证据。

(三)完成调查报告

在实施调查的基础上,对调查中获取的素材、资料和证据进行归类、汇总、分析,写出调查报告。

三、财政检查程序

财政检查程序是财政部门及其工作人员实施财政检查工作所必须履行的步骤规程,依次包括查前准备、实施检查和检查终结三个部分。

(一)查前准备

查前准备主要是从财政部门根据财政监督检查计划的安排而决定派出检查组开始一直到下发《财政检查通知书》为止。查前准备所依据的财政监督检查计划由财政监督机构按年度进行汇总、审核和管理，下属各部门应按照"突出重点、统筹兼顾"的原则，编制财政检查计划。检查计划应包括检查的项目、目的、依据、范围、时间安排、检查人员组织和相关工作要求等内容。一经制定，须严格执行、认真实施，不得擅自变更或调整。遇到特殊情况确需调整的，必须列明调整依据或原因，提出调整意见，经上级部门同意后纳入财政检查计划。整个检查工作起始于查前准备，因而能否充分有效地做好查前准备工作将关乎整个财政检查工作的成效。查前准备工作主要包括以下几点内容：调查了解被检查人的基本情况，分析检查内容的特点，研究确定工作方案，下达检查通知或者以其他方式告知。

1. 确定检查项目或选择被检查人

根据财政检查工作需要，围绕具有代表性、典型性以及社会关注的重点、热点和难点等问题，确定检查项目或被检查人。

2. 组成检查组

财政检查事项或被检查人确定以后，根据财政检查事项的特点和要求，安排适当的检查人员成立检查组。检查组实行组长负责制，一般至少有两名以上成员，检查组成员应当在组长领导和协调下开展工作，并对各自分担的检查工作负责。

3. 查前培训

检查组组长负责收集与检查相关的财政财务政策规定等文件资料。根据检查需要，应对检查人员进行查前培训，学习掌握有关法规、政策和管理制度，以及检查的方法、程序、内容、注意事项、工作纪律等。

4. 查前调查

查前调查是了解被检查人基本情况，明确检查思路和重点，高质量地完成检查任务的重要保证。成立检查组后，检查组的全体成员应针对检查项目的类型、目标进行查前调查，详细了解被检查对象的行业背景、会计制度、资产规模、经营状况、资信评价等情况，以便于确定检查范围、检查重点及检查方式等问题，为制订检查方案打好基础。

5. 制订检查工作方案

财政检查工作方案是实施财政检查的总体安排，是保证财政检查工作取得预期效果的重要手段，也是财政部门检查、控制财政监督质量和进度的基本依据。检查组在实施检查前必须编制检查工作方案，根据具体财政监督项目明确检查内容、检查重点、检查目的以及人员工作分工和完成任务的时间。检查工作方案编制后由检查组所在部门负责人审核批准，重要事项需报经财政部门主管领导批准后实施。财政检查工作方案的内容主要包括：编制财政检查工作方案的依据；被检查人的名称和基本情况；财政检查的范围、内容、目标、重点、实施步骤和预定的起讫时间；财政检查组组长、财政检查组成员及其之间的分工；编制的日期。

6. 下达《财政检查通知书》

《财政检查通知书》是财政部门通知被检查人接受财政检查的一种书面文件。根据不同的检查对象，填写《财政检查通知书》，告知被检查人检查的依据、内容、范围、时间以及相关要求，便于被检查人按规定做好被查准备。《财政检查通知书》由财政部门负责人签发，其内容主要包括：被检查人名称；检查的依据、范围、内容、方式和时间；对被检查人配合检查工作的具体要求；检查组组长及检查人员名单、联系方式；财政部门公章及签发日期。财政部门认为需要被检查人自查的，应在《财政检查通知书》中写明自查的内容、要求和期限。《财政检查通知书》的格式见表4-1。

财政部门一般要在进点之前3个工作日将《财政检查通知书》送达被检查人，并要求收件人在《送达回证》上签名盖章收回。整个工作程序环环相扣，不可马虎。但也可灵活掌握，在特殊情况下，如果考虑到提前3个工作日送达通知书可能会对检查工作不利，经财政部门负责人批准，也可以将时间灵活缩短。送达回证应写明送达人、受送达人、收件人等信息。送达回证格式见表4-2。

表 4–1　　　　　　　　　财政检查通知书

财政检查通知书

〔　〕第　　号

_____：

　　根据×××（进行检查所依据的法律、法规、规章、其他规范性文件的名称）的规定，我×（部、厅、局、办）决定派检查组自××年××月××日开始，对你单位×××（检查的内容与范围）进行监督检查，必要时将延伸检查相关年度及有关单位。请予配合，并提供有关资料和必要的工作条件。

检查组组长：×××

检查组成员：×××

联系电话：×××

(财政部门印章)

××年××月××日

表4-2　　　　　　　　　　　送达回证

送达文书	（写明送达文书的名称和文号）
送达人及送达时间	（写明送达机关或机构名称，加盖送达机关或机构的印章） ××年××月××日
受送达人	（写明受送达人的姓名或者名称）
收件人及收件时间	（收件人签名或盖章） ××年××月××日
备注	

（二）实施检查

实施检查指的是财政检查人员按照财政检查工作方案的要求，通过检查会计凭证、会计账簿、会计报表，查阅与检查事项有关的文件、资料，检查现金、实物、有价证券，向有关单位和个人调查等方式进行检查，并取得证明材料，即开展检查与取证的过程。可以说，整个财政检查程序最为核心和关键的环节就是实施检查阶段。

1. 召开进点会议

进点会议由各检查组组长主持召开。参加进点会议人员一般为全体检查人员以及被检查人有关领导、财务部门负责人、财务人员和相关部门人员。进点会议原则上按以下议程进行：

一是检查组组长向被检查单位领导介绍检查人员，并向被检查人出示执法证件。

二是检查组组长说明此次检查的目的、内容、时间等以及需被检查人配合检查工作的主要事项。

三是检查组组长对检查人员提出具体工作纪律要求和注意事项。

四是被检查人有关领导介绍单位和检查项目的基本情况。

检查组在全面了解被检查人的组织机构、人员情况、财务收支、会计核算以及下属单位等情况的基础上，根据被检查人的经营规模、业务分类、机构设置、账簿建立等情况，进行力量调配，合理分工。

检查组要求被检查人及时提供检查所需全部资料，并要求被检查人对所提供资料的真实性、完整性作出承诺，填写《承诺书》。以上的工作承上启下，相辅相成，为正式开展检查工作作铺垫、打基础。

2. 开展检查

实施阶段的主要工作是对被检查人会计核算系统及有关会计凭证、会计账簿、会计报表进行检查。查阅与检查事项有关的文件、资料、合同，检查现金、实物、有价证券，发现符合检查工作需要的内容和事项，立即进行摘录或记录，然后通过分析、讨论、汇总，提请检查组组长审阅、定夺。提出的问题要事实清楚，有理有据。不得故意夸大或缩小，更不能隐瞒不报。对资料和经济活动的检查主要有以下几个方面：

（1）评价内部控制制度。对被检查人的内部控制制度进行检查与评价，是财政检查实施阶段的开始工作。其目的是为了进一步确定财政检查的范围、内容、重点以及有效的财政检查手段和技术。检查与评价的主要内容是内部控制制度的建立与健全制度，贯彻执行情况，有效程度和可信程度，控制弱点与强点及其原因。一是进行制度健全性测试；二是进行符合性测试，包括业务测试、功能测试和结果测试。如果发现与原定方案有出入，就有必要介入修改并补充原财政检查工作方案。对一般问题的调整经检查组研究确定；重大问题的调整和变更，应报经财政部门领导批准。

（2）审核检查资料、实物及有关经纪业务活动。审核检查有关资料、实物及有关经纪业务活动，是财政检查实施阶段最主要的工作内容。虽然各类财政检查的目的和侧重点不同，但一般都要检查以下几方面问题：一是货币资金、结算资金与实物的检查。财政检查一般始于货币资金的检查。即在进驻被检查单位的当日出纳业务结束后，或于次日业务开始前，会同被检查单位的财会负责人和出纳人员对库存现金进行突击性的全面清点，将实际结存金额与账面结存金额进行核对，检查现金收支情况。然后，核对调节银行存款日记账与银行对账单的金额是否相符，检查银行存款的收支情况，并分析造成差异的原因。二是检查会计资料和其他经济资料。检查会计资料是否如实地反映了经济活动的情况，会计核算目录是否及时正确和系统完整，财务收支是否真实可靠、合规合法，以及其他方面存在的问题。对掌握的重点问题和主要疑点，集中精力查深查透，弄清事实真相，辨别出问题的性质，以及形成问题的原因。三是经济业务与财务活动的检查。根据书面资料检查时发现的问题、疑点和线索，对有关的经济业务和财务活动进行检查。重点检查业务活动的真实性、合法性和合理性；了解被检查单位经营业绩的好坏，经济效益的高低，有无损失浪费行为等。

3. 收集证据或相关资料

财政检查组根据检查的需要，可进行必要的资料收集工作。一般需要收集以下几方面的资料：被检查人有关的规章制度、文件、计划、合同以及有关历史资料；被检查期内的各种会计凭证、账册和预算、决算报表以及各种分析资料，上年度财务决算报表、财务分析资料及以前的各种检查资料；各种自制原始凭证的存根，未粘附在记账凭证上的各种支票、发票、收据等存根，以及银行对账单、备查簿等；其他相关的经济信息资料，以及有疑点的草稿、夹纸、白条等。

4. 编制和复核工作底稿

《财政检查工作底稿》指的是财政检查人员在检查中对被检查人基本情况、与检查结论或者被检查人违法违规行为有关事项的记录和相关证明材料。《财政检查工作底稿》由检查人员根据检查内容，逐事逐项编制形成，做到一项一稿或一事一稿。底稿应当做到内容完整、格式规范，载明的事项、时间、地点、当事人、数据、计量、计算方法等必须客观真实、条理清晰、重点突出。

为证明工作底稿所反映的事实，可以添加附件。底稿附件可包括下列证明材料：与情况摘要所反映事项有关的被检查人账簿、报表、凭证等资料的原件或复印件；与情况摘要所反映事项有关的文件、合同、协议、会议记录、往来函件等资料的原件、复印件或摘录件；会计师事务所等社会中介机构出具的有关报告等资料原件或复印件；检查人员制作的与情况摘要所反映事项有关的表格和文字材料；与情况摘要所反映事项有关的视听资料；其他与情况摘要所反映事项有关的其他单位（个人）提供的证明材料。财政检查工作底稿附件应当有提供者的签名或盖章。未取得提供者签名或盖章的材料，检查人员应当注明原因。财政检查工作底稿的格式见表4-3。

表4-3　　　　　　　　　　　财政检查工作底稿

编号：

共___页　第___页

被检查人名称：	
检查项目名称：	
情况摘要：	
附件：	
被检查人签署意见：	

被检查人签名（盖章）：

年　　月　　日

复核财政检查工作底稿是财政监督工作进行控制和管理的一个重要组成部分。认真做好财政检查工作底稿的审阅工作，有助于遵守财政监督工作纪律和工作规范，减少差错，提高财政监督工作效率。财政检查工作底稿应当由检查组组长或其指定的复核人复核并签名。复核主要包括：工作底稿的内容是否完整，数字是否关联；具有法律意义的工作底稿是否具备了法律证据的条件；财政监督证据的合理性；财政监督工作底稿是否足以对财政监督报告的内容加以支持；重要的财政监督要点是否经过认真查核，并有足够的查核记录资料；检查结果是否正确，评估是否合理，逻辑关系是否成立；财政检查工作是否遵循了财政检查工作程序，财政检查工作是否按财政检查方案的要求认真执行，财政检查项目执行结果是否达到预期的目的；工作底稿的编制是否符合规范，签章是否齐全，书写是否符合要求。

复核人在确定其事实清楚、证据确凿、表述准确、附件完整之后，交被检查人签署意见。若被检查人拒绝签署意见，检查人员应当注明原因。经被检查人签署意见的财政检查工作底稿不得增删或修改。在形成财政检查报告之前，财政检查工作底稿确有必要补充或修改，检查人员应当另行编制财政检查工作底稿，交被检查人签署意见认定。

（三）检查终结

检查终结是财政检查人员最后向财政部门提交检查报告的过程，在查前准备和实施检查之后，对被检查人的会计报表、收支项目及其他有关经济活动检查结果的资料进行筛选、归类、分析和整理，作出综合评价。在此基础上，财政部门还要审查检查报告、提出检查意见书、作出处理决定以及被检查人不服处理决定的行政复议、行政诉讼等工作。财政检查终结阶段应做的主要工作是：

1. 制作《财政检查征求意见函》

现场检查工作结束后，检查组经过整理财政检查工作底稿，将实施阶段取得的经过复核的财政检查工作底稿再进行最后的综合分析，在得出基本结论基础上，应当制作《财政检查征求意见函》，书面征求被检查人的意见，并要求被检查人在《财政检查征求意见函》送达回证上签名或盖章。明确告知被检查人自收到《财政检查征求意见函》之日起5个工作日内，提出书面意见或说明。若被检查人在规定期限内没有提出书面意见或说明，视为无异议，并由检查组予以注明。被检查人书面意见或说明对《财政检查征求意见函》有异议的，检查组应当进一步检查取证，逐项进行认定，形成书面认定意见，明确是否采纳其反馈意见，并说明理由和依据。

2. 撰写《财政检查报告》

检查组根据财政检查工作底稿、财政检查征求意见函及被检查人书面意见或说明等相关材料，在综合分析、归类、整理、核对的基础上，以被检查人为单位撰写《财政检查报告》。财政检查报告应经检查组集体讨论并由检查组组长审定，检查组组长要对提交的财政检查报告的真实性、准确性、完整性负责。

3. 复核检查报告

财政部门要建立检查报告的内部复核制度，实行审查分离，以保证财政检查质量。财政部门应当指定内部有关职能机构或者专门人员负责本部门的复核工作。复核工作应遵循事实清楚、证据确凿、定性准确、程序合法的原则。复核人认为检查组提交的复核材料不全、检查证据不充分、行政处理处罚建议不恰当的，应退回复核材料进行补充、修正。对检查工作底稿、检查报告及其行政处理、处罚建议或移送处理建议无异议的，复核通过，并出具《复核意见书》，经复核小组签字后交检查组。

复核人一般应在10日内提出复核意见，并出具复核意见书。复核意见书主要包括以下内容：复核时间、复核范围和内容、复核依据、复核结论；复核机构负责人或复核专门人员签字。复核意见书的格式见表4-4。

表4-4　　　　　　　　　　　　　复核意见书

报告名称：	检查组组长：
检查成员：	送审日期：

一、引言段：介绍复审依据、范围、内容等。

二、复核结论：
　　1. 针对提交的检查报告等材料逐项进行复核，并就问题认定、处理、处罚或移送建议是否可采纳作出明确结论，并说明理由。
　　2. 负责复核的机构或人员提出通过复核或做进一步修改补充工作等的意见、建议。

复核机构负责人或复核专门人员签名：

　　　　　　　　　　　　　　　　　　　　　　　　　　　　年　　月　　日

备注：

4. 做出检查结论

《财政检查结论》应将检查依据和检查的基本情况，以及被检查人的基本情况和对被检查人的相关管理建议撰写在《财政检查结论》中。

5. 下达处理决定

财政部门对财政检查报告和复核意见进行审定后，应当根据不同情况作出如下处理：对未发现有财政违法行为的被检查人作出检查结论；对有财政违法行为的被检查人依法作出行政处理、处罚决定；对不属于本部门职权范围的事项依法移送。

财政部门作出行政处理、处罚决定的，应当下达《行政处理处罚决定书》。拟定处理处罚决定时，应当熟知相关的法律法规，引用法律条款要恰当、准确。在作出行政处罚决定之前，应当制作《行政处罚事项告知书》，告知被检查人作出行政处罚的事实、理由及依据，并告知被检查人依法享有的权利。《行政处罚事项告知书》应当明确告知被检查人自收到行政处罚事项告知书之日起5个工作日内，提出书面意见或说明。若被检查人在规定期限内没有提出书面意见或说明的，视为无异议。被检查人对行政处罚事项有权进行陈述和申辩。检查组应当充分听取被检查人的意见并制作《陈述（申辩）笔录》。对被检查人提出的事实、理由和证据，检查组应当进行核查；被检查人提出的事实、理由或者证据成立的，检查组应当采纳。如果被查人对作出的处理决定提出听证的，还需下达《行政处罚听证通知书》，并发布《听证公告》，登记《听证笔录》。被检查人逾期缴纳罚款的，依照《中华人民共和国行政处罚法》、《中华人民共和国行政强制法》，对被检查人进行加处罚款，并下达《行政处罚加处罚款通知书》，限期执行。如果被检查人拒不执行罚款和加处罚款以及上缴违法所得的，就要依照《中华人民共和国行政处罚法》、《中华人民共和国行政强制法》，向其送达《行政处罚强制执行申请书》，申请人民法院强制执行。

第二节 财政监督质量控制

财政监督质量关系到财政监督任务的实现程度和完成效果，是财政监督检查工作的生命线。随着财政监督检查工作的深化和影响的扩大，对检查单位和检查人员的复议有不断增加的趋势，检查风险日益突出。财政监督检查工作在越来越被公众重视的同时，工作质量也亟待提高。目前，我国注册会计师行业、审计部门都建立了自身的质量控制体系，形成了一套完善的质量控制方法，财政部门只有建立针对财政监督全过程的质量控制体系，才能有效抵御检查风险，保证检查工作的质量和水平，促进检查目标的顺利实现。国家治理体系的现代化离不开财政制度的现代化，而财政制度的现代化离不开控制手段的现代化，尤其是对财政监督质量的控制，对于规范监督方式和行为具有十分重要的现实意义。

一、财政监督质量控制的含义

从管理学意义上来说，控制是根据组织的计划和事先规定的标准，监督检查各项活动及其结果，并根据偏差或调整行动或调整计划，使计划和实际相吻合，保证目标实现的行为。因此，控制既是管理者意志的体现，也是管理者应当承担的责任。

财政监督质量控制是财政监督管理部门围绕财政管理目标，按照财政监督程度和规范，建立和实施的一系列控制政策和控制程序。财政监督质量控制不仅要从组织上、制度上、思想上和人员素质上保证监督质量，还要实施相关程序和控制政策，建立涵盖事前、事中和事后全过程的项目质量控制机制，做到事前有目标、事中有控制、事后有评价、整体有成效。控制政策是为确保财政监督质量符合财政监督程序和规范的要求而采取的基本方针及基本策略。控制程序是为贯彻控制政策而采取的具体规程、措施和方法。它有以下几个方面的含义：第一，质量控制是针对财政监督管理机构和财政监督机构；第二，质量控制的目的是为保证监督质量符合财政管理的要求，实现财政管理目标；第三，质量合格与否的衡量标准是财政监督规则、程序和相关具体规范；第四，质量控制体系是由控制政策和控制程序组成。控制政策是财政监督管理机构制定的管理模式，控制程序是具体实施财政监督的机构采取具体的措施和方法。不同的质量控制政策，必须实施不同的质量控制程序。

二、财政监督质量控制的内容

财政监督质量直接反映财政监督结果的优劣程度，它包括监督结果质量和财政监督工作质量，后者是实现前者的保证。对财政监督质量的控制实质是对财政监督工作质量的控制。财政监督的质量具体表现为监督机构队伍建设和监督过程（包括监督计划、过程和结果）的质量，最终体现为监督结果（报告）的可靠性、完整性。要控制财政监督质量，只有通过控制监督机构、人员和监督过程的质量，才能确保财政监督的质量。

1. 按照控制对象的不同划分，财政监督质量控制包括组织控制、标准控制、制度控制、程序控制、信息控制、监督控制六个方面

（1）组织控制。各级财政监督机构都要根据各自的实际情况，逐步设立内部质量管理机构或人员，其职责主要是确定本单位的长远和近期质量目标，制定质量标准，通过一定程序对质量管理工作提出要求，统一组织协调各方面的质量管理工作，并进行经常的检查和监督等。负责人或专职人员责任制将有助于从组织结构上形成质量控制的人力基础。

（2）标准控制。标准是衡量事物的准则，是计量实际或预期工作成果的尺度，是控制的前提。要提高和保证财政监督质量，就必须依法制定科学、合理的监督质量标准。财政监督质量标准可分为财政监督日常监管质量标准和财政监督业务检查质量标准。前者是衡量财政监督机构在日常的管理和审核审批事项等方面应遵循的准则，涵盖日常的资金审核审批、报表和工作计划的编制、业务审理、档案管理等各个方面。后者具体包括检查方案、检查方法、工作底稿、证据、检查报告、检查结论、处理决定等各方面的规定。

（3）制度控制。制度控制是质量控制机制的基础，主要包括以下几个方面：①建立健全工作质量责任制，主要包括层层落实各项监督质量指标和层层落实质量责任两方面。②建立健全业务、审理制度。一方面，完善、细化财政监督审核审批、业务检查的操作规程，使检查处理工作有规可依，使审理工作有标准可循；另一方面，大力推进检查、审理、处理相分离，促进财政监督工作质量不断提升。③建立健全评议考核制度。通过设计科学、规范的考核评议标准，在单位内部对执法人员进行定期的评议考核，进一步完善履行权力和承担责任的制约机制。④建立健全责任追究制度，对财政监督人员在实施监督活动中的监督质量问题和不规范的执法行为进行责任追究。

（4）程序控制。程序控制是质量控制的核心环节，指对财政监督工作运行过程进行控制，促使监督工作按监督质量标准进行操作、预防或减少质量偏差。现行的程序控制方式，有专项检查中的检查、审理、处理三分离制度，审核审批中的受理、初审、复核、审批和办结五个环节控制制度，重大监管事项的审理制度等。此外，还应通过建立业务工作机制，规范每一项业务工作的目标、范围、程序、手段等，使每项监管工作都有法可依，有章可循。

（5）信息控制。完善的信息反馈系统是整个质量控制体系的生命线，为管理层监督各项活动和在必要时采取纠正措施提供了保证。建立健全监督质量信息反馈制度，采用回访、项目抽查、质量考评方法，定期收集、分析监督工作中存在的主要质量问题，并找出产生的原因和关键控制点，及时反馈给决策者，以便采取措施，加强质量控制，不断提高监督工作质量。

（6）监督控制。建立内部自我监督体系重点在评估内部控制的成效并保证内部控制机制顺利运行，它贯穿整个运行过程中，具有一定的超然独立性。自我监督体系有两个作用：一是及时检查监督，通过对质量控制活动进行监控，评价系统运作的效果，促进有关质量控制措施和相关制度的落实；二是及时纠正信息控制系统反馈的财政监督质量中出现的偏差，保证财政监督工作质量。

2. 按照实施程序的不同划分，财政监督质量控制可分为查前质量控制、证据质量控制、底稿质量控制和成果质量控制

（1）查前质量控制。在检查前，检查组应当对被查单位财务或项目决算进行分析性复核，关注异常变动和重要线索，对可能错报金额和性质作出判断，确定一个可接受的重要性水平，并按该水平确定初步检查程序。

（2）证据质量控制。只有依据可靠、相关、充分的检查证据，才能作出合理的检查结论。检查证据的质量由收集方法和分析判断过程决定。证据的可靠性应按照内部证据优于外部证据、直接证据优于间接证据、书面证据优于口头证据的原则进行评价。对于难以取得充分证据的，检查人员应当实施追加或者替代的步骤和方法以保证证据的充分性。将已有证据与检查事项比对，通过剔除无效、重复、冗余的部分，使证据足以支持检查结论。同时明确，检查人员对其收集证据的严重失实，或者隐匿、篡改、毁弃证据的行为承担责任。检查组长对检查证据不足以支持检查结论以及由此造成的严重后果承担责任。

（3）底稿质量控制。检查人员应按照底稿要素编制底稿，并对问题的性质、金额、数量、发生时间、地点、方式等内容进行描述。编制人对工作底稿的真实性、完整性负责。检查组组长就底稿描述事实是否清楚、证据是否充分可靠进行复核，并对复核意见负责，对未能发现工作底稿中严重失实的行为承担责任。确立检查组例会制度在问题认定中的重要作用，明确所有底稿的形成、更改、撤销必须通过例会由所有人员讨论后执行，讨论过程在会议记录中详细反映。

（4）成果质量控制。在财政监督工作结束之后，还要进行成果质量控制，即对形成的结论进行复核，主要复核事实是否清楚，证据是否充分，定性是否准确，处理处罚是否得当；下达检查（审核）结论，督促落实，跟踪回访，建言献策，对工作成效、质量情况和时间进度进行分析、评定、总结，如果有不符合要求的地方，则应采取补救措施。

对于以上不同维度的财政监督质量控制内容，要在符合实际需要的基础上科学选择、合理控制。如果在工作程度和范围上对财政监督人员施加过度限制，往往会影响财政监督机构及财政监督人员的工作积极性、主动性和创造性，容易出现"搞形式、走过场"的问题。因此，科学的质量控制方法要注意如何在施加约束与增进激励之间寻求最佳的平衡机制和协调之道。

三、建立财政监督质量控制机制

财政监督质量控制机制是财政部门内部建立的、为保证检查质量和检查目标所必需的、系统的控制工作。它要根据检查工作查前准备、证据收集、底稿编制、出具报告等各阶段的特点从规范程序、问题认定、违规认定、处罚认定等多角度入手，将质量控制工作制度化、标准化。财政部门必须对影响监督质量的各个要素进行全面的规划和安排，对财政监督工作运行中相互关联、相互作用的要素进行调节、管理、控制，形成以整体质量控制为目标、以项目质量控制为基础、以人员行为控制为核心的质量控制机制。

（一）建立财政监督质量控制机制的目标

唯有建立财政监督质量控制长效机制，才能将"经验指导"上升到"科学指导"。按照"立足当前、着眼长远、循序渐进"的方针，做好加强管理和强化控制的"两手抓"局面。加强管理着眼于加强队伍建设、完善制度、规范程序、细化标准等基础性工作建设，有助于逐步建立健全财政监督质量控制体系；强化控制则要求建立涵盖事前、事中和事后全过程的项目质量控制机制，发挥财政监督工作事前有目的、事中有控制、事后有评价的整体效能。

（二）建立财政监督质量控制机制应遵循的原则

根据控制论和系统工程理论，建立财政监督质量控制机制应遵循以下基本原则：

（1）全面性原则，财政监督质量控制体系必须是全面的，涉及计划、制约、检查、分析和反馈等各个方面。

（2）系统性原则，财政监督质量控制体系关系到内部的综合部门和各业务处室，贯穿于财政监督的各个阶段、各个工作环节，因此必须具有系统性。

（3）严密性原则，财政监督质量控制的各种要素相互依靠，相互钳制，财政监督质量控制体系不能有漏洞，必须保持较强的严密性。

（4）有效性原则，财政监督质量控制系统必须是有效的，才能应用于实际工作。

（三）建立财政监督全面质量控制的流程设计

全面质量控制是从控制制度上全面保证监督质量制定的制度和工作规范，包括队伍建设、健全制度、建立质量标准、财政监督对象的选择、工作委派、指导和监督、检查等。全面质量控制的实质就是通过对财政监督工作项目各个环节的业务流程分析，找出可能发生质量风险的关键控制点，并在每个关键控制点设置相应的"监测器"，制定有效的控制政策和监督措施。财政监督项目普遍具有前、中、后三阶段性特征。因此，全面质量控制方案的设计应该综合运用多种控制手段，结合实际，灵活组合，从准备、实施、终结三个环节分别设计控制目标，确立控制措施。

（1）查前准备环节的质量控制。一是建立完善的工作标准制度，主要是对财政监督项目的监管目标、监管方式、操作办法等加以明确。二是查前调查，对被检查单位的经济性质和执行的财务制度进行认真的调查，为具体工作方案的制订和工作的开展奠定基础。三是制订检查方案，确定目标、范围、内容和重点，并对前期调查所得资料进行初步分析性复核，确定突破口和重要环节。

（2）实施检查环节的质量控制。主要是对财政监督工作过程的控制，是财政监督质量控制的核心部分。这一环节除了通过"三分离"、"五环节控制"等进行程序控制外，还应抓好上文中论及的三个控制点：一是证据质量控制，保证收集证据的客观性、相关性、充分性及合法性。二是底稿质量控制，在检查过程中保证工作底稿编制的完整性和真实性。三是成果质量控制，对形成的结论进行复核，保证事实清楚，证据充分，定性准确，处理得当。

（3）检查终结环节的质量控制。主要针对督促落实和跟踪回访，秉持踏石留印、抓铁有痕的原则，保证财政监督工作成效落到实处。

简而言之，全面质量控制是为了全面保证财政监督工作质量而采用的各种方法和措施，覆盖财政监督的全部领域和全部过程，各个环节、各项内容相互依赖、相互制约，既形成了财政监督质量严密控制的天网，又形成了财政监督质量循环控制的回路。

回顾与总结： 监督职能的发挥，在很大程度上取决于对其方法体系的掌握和运用。财政监督的方式方法是财政部门和财政监督检查人员在长期的工作实践中逐步总结和积累起来的，并随着财政管理模式的转变而不断丰富、发展和创新。全面掌握和正确运用各种财政监督方法，将有利于监督工作的顺利开展。财政监督工作规范是影响财政监督效果和效率的重要因素。要实现财政监督目标、保证财政监督质量、规避财政监督风险，必须严格按照法定程序办事。完善的财政监督程序和质量控制流程既要保证被监督人的合理、合法、合规，也要保证监督检查人员的合理、合法、合规。财政监督质量控制是加强财政监督质量管理的客观要求，必须坚持立足当前、着眼长远、循序渐进的原则，从队伍建设、完善制度、规范程序、细化标准和建立质量控制机制等多方面同时入手，不断提升财政监督工作成效。

第五章　现代财政监督内容体系构建

本章导读：本章介绍了预算管理监督、财政收入监督、财政支出监督、会计监督、金融监督、资产监督和财政内部监督的监督内涵、监督目标、监督内容等，并对现阶段上述财政监督存在的问题进行简要分析，提出现代财政制度下财政监督内容的改革方向。

财政监督内容是由财政分配活动覆盖的范围所决定的，因而财政监督的内容十分广泛。现代财政制度要求财政监督范围全面化，即将已实施预算管理的政府各项收支活动纳入财政监督内容体系；将所有的政府收支纳入财政监督的内容体系；将政府收支活动的各个环节纳入财政监督的内容体系。具体包括预算管理监督、财政收入监督、财政支出监督、会计监督、金融监督、资产监督和财政内部监督。

第一节　预算管理监督

预算管理监督是财政监督的核心。做实做细预算监督是现代财政制度下财政监督工作的重中之重。加强预算监督，建立财政监督嵌入预算管理全过程的机制,将财政监督融入预算管理的各个环节,将预算编制与审核、执行与调整、决算与评价的全过程置于有效监督之下,保障财政资金分配使用的合法、合理与高效,成为当前财政监督工作的重心与核心任务。

一、预算编制监督

预算编制与审核是通过各预算单位及其对应的预算管理机构与本级政府财政部门之间"两上两下"的申请与批复程序之后,由本级政府财政部门形成预算草案交由本级人大常委会审查的过程。在形成预算草案提交给人大常委会之前,必须存在一个缜密的内控程序。财政监督参与预算编制,不仅是财政监督发挥作用的初始节点,也是保障预算草案质量的必然要求。在预算管理机构对部门预算单位的预算编制进行审核时,财政监督部门可以结合上一年度的部门预算执行监督检查结果向预算管理机构出具相关意见,并在重大项目的预算编制中参与审查。具体而言,在部门预算单位向预算管理机构提交"一上"和"二上"预算时,应该向财政监督部门同步提交,监督部门的审核建议应构成财政部门下达预算计划与批复预算的必要依据。在这个过程中,监督部门将对一般预算进行抽审,对重大项目预算进行重点审核,重点关注预算草案编制程序的合规性、依据的科学性、收支政策体现的充分性,进而形成审核建议向预算管理部门提交,预算管理机构在收到监督部门的审核建议之后再综合考虑、汇总预算申请提交给财政部门。财政监督部门参与介入预算编制,既是对预算管理机构的再监督,又能提高预算管理部门审核预算的效率,完成人大监督前的第一道监督关。具体流程如图5-1所示。

二、预算执行监督

新《预算法》明确规定,要"加强对预算支出的管理和监督"。因此,在预算执行环节,财政监督的作用显得尤其关键。财政监督部门对预算执行

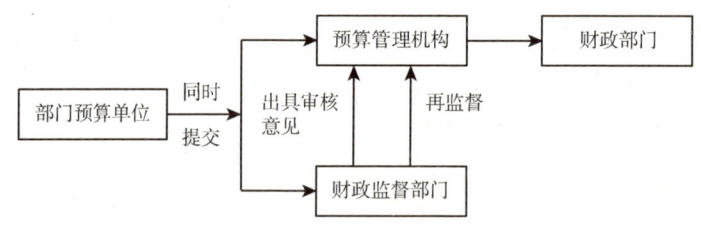

图 5-1 财政监督嵌入预算编制环节的流程

的监督要以预算支出的执行为着重点,实现对预算资金收支的实时监控和动态预警。在支出预算的执行中,现有的工作流程是先由部门预算单位提出用款申请,经过预算管理机构审核同意后,再由国库管理机构从国库直接拨付使用。因此,要实现对预算执行的实时监控,财政监督应找准并把握切入预算支出审核的关键点。首先,财政监督部门必须全面动态掌握财政资金的使用和变动的关键信息,这就要求预算管理机构通过录入预算支出的详细信息,建立预算执行信息系统,并对监督部门开放端口,为监督部门及时发现问题创造条件,充分发挥财政监督部门"报警器"的作用。其次,对于项目支出用款申请,应联合监督部门共同参与审核,形成综合性意见;对于一般预算支出,预算管理机构也应及时向监督部门备案,方便监督部门查阅。最后,对于关系到重大财税政策的重点项目,财政监督部门还可以采取派驻监督专员的方式开展近距离监督检查,监督专员直接对监督部门负责,独立于预算管理和部门预算单位之外。财政监督嵌入预算支出执行过程的流程如图 5-2

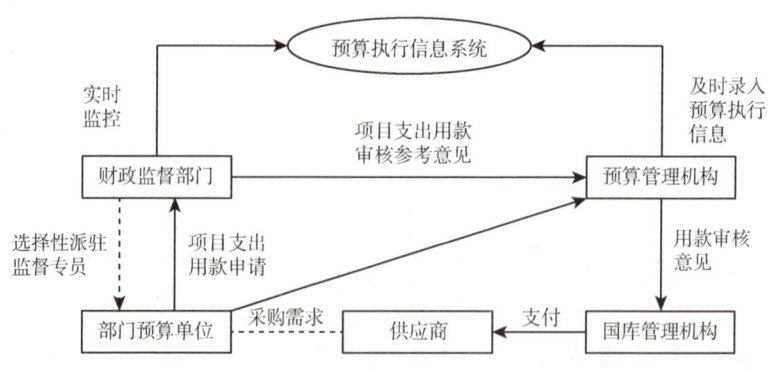

图 5-2 财政监督嵌入预算支出执行环节的流程

所示。此外,新《预算法》规定,各级政府对于必须进行的预算调整,应当编制预算调整方案,未经批准,不得调整预算。可见,预算调整必然成为财政监督的关键领域,不管是一般预算还是项目预算的调整审查,都需要具备财政监督部门的审查意见书。

三、决算监督

决算草案在递交各级人大常委会审查之前需经过本级政府审计部门审计,而财政监督与审计监督相比,应充分发挥其时间和专业优势,在财政部门编制本级决算草案之前就对决算草案进行初步审查,为决算草案的合法、合规、如实编制多设一道"监督屏障"。

为提高决算编制的真实性和准确性,部门预算单位编制的决算应该首先提交国库管理机构和财政监督部门,由二者进行联合初审,审查预算支出是否合法合规、有无决算失真现象等。联合初审中发现问题应汇总成决算编制修改意见,部门预算单位应据此做出修改,然后将修改后的决算提交给预算管理机构。预算管理机构给予审核通过后,对部门预算单位予以批复,同时在财政监督部门进行备案。流程设计如图5-3所示。

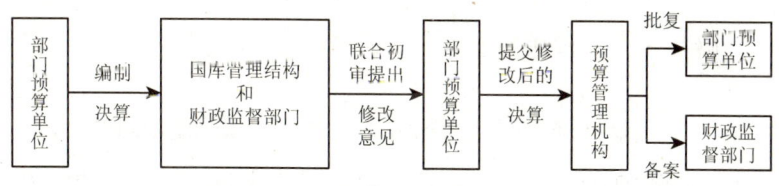

图5-3 财政监督嵌入决算编制环节的流程

在预算的绩效评价环节,审计部门的重点是基于过程的合规性审查评价,相比之下,财政监督部门还需要基于结果对预算支出做出审查评价,因此在绩效评价环节也发挥着重要作用。在预算管理机构进行项目验收和审查时,应先交由绩效评价部门会同监督部门就项目支出结果的经济性、效率性、效果性原则做出评价并出具评价结论。部门预算单位依据绩效评价与监督部门的初步评价结果进行整改落实并及时反馈整改情况。然后，监督部门应将绩效检查结果和整改落实情况进行公示，并形成正式的绩效评价和整改报告提交预算管理机构，预算管理机构据此来调整部门预算单位下一年度的预算编制，强化监督结果的运用。流程如图5-4所示。

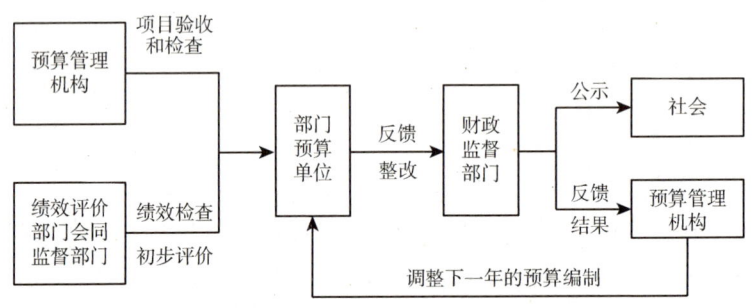

图5-4 财政监督嵌入绩效评价环节的流程

第二节 财政收入监督

一、财政收入监督概述

（一）财政收入监督内容

财政收入监督是指财政部门为保证财税政策的全面落实和财政收入的及时完整，依法对财政收入征缴、退付、留解、划分等行为进行的监察和督促活动。从财政收入的构成来看，财政收入监督可划分为税收收入监督、非税收入监督和债务监督。

1. 税收收入监督

实施税收收入监督是《预算法》赋予财政部门的职责，是对组织税收收入征收缴纳机关的征管和解缴情况进行的监督。税收收入监督主要包括对地方政府及有关部门和单位执行国家财税法规、政策、制度情况的监督；对税收征收机关管理质量进行监督;对重大税收项目或重点行业、重点企业的纳税情况进行专项核查等。

2. 非税收入监督

非税收入监督是财政收入监督工作的重要组成部分,且在今后相当长时期内,处于强化监督的地位。非税收入监督主要包括直接征收非税收入、就地监缴非税收入、开展非税收入征管等情况专项检查、对非税收入票据实行就地核销等。

3. 债务监督

地方债是一种特殊的财政收入。随着新《预算法》的实施,地方债务的管理将越来越重要和复杂。债务监督主要包括监督债务主体"不乱借",从源头控制风险;监督债务主体"不乱用",确保资金安排和使用符合政策方向,用于公益性资本支出和适度归还存量债务;监督债务主体"不赖账",维护政府信用。

(二)财政收入监督目标

财政收入监督的目标是防止收入流失,实现应收尽收、应缴尽缴,确保落实财税政策,保障税政统一。具体来讲,就是通过建立收入监控保障机制,对收入征缴、入库、划分、留解、退付等信息进行监测和分析,督促税收征管部门和非税收入征缴部门履行职责,提高征管质量、保障财税政策执行,保证财政收入的完整性、真实性和及时性。

1. 完整性

所谓完整性,是指所有的财政收入资金都能足额收缴,并按规定缴入国库或财政专户。各收入征管单位在编制预算时应将依法取得的所有财政性收入全部纳入预算,不得隐瞒项目和少报数额;应缴的财政收入必须全部缴入国库或财政专户,避免财政收入尤其是非税收入游离在国库单一账户体系外,保障收入的完整性。

2. 真实性

所谓真实性,是指收缴的所有财政收入都是真实存在的,按照法律法规应当征收的，能如实反映政府的收入情况。坚决纠正和查处各地收入征管部门为完成财政收入任务而导致财政收入虚假增长的问题。

3. 及时性

所谓及时性，是指按规定应当缴纳的税收收入和非税收入，必须及时缴入国库或财政专户，不得随意延滞。财政收入若不能及时入库，势必影响财政收入的再分配，造成各项财政支出资金不能及时到位。

二、税收收入监督

对税收收入的监督是财政部门对税收征管部门（包括各级履行国家税收征收管理职责的国税、地税和海关，下同）征管质量和税收政策执行情况的监督，是对税法执行情况和财政政策贯彻落实情况进行的监督检查。履行对税收征管部门的再监督，是推进财税体制改革，建立现代财政制度下财政监督体系的重要组成部分。

税收收入监督是财政业务管理机构和财政部派出机构的共同职责。财政业务管理机构对税收收入的监督主要体现在税收政策的制定、调整，以及税收政策执行的监督管理；而财政部派出机构则是实施财政收入监督的重要力量，履行防止收入流失、维护财政收入安全完整、监督财税政策实施的重要职责。征管和收缴部门主体自律是整个收入保障体系的前沿，起着基础性保障作用。财政监督是收入征缴、划解过程中的监督，是即时的、同步的、持续的监督。

（一）税收收入监督内容

对税收征管质量和税收法规政策执行情况的监督内容包括四个方面：一是对地方政府及有关部门和单位执行国家财税法规、政策、制度情况的监督；二是对税收征收机关征收管理质量进行监督；三是对国家金库机构收纳、划分、退付、留解税收收入情况进行监督；四是对重大税收项目或重点行业、重点企业的纳税情况进行专项核查等。

具体的监督内容包括是否存在执行地方政府自行制定的与税收法律、行政法规、部门规章、规范性文件相抵触的政策文件问题；有无自行制定税收政策或擅自扩大税收优惠政策执行范围、变更税收优惠政策执行标准、越权批准减免税等问题；是否存在违反法律、行政法规的规定开征、停征、多征、少征、提前征收、延缓征收或者摊派税款等问题；是否存在税务机关、财政部门采取先征后返等"空转税收"手段虚增财政收入等问题；是否存在"引税"、"买税"、"卖税"等问题；是否存在混淆预算科目和级次、违规办理退库等问题；是否存在应征未征、应计未计滞纳金问题；是否存在违规开设税收"过渡户"占压、滞留、挪用税款问题；税款征收方式是否合理，对查补税款、滞纳金、罚款及欠税是否采取了税收保全措施；税务机关内部会计核算是否真实、全面、完整，有无将应纳入表内的内容不纳入表内，在表外设立备查账簿的问题，尤其是企业欠税、呆滞税款是否如实登记；是否存在纳税人在账簿上多列支出或者不列、少列收入，或者经税务机关通知申报而拒不申报或者进行虚假申报，不缴或者少缴应纳税款问题；是否存在未做纳税调整导致少缴税款问题等。深入组织开展税法执行情况和财政政策贯彻落实情况的监督检查，坚持一般性检查与突击检查相结合、日常检查与重点检查相结合，促进征管，堵塞漏洞，做到应收尽收。

(二) 税收收入监督方式

1. 日常监督

根据税制改革、重大税收政策调整情况，在掌握税收征管第一手资料的基础上，利用调查、审核、审批、监缴、对账、检查等多种手段，开展税收收入日常监督。具体措施包括以下内容：

(1) 收集监督信息。通过不断实践和探索，不断丰富和发展税收日常监督方法，实现税收收入监督体系基础工作制度化建设。具体包括重点税源企业联系备案制度、税收征管资料报送制度、税收收入日常对账制度、财政税收国库机关联席工作会议制度和预算收入分析报告制度,随时掌握税制改革、重大税收政策调整,以及对经济和财政收支的影响,随时掌握税收征管第一手资料,研究影响收入进度的主要因素,科学判断收入增减趋势,对财政收入情况进行全面分析,针对在收入分析中发现的趋势性、苗头性的问题,即时开展日常监督检查,及时发现问题、查处问题,有效实施纠偏。

(2) 开展日常监督。日常监督以规范和促进收入征管收缴部门征管质量为目的,主要是通过对获取的资料和信息进行收入分析,提出检(调)查线索和监督重点。对征管部门的监督包括对税务登记率、纳税申报率、申报真实率、催报催缴率、税款入库率、滞纳金加收率、欠税增减率、违法行为处罚率、涉税复议变更撤销率等指标的检查、监测、分析,关注应征与实征的差额,看其是否依法征税,依率计征。对稽查部门执法的再监督包括对稽查面、查补入库率、处罚率、结案率、稽查准确率等指标的分析,开展再监督或延伸检查,促进征管查质量全面提高,推动税务稽查由收入型向执法型、由单一检查型向科学管理型转变。

(3) 进行收入监督分析。收入监督分析以"收入完成情况及其因素分析,政策执行和征管中存在的问题,征管建议"为内容,是开展收入监督的切入点和起点,也是使收入监督和调查研究有的放矢的重要保障。充分利用监督信息,以国地税部门、国库、统计、海关建立的收入完成情况相关资料按月(季)提供的资料,重点税源户为收入分析单位(户),重点收入分析户报送税收收入实现和入库情况的相关资料为基础,以促进征管机关提高质量为目标,以对税务登记率、纳税申报率、申报真实率、催报催缴率、税款入库率、滞纳金加收率、欠税增减率、违法行为处罚率、涉税复议变更撤销率等为指标进行分类、梳理、检查、监测、分析,随时了解中央和地方收入增减变动的走向和原因,收集收入监督动态信息。

(4) 建立沟通协作机制。开展协作,整合监督资源,实施共同监督。及时向主管部门通报检查情况并取得支持,巩固检查成果,扩大监督效果。建立联席会议制度,严肃收入对账工作,明确资料信息抄送制度,确定收入监督分析报告制度，实现税收收入监督管理工作的规范化、制度化、程序化。对征管部门存在的问题及时向主管部门通报情况、解决问题，从而放大监督功效。

在现有联席会议、国库对账、信息共享的基础上，利用现代技术和关联资源，探索掌握监控税收收入和非税收入的实现时点、运作流程、缴纳方式，强化查后监督、跟踪管理，发挥监督作用，共同探讨税收征管的良策。分析税收收入增减因素、主要财税政策执行对税收的影响，通报税收征收、退付、管理、会计信息等方面存在的违规问题，讨论各部门应采取的改进措施和工作计划等，认真研究收入动态监督的有效途径和方式。

(5) 开展收入退库审核。收入退库是保证国家政策迅速到位、促进事业发展的重要举措。做好服务工作，严把收入退付关。收入退库审核的主要内容包括：一是一般增值税"先征后返"、外汇借款以税还贷等事项的日常审批与跟踪监督；二是一般企业缴纳所得税先征后返退税审核；三是税收收入、罚没收入代征手续费的退库审核。收入退库审核的重点是：退库申报资料的真实性、完整性和基础数据的正确性；退库申请的实际入库金额是否属于退税年度；适用政策、基数、比例、限额是否准确；初审部门意见是否符合政策，金额计算是否准确等。在退库审核中，财政部门应严格掌握政策界限，严格内部审理，规范审批程序、审批权限，明确审批责任，规范退税资料档案管理，加强制度建设。在此基础上，加强退库工作延伸审核力度，对待批退库事项必须坚持实地核查，对已批事项进行跟踪检查，核实资金的退库和退税资金的使用情况，确保税款按预算级次办理退库，发挥退税资金应有的效应。

2. 专项检查

依据新《预算法》、《税收征管法》等相关法律、法规的规定，针对收入政策和财政管理中的重要问题开展税收收入专项检查，加强税收减免、退库、出口退税和入库级次监督检查，纠正、制止违反国家税收政策规定的行为，维护国家的税收秩序和财经纪律，保证税收制度的完整和统一。主要包括以下内容：

(1) 对收入征管质量情况进行监督。监督和规范收入缴纳、征收、划解、退库等征管环节的监督行为，选择收入容易流失的重点环节开展跟踪检查，检查税收收入是否做到应收尽收，对税收政策执行情况、应征不征、少征多征、混淆级次和税种、人为调节税收收入、收入是否及时报解、中央与地方收入划分是否正确、税收收入是否存在延解占压等情况进行监督，保证收入及时、完整入库。监督有无随意减征、缓征、免征的问题，查处违反税收政策、越权减免、不征少征缓征、违规退付等税收征管问题。

(2) 对重大财税政策和财税改革的执行情况进行检查。主要对税收优惠政策执行情况，地方政府和税务部门自行制定税收优惠政策、越权减免税收收入情况进行检查，及时反映税收政策执行中存在的问题和提出改进工作的建议。

(3) 对欠税情况进行监督。重点监控违规退库、越权批准缓征等情况。

(4) 对财政管理中的一些热点问题进行深入的调查分析和研究。围绕财税政策执行的功效和发挥的作用，税收虚收、越权减免税、收入混库以及税务机关提取使用代征税款手续费等问题开展调查研究，撰写有针对性的调查报告，为财税政策的制定和完善提供有价值的信息，从制度上、管理上促进税务部门强化税收管理工作，堵塞征管漏洞，提高税收征管质量和水平。

三、非税收入监督

政府非税收入是指除税收以外，由各级政府、国家机关、事业单位和代行政府职能的社会团体及其他组织依法利用政府权力、政府信誉、国家资源、国有资产或提供特定公共服务、准公共服务取得并用于满足社会公共需要或准公共需要的财政资金。财政部门作为非税收入征收主管部门，集立项审批、征收管理、票据管理、预算管理和监督检查于一身。按照非税收入分步、分期、分批纳入财政预算、实行"收支两条线"管理的要求，非税收入监督必须按照"合理取舍、突出重点、规范有效"的原则,确定监督的范围和内容,并根据财政改革的进程,分步、分层、分项开展。

(一) 非税收入监督内容

非税收入监督的范围主要涉及政府性基金、国有资源(资产)有偿使用收入、国有资本经营收入、彩票公益金、行政事业性收费、罚没收入、以政府名义接受的捐赠收入以及政府财政资金产生的利息收入等非税收入项目。

财政部门实施非税收入监督的重点是:项目设立及其标准、范围、对象和期限;收入的征收、解缴情况;收入票据的领用、登记、使用、核销情况等。因此,非税收入监督的主要内容由非税收入征收或收缴的项目、标准,票据管理以及资金管理等内容构成。

1. 征收或收缴的项目及标准等的监督内容

主要包括非税收入征收的项目、标准是否按规定程序设立或批准,项目是否合法,标准是否合规;是否擅自超过时限征收非税收入;是否擅自设立或增减非税收入的征收项目、征收对象、征收标准、征收范围;是否多征、少征、应征未征或者擅自减征、免征或缓征非税收入;是否继续征收或变换名称征收国家已明令取消的非税收入项目;是否有擅自处理罚没财物、赃款、赃物的行为;是否有违法或违规当场收取现款的行为;是否有违规委托或转委托征收、收取的行为;是否违规越权制定非税收入减免办法等。

2. 票据的监督内容

主要包括是否按照规定申领财政部门或非税收入征收管理机构颁发的《非税收入票据购领证》;是否按照规定领用财政部门统一印(监)制的非税收入票据;是否设定票据专管员,由专人负责管理票据,按照规定领取、使用、保管、核销、缴销非税收入票据,建立非税收入票据内部管理制度;是否存在使用违规票据收取非税收入的行为,或者使用非税收入票据开具非税收入以外的资金收入的行为;是否存在转让、出借、代开非税收入票据或者不按规定开具非税收入票据的行为;是否存在私自印制、伪造、买卖非税收入票据的行为；是否存在违规发放和核销非税收入票据的行为；是否存在因保管不善造成非税收入票据毁损、灭失的情况；是否存在遗失票据或票据领购证后，未及时报告财政部门或非税收入征收管理机构，并公告作废的情况等。

3. 资金管理的监督内容

主要包括是否按照收（罚）缴分离和"收支两条线"管理规定，实行"单位开票，银行代收，财政统管"；是否按照规定及时、足额将非税收入缴入各级财政的非税收入汇缴结算账户或财政部门规定账户，汇缴结算账户或财政部门规定账户内的非税收入是否按照规定及时、足额解缴国库或财政专户；是否违规开设非税收入过渡性账户，或者隐匿、转移、截留、坐支、挪用、私分非税收入；是否违反法律、法规、行政规章，未经同级政府或财政主管部门同意，或未按规定的比例、标准集中下级单位资金及截留上级资金；是否违规将需分成的非税收入资金直接或变相交付上级执收单位、拨付下级执收单位或延迟、滞压、隐瞒、截留下级分成的非税收入；是否按规定办理误征、多征非税收入以及待结算收入和暂扣财物的退付手续；是否按规定将非税收入项目纳入部门或单位的预算和决算的编制范围；代理银行是否按照《委托代理协议》要求办理代理收缴业务，并在规定时间内查明待查收入，及时、足额将非税收入缴入各级财政的非税收入汇算结算账户或财政部门规定账户等。

（二）非税收入监督方式

财政部关于加强政府非税收入管理的相关文件规定，财政业务管理机构和财政部派出机构共同承担对非税收入的监督职责，各级财政部门在加强对政府非税收入日常检查的基础上，开展政府非税收入年度稽查工作；财政部派出机构负责对中央非税收入的直接征收、就地监缴和专项检查工作。对非税收入监督检查中发现的问题，严格按照国家有关财政法规处罚规定进行处理，情节严重的追究有关责任人员的行政责任。

1. 直接征收

财政部相关文件规定非税收入实行分类管理，财政部派出机构负责征收的预算内中央非税收入、就地征缴入库，其他中央和地方分成的中央非税收入、地方政府非税收入等由地方各级财政部门负责征收，非税收入的征收均按照财政部非税收入管理的规定执行。财政部派出机构就地征收的中央非税收入实行申报制，具体要求包括：各缴纳单位在规定的申报期限内向财政部派出机构报送申报缴纳表和中央非税收入报表、财务会计报表以及财政部派出机构要求缴纳单位报送的其他有关资料。财政部派出机构对缴纳单位报送的资料进行审核，并向缴纳单位开具"非税收入一般缴款书"；定期催收中央非税收入，督促缴纳单位按规定及时、足额缴纳入库；对按规定实行分月或分季预缴的中央非税收入，在年度终了后，及时对中央非税收入进行汇算清缴，并向财政部报送中央非税收入报表；对缴纳单位因特殊情况确实不能按期缴纳的，按有关规定审批延期缴纳事项；建立健全征管内控制度，规范征管工作程序，从体制上保证征管工作的严密性。

2. 就地监缴

监缴工作是日常监管的重要工作职责，是指财政部门及其派出机构根据财政管理的要求，对应缴预算的非税收入的缴库或汇缴财政专户情况就地进行的监督。具体监管要求是：对有明确授权的单一监缴项目，建立基本资料台账制度、收入报表报送制度、收入对账制度、审核抽查制度、总结报告制度，夯实基础工作；对综合性授权或者授权不明确的项目强化事后专项检查。一是通过政策宣传，对政府性基金、行政性收费及罚没收入情况的调查、摸底，建立报表报送制度（要求有关单位按季报送资料）和日常联系制度，强化监督业务档案等基础性工作。二是了解和掌握本地区非税收入的项目、数量、征管方式、入库渠道等情况，建立主管单位为主、执收或缴纳单位为辅的分户档案，以户籍管理为核心，弄清执收单位分布，单位银行开户信息，执收单位领取、使用票据信息，月度季度年度的征缴库信息。三是紧密结合"金财工程"建设与财政国库管理制度改革进程，构建非税收入信息库，逐步建立网络化监督平台,通过非税收入收缴改革系统查询基层预算单位非税收入征收入库情况,实现动态管理,进行全过程、全方位的跟踪监控。四是强化票据管理,由财政部门录入领用信息,由使用单位录入使用信息,由监督部门负责领用、使用信息的核对,通过对票据和缴款方式的日常管理,实现对非税收入的日常监控。五是将掌握的各项非税收入的征收汇缴及入库数据定期与国库、代收金融机构及地方财政部门进行对账。根据监控信息发现的问题,有针对性地进行审核和抽查。六是掌握执收单位执行政策情况,搞好事中事后检查,以查促管,促使执收执罚部门执行财政政策和制度,对检查调查中掌握的情况,特别是发现的财政管理中的薄弱环节,以及带有普遍性及性质严重的问题,通过调查报告、简报、收入监督分析等形式向财政部反映并提出改进的建议。

3. 专项检查

在加强对非税收入日常监督的基础上,定期或不定期地开展中央非税收入专项检查。专项检查的主要内容包括非税收入征收政策依据,资金收缴及入库情况,银行账户管理情况,票据购领、使用、保管、销毁及其他有关凭证资料,法律、行政法规和规章规定的其他检查事项。

四、债务监督

为了加强地方政府债务管理,促进国民经济持续健康发展,国务院要求把地方政府债务纳入预算管理。

(一)债务监督目标

国务院《关于加强地方政府性债务管理的意见》明确要求:建立"借、用、还"相统一的地方政府性债务管理机制,有效发挥地方政府规范举债的积极作用,切实防范化解财政金融风险,促进国民经济持续健康发展。这也是现代财政制度下地方债务财政监督的目标。这就要求监督部门应按照这一目标以及财政部对地方政府债务管理的统一要求,坚持实事求是、谨慎认真的原则,部署和开展监督地方债务的各项具体工作,实行有效监督。

(二) 债务监督内容

现代财政制度下债务监督的具体内容应把握好三个环节。第一,要监督债务主体"不乱借",从源头控制风险。财政监督部门要多管齐下,一是监督地方政府在批准的限额内、按规定的程序和方式举债,合法合规担保;二是监督金融机构依法、依规向地方政府提供融资、购买政府债券。第二,要监督债务主体"不乱用",确保资金安排和使用符合政策方向,用于公益性资本支出和适度归还存量债务。重点监督地方政府是否存在以支持公益性事业发展名义举借债务用于经常性支出或楼堂馆所建设,挪用债务资金或改变既定资金用途等行为。第三,监督债务主体"不赖账",维护政府信用。政府债务要做到按期偿还,偿债资金来源要有保证,纳入预算管理是关键,监督部门监督地方政府债务也要抓住这个关键,这也是财政部赋予监督部门加强预算监管的一项具体职责和要求。监督部门除了监督地方政府根据本地实际建立科学合理的债务风险预警机制和切实可行的应急处置预案,还要根据地方政府一般债务、专项债务、或有债务等情况,测算债务率、新增债务率、偿债率、逾期债务率等指标,评估地方政府债务风险状态,监督地方政府加强债务管理,采取相应措施,及时清偿债务,维护政府信用,守住不发生区域性和系统性风险的底线,切实防范和化解财政与金融风险。

第三节 财政支出监督

一、财政支出监督概述

财政支出监督是指财政部门为保证财政分配活动正常进行,依法对国家机关、企事业单位、社会团体和其他经济组织或个人涉及财政支出的安全性、合规性和有效性进行的监察和督促活动。

财政支出监督的主体是财政部门，包括财政部派出机构和财政业务管理机构。财政业务管理机构主要是通过预算管理、会计管理等日常监管方式履行监督职责；财政部派出机构主要是通过专项检查等方式履行监督职责。

财政支出监督的客体包括两个方面：一是对财政资金运行过程中所涉及的国家机关、企事业单位、社会团体以及其他经济组织部门或个人管理、使用财政资金的情况进行监督；二是对财政部门分配、拨付财政资金的过程进行监督。

（一）财政支出监督内容

在社会主义市场经济条件下，财政从竞争性领域逐渐退出，从生产建设型财政转为公共财政，进而转为现代财政，财政支出的内容也必然相应地发生变化。按照财政支出监督工作的实际，本节主要介绍国库集中支付、政府采购、专项支出以及转移支付等涉及财政支出方面重要内容的监督。

1. 国库集中支付监督

主要监督财政资金账户设置，监督有无违反规定擅自开立、使用银行账户等问题；监督退库管理，监督有无违反规定擅自退库等问题；监督国库集中支付的支付方式和支付程序，监督财政直接支付和财政授权支付的项目是否符合预算内容、预算执行进度或者用款限额。

2. 政府采购监督

主要监督合同形成阶段的采购需求、采购范围、采购方式和采购程序，监督是否按照政府采购法律法规的规定招标投标和签订合同；监督合同管理阶段政府采购合同履行和项目运行效果，监督采购资金拨付的对象、设备物资是否与政府采购合同相符；已采购项目的运行情况及效果是否达到预期目标。

3. 转移支付监督

主要监督转移支付的项目和内容是否符合规定的要求并纳入预算，有无虚假报、冒领、骗取资金等问题；监督转移支付的资金是否按指定的内容或项目拨付到位，有无截留或挪用等问题；监督接受转移支付的单位资金使用是否合规、有效，有无损失浪费或效益低下等问题。

4. 专项支出监督

主要监督项目的设立是否经过科学论证和项目可行性分析，体现现代财政支出的要求；监督项目主管部门是否及时转拨资金，检查有无缓拨或截留挪用；监督项目承担单位有无改变预算资金用途、擅自提高核定的开支标准和随意扩大或缩小项目的规模；监督项目追踪反馈制度是否建立健全，项目是否达到预定目标和成效。

（二）财政支出监督目标

财政支出监督的目标是通过现代财政支出运行的安全性、合规性和有效性进行监督，保证财政支出资金的安全、合规和有效使用，最大限度地发挥财政支出资金的使用效益，确保财政支出政策的有效贯彻落实。

1. 安全性目标

所谓安全性，即资金的完整性，是指财政资金在支付和使用过程中，能够按照部门预算、用款计划及相关要求，准确、及时、足额地拨付到用款单位或商品、劳务供应者，并能够确保其按规定支付和使用，以保证财政资金按规定使用，防止冒领、截留、挪用、贪污等问题。

2. 合规性目标

所谓合规性，是指财政支出资金的使用必须严格遵守国家法律、法规及财政管理制度的规定，符合预算规定的用途，在支付使用过程中，能够严格按照财政资金支付管理办法所规定的程序和要求执行。

3. 有效性目标

所谓有效性，也称效益性，是指财政支出资金使用应取得既定的成效，在支出总量一定的情况下，尽可能取得最大的支出效益。这也是财政支出监督的最高目标。

二、国库集中支付监督

国库集中支付监督是对国库资金的拨付、使用及支出的全过程进行的监督。监督内容主要包括以下几个方面：

（一）对国库单一账户体系的监督

规范预算单位银行账户管理是完善国库单一账户体系、深化国库集中支付制度改革的关键环节。财政部门要加强对国库单一账户体系的监督，监督预算单位是否擅自在金融机构开立、使用账户，私存私放财政资金或者其他公款；监督预算单位的零余额账户是否按照规定的程序及时与国库单一账户进行清算等。

（二）对财政资金的支付、使用和管理的监督

审核国库集中支付的范围、数额、进度是否符合规定的要求，特别对涉及直接支付项目的数量与资金的配比情况进行审核把关；稽核国库授权支付的项目与内容是否符合规定的要求，监督国库资金的支付是否符合预算和计划、支付的资金是否及时进行清算和结算、支付申请资料是否齐全、审核程序是否完整，检查其开支是否符合预算内容与额度等。

（三）对财政国库支付执行机构的监督

财政部门要加强对财政国库支付执行机构的监督，定期对财政国库支付执行机构的相关业务进行内部监督，规范其资金拨付审核程序和拨付方式渠道，加强和完善内部监督制约机制。通过建立财政国库部门与中国人民银行国库部门和代理银行之间的财政管理信息系统、国库管理操作系统和现代化

银行支付系统,定期或不定期相互对账,保证账账相符、账证相符、账实相符;审核中国人民银行国库部门和代理银行有无截留、挪用和滞留财政资金等问题的存在。

实行国库集中支付制度,改变了过去把资金拨付到预算单位的账户上由预算单位自行支付的做法,通过财政直接支付和财政授权支付把资金集中支付到商品和劳务供应者或用款单位,实现了对支付活动进行全过程的监督和管理。对国库集中支付实施财政监督是现代财政管理的基础性环节。深化国库集中支付制度改革,需要在健全相关法律、法规的基础上,扩大监督范围,增强监督力度,提高监督透明度,特别是在增强整个财政部派出机构力量、强化信息手段应用等方面,取得突破性进展。

三、政府采购监督

政府采购在我国尚处于起步阶段,近年来,国家先后印发相关政策文件,国务院召开常务会议进行专题研究,财政部门也陆续出台相关办法,推进政府向社会力量购买公共服务。2013年7月31日,国务院总理李克强主持召开国务院常务会议,研究推进政府向社会力量购买公共服务,有效解决一些领域公共服务(产品)短缺、质量和效率不高等问题,使群众得到更多便利和实惠。为了把好事办好,必须对政府购买公共服务进行监督。2014年2月,财政部发布《关于政府购买服务有关预算管理问题的通知》,明确政府购买服务所需资金列入财政预算,从部门预算经费或经批准的专项资金等既有预算中统筹安排;财政部门和预算单位要强化购买服务的预算执行监控,对购买服务进行全过程跟踪;要及时公开政府购买服务预算信息,并将预算绩效管理理念贯穿于购买服务预算管理全过程。可见,现代财政制度下政府采购监督是财政支出监督的重要方面。

(一)政府采购的内涵及范围

政府采购是指各级政府及其所属机构为了开展日常政务活动或提供社会

公共服务，在政府的统一管理和监督下，用财政性资金以法定方式、方法和程序采购货物、工程和服务的行为。现代财政制度下，政府采购改革的内容主要是按照公开透明的原则，将财政预算中安排的采购项目及预算额度公开，招标信息公开，采购结果公开；按照公平竞争的原则，建立政府采购的运行机制；按照公正原则，维护政府采购市场秩序；按照诚实信用原则，约束政府采购当事人行为；按照保护国家利益和社会公共利益原则，发挥政府采购的宏观调控作用。政府采购是政府转变职能中的一项重要制度安排，是一种政府提供公共服务的新方式。其基本特点是"市场运作、政府承担、定项委托、合同管理、评估兑现"。

2014年4月，财政部下发《关于推进和完善服务项目政府采购有关问题的通知》，通知规定，根据现行政府采购品目分类，财政部按照服务受益对象将服务项目分为三类：第一类为保障政府部门自身正常运转需要向社会购买的服务。第二类为政府部门为履行宏观调控、市场监管等职能需要向社会购买的服务。第三类为增加国民福利、受益对象特定，政府向目标群体提供的公共服务。

（二）政府采购监督的内容

政府采购监督就是对政府采购法律法规的执行程度，采购项目的立项、招标，采购合同的有效性及其履行情况，采购资金的拨付，采购商品实际使用及效果评价等诸多环节的全过程、全方位的约束和监督，这个约束和监督过程也是对采购人员采购行为的监督。财政部门作为政府采购监督管理部门，对政府采购实施财政监督，实现了财政监督由仅对货币形态的预算资金向货币、实物、劳务等多种实物形态的国有资产监管的转变。政府采购监督要紧扣审批立项、招标工作、资金预算和付款四个环节展开，对政府采购立项和资金预算审核要结合部门预算开展，对招标工作和付款过程的监控要结合国库集中支付制度的实施，推动政府采购制度向纵深发展，保证政府采购公正、公平，维护政府形象。具体从以下五方面进行监督。

1. 采购资金使用合理性的监督

对采购单位的监督管理主要在于采购资金使用的合理性。科学合理地使用政府采购资金，是提高经费使用效益的重要手段，也是遏制违纪的有效方法。财政部门应监督采购单位是否严格执行政府采购预算，是否合理使用采购资金，是否正确、完整地确立采购范围，是否把应列入政府采购范围的预算资金按政府采购制度进行管理，是否存在缩小采购范围、逃避政府采购、非法挪用采购资金的行为等。

2. 采购方式合法性的监督

政府采购方式公开程度，从大到小顺序是公开招标、邀请招标、竞争性谈判、询价、单一来源。政府采购必须坚持以集中采购和公开招标的方式为主。财政部门应监督采购单位纳入政府集中采购目录的项目是否都实行了集中采购；规模较大的通用品采购是否以公开招标采购方式为主；集中采购机构或采购代理机构是否严格按照政府采购的法律法规要求运用恰当的方式进行政府采购等。

3. 采购过程合规性的监督

政府采购活动涉及许多环节，财政部门可以采取现场监督的方式，监督其采购过程是否按照规定实施。以公开招标为例，应审查公开招标的程序是否符合规定；招标文件的内容是否完整，有无要求或者标明特定的投标人或者产品以及含有倾向性或排斥潜在投标人的内容；评标是否符合法定的程序，评标委员会 2/3 以上的成员是否是技术、经济等方面的专家，而且是不得有与供应商有利害关系的人员；采购合同副本是否及时报同级人民政府财政部门备案等。

4. 采购过程透明度的监督

高透明度是实现政府采购科学化、规范化、高效化的根本保障，也是杜绝腐败的有效措施。为提高采购透明度，财政部门在进行政府采购监督时应从以下几方面入手：一是监督采购需求信息是否透明；二是监督对供应商资格审查的方法和标准是否透明；三是监督评标方法是否透明；四是监督采购记录是否透明。

5. 采购结果绩效性的监督

政府采购活动的绩效表现在两个方面：一是政府采购活动为政府提供了多少货物、工程和服务；二是政府采购活动为政府部门节约了多少资金。财政部门在进行政府采购活动效益性监督时应对采购活动实施全程监督，具体地说就是要审查采购计划的制订是否遵循国家政府采购的总体要求，是否体现经济效益和社会效应的统一；审查采购资金的预算和划拨是否合理、及时；审查是否选择正确的采购方法和适当的程序，保证购买的货物、工程、服务符合需要；审查是否以较低的价格、可靠的质量、最优的服务采购取得货物、工程和服务等。

四、转移支付监督

转移支付是政府间财政资金的再分配，上级财政部门安排的一般转移支付资金要纳入下级财政预算统筹安排使用，专项转移支付则要按照专门用途进行使用。转移支付监督就是对转移支付资金管理、使用和转移支付制度执行等情况进行的监督。就一般性转移支付监督而言，主要包括以下内容：

（一）核实基础数据

对影响确定转移支付标准及规模的基础数据进行核实，为科学界定上、下级财政支出责任、确立转移支付规模提供决策数据，促进建立科学、规范的转移支付制度。

（二）监督转移支付资金管理使用情况

重点监督转移支付资金规模是否符合规定的要求，监督转移支付资金是否及时拨付到位；监督转移支付资金使用是否合规、有效等。

(三) 监督转移支付制度执行情况

监督转移支付资金是否纳入预算，监督上下级财政之间体制补助、结算补助和税收返还的年终决算情况，核实每一个结算项目文件依据是否准确，结算办法是否合规，结算数据是否真实，有无结算基础数据不实的问题。

五、专项支出监督

我国专项支出数目巨大、项目繁多，对专项支出的监督，应以财政资金的及时到位、安全完整、专款专用和充分发挥效益为重点。

(一) 专项支出项目立项监督

监督专项支出项目立项和计划是否与国家宏观经济调控政策目标相一致。项目立项是财政专项支出资金运行的起点，无论是部门预算中的项目支出还是政府间专项转移支付，都要建立项目立项和计划的事前审核制度，申请立项单位在向相关部门报送立项报告的同时，也要向财政部门报送申请报告，财政部门在接到申请报告后，应以实地察看等方式，确认是否具备立项条件，对不具备立项条件的项目提出意见，严把财政支出的第一关，使有限的项目资金最大限度地发挥效益，提高政府提供公共产品的能力。

(二) 专项支出预算编制监督

对专项支出资金进行有效监督，就必须将支出监督关口前移，对专项支出的预算编制或支出计划进行监督，监督专项支出预算编制是否符合国家法律、法规，确保财政资金使用的规范合理。监督的主要内容包括编报的项目是否真实，是否符合国家有关方针政策和财政资金支持的方向、范围，材料是否真实、齐全，有关部门有无按照规定或承诺比例及时足额配套资金，项目单位银行贷款和自筹资金是否落实到位，用款单位的经营状况、财务状况、办公场所以及会计人员的资格条件等基础信息是否真实。

(三) 专项支出分配和拨付监督

专项支出的分配与拨付应坚持公开、公正、透明和效率的原则,及时公布各项资金的管理办法和分配标准,减少随意性。对专项支出的分配进行监督,主要包括:一是资金分配是否有合理明确的分配依据,分配过程是否透明,是否存在人情分配和随意分配等问题,坚决避免"暗箱操作";二是对于要求省级财政部门再次分配的专项支出资金,为了避免省级财政部门分配中存在的随意性,财政监督要在事前参与,及时发现、纠正不合理的分配方案,促进专项支出资金分配的客观、合理和公平,保证财政专项支出政策意图的实现。对专项支出的拨付监督,一是监督项目资金使用单位是否按照项目进度报送资金申请报告,财政部门在接到申请报告后,通过调查核实确认是否应继续给予财政拨款;二是监督项目资金是否按规定及时拨付,有无滞拨、截留等问题。

(四) 专项支出使用监督

对专项资金使用情况进行监督,是专项支出监督的重要内容。围绕专项支出资金的使用、核算和管理等过程运用事前审核(调查)、事中监控、事后检查的监管方法,对支出资金的安全性、合规性和有效性进行监督,反映支出预算的实际执行情况,查找执行中存在的问题,提出完善和加强资金使用管理的建议。监督的主要内容包括:一是监督项目资金使用是否专款专用,是否存在挤占挪用等问题;二是监督项目资金是否合理使用,有无随意改变资金用途、擅自扩大支出范围等问题;三是监督项目资金的使用是否达到预期效益,有无资金损失浪费等问题;四是对于一些要求地方按照相应比例安排配套资金的项目,要密切关注配套资金的落实到位情况,保证项目按照计划全面实施。

(五) 专项支出财务监督

目前,我国很多专项支出资金都出台了配套的管理办法,对专项支出财务核算实施监督。一是监督项目资金使用核算是否符合国家相关法律、法规和制度的规定;二是监督资金使用单位的会计核算是否符合有关会计准则和会计制度的要求,会计信息是否真实、准确、完整;三是监督资金使用单位是否依法设立会计账簿,会计凭证、财务会计报告和其他会计资料是否真实、完整,会计电算化的程度是否符合要求;四是监督对专项支出的使用是否建立了严密的内控制度和会计档案管理制度以及执行情况。

(六) 专项支出绩效监督

为了提高财政专项支出资金的使用效益,必须加快推进对财政专项支出的绩效监督,建立健全专项支出绩效监督标准体系。现阶段,财政部门在进行专项支出绩效监督的过程中,应注意项目的选择、分析和比较,将资金投入量大、项目周期长和涉及国计民生的热点项目,如近年来的公共卫生、社会保障、支农资金等作为绩效监督的重点,探索建立科学、完整、规范的财政支出绩效监督方法,保证财政政策目标的实现。

(七) 专项支出监督的信息反馈

专项支出监督不仅要发现和纠正问题,还应当分析产生问题的原因,促进财政支出政策和财政管理制度的完善,服务财政支出管理,为财政决策提供依据。围绕财政支出改革和财政支出结构调整对经济发展的影响开展调查研究,分析财政支出发挥的作用和效果。通过分析总结支出政策执行中的有效做法、经验,查找政策执行中存在的问题,分析成因,为决策部门制定政策、完善制度提供依据,促进完善财政管理制度和优化财政管理流程。通过以检查促管理、以监督促改革,从专项支出资金权力运作的全过程,发现体制、机制、制度及管理上存在的漏洞和薄弱环节,促进建章立制,不断深化专项支出预算制度改革,促进建立源头治腐的惩罚体系,从而不断提高监督检查效率,扩大监督效能,提升监督层次。

第四节 会计监督

一、会计监督概述

会计监督是财政监督的重要组成部分。作为全国会计工作和注册会计师行业的主管部门,财政部切实履行法律赋予的会计监督职责,在促使市场主体自觉守法和营造公平竞争环境、保障经济社会运行秩序等方面发挥应有作用。

会计信息是现代市场体系中重要的基础性信息,也是做好经济和财政管理的基础性信息。会计信息真实与否,直接影响社会资源在市场中的配置效果和效率,财源财力的组织征收和财政资金的分配使用,政府管理经济与宏观调控的能力和水平,以及国际上对于我国市场经济地位的认可和投资环境的信任。因此加强会计监督,提高会计信息的真实性和透明度,有利于确保税负公平和财政资金合理使用,为财税政策贯彻落实、深化财税体制改革提供基础保障;有利于形成公平竞争、平等交换的市场环境,保障市场在资源配置中起决定性作用;有利于进一步提高政府宏观调控能力,推进国家治理体系现代化;有利于构建开放型经济新体制,培育国际经济合作竞争新优势。

《会计法》、《注册会计师法》和《财政部门实施会计监督办法》等法律规章,对会计监督的主体、权限等有关问题做出了明确规定。按照《会计法》的规定,必须建立由单位内部会计监督、注册会计师审计监督和政府会计监督三部分构成的"三位一体"的监督体系。单位内部会计监督是单位内部会计机构的自我监督,具有自律性的特点;注册会计师审计监督是会计师事务所等受有关单位委托进行审计并作出客观评价的一种监督,它是一种外部监督,具有鉴证性的特点。单位内部监督和注册会计师审计监督是我国会计监督体系的基础。政府会计监督又叫政府部门监督,是指财政、审计、税务、人民银行、证券监管和保险监管等部门代表国家,依据有关法律法规对有关单位的会计行为进行的监督,具有权威性、主导性和再监督的特点。在整个会计监督体系中,政府会计监督是全面正确履行政府职能的一个重要方面,充分发挥政府会计监督的职能作用,一方面可以督促单位内部会计监督更有效,另一方面也可以促使注册会计师审计监督的健康发展。

《会计法》在授权财政部门管理会计工作职权的同时,也赋予财政部门对会计工作的监督权和行政处理处罚权,这是财政部门实施会计监督的重要保证。财政部门行使监督权和行政处理处罚权,履行会计监督职责,区别于其他部门会计监督的最主要特点是,财政部门的会计监督不仅要监督会计资料和注册会计师出具的审计报告,还要监督会计基础工作、会计人员从业资格情况和会计师事务所设立、报备情况等,与会计管理紧密结合。本书所称的会计监督,是指财政部门组织实施的会计监督检查活动,主要包括开展会计信息质量检查和注册会计师行业行政监督两个方面。

按照《会计法》、《财政部门实施会计监督办法》等规定,财政部门有权对国家机关、社会团体、企业、事业和其他组织等单位依法实施会计监督。重点监督各单位是否依法设置会计账簿;会计凭证、财务会计报告和其他会计资料是否真实、完整;会计核算是否符合《会计法》和国家统一的会计制度的规定;从事会计工作的人员是否具备从业能力等。

注册会计师是会计信息质量的重要鉴证者,是市场经济秩序的重要维护者。对注册会计师行业实施法律规范、政府监督和行业自律是提高会计信息质量,推进注册会计师执业质量,推动整个行业健康发展的重要保障。按照《会计法》、《注册会计师法》等规定,财政部门有权对注册会计师、会计师事务所和注册会计师协会进行监督。重点监督会计师事务所保持设立条件的情况;会计师事务所应当向财政部和省级财政部门备案事项和报备情况;会计师事务所和注册会计师的执业情况;会计师事务所的质量控制制度等。

二、会计信息质量检查

会计信息是会计主体按照法律法规和国家统一会计制度规定提供的一种标准语言文字信息,是经过加工或者处理后的会计数据,其质量的优劣直接关系到会计信息使用者决策的正确与否。会计信息作为国民经济信息系统的重要组成部分,是实施宏观经济调控和科学制定经济政策的基础,是控制和监督经济运行的必要依据和手段。会计信息质量如何,不仅关系到单位内部管理的成效,而且关系到国家宏观经济政策的制定,关系到广大投资者的利益以及社会诚信体系的建立。开展会计信息质量检查是会计监督的主要形式,是整顿市场经济秩序、维护经济健康运行的一项十分重要的措施。

(一) 会计信息质量检查的主要内容

会计信息质量检查的对象包括所有依据《会计法》设置会计账簿、进行会计核算的各类单位。会计信息质量检查的内容涉及诸多环节和方面,从不同角度分析有不同的表述方式,主要包括会计基础工作、会计核算行为、单位内部控制、信息披露情况以及与会计信息直接相关的财务管理、纳税情况等。根据会计信息质量检查的实践,会计信息质量检查的主要内容包括以下几方面:

1. 对被检查单位会计基础工作和会计行为的监督检查

按照《会计法》、《财政部门实施会计监督办法》的相关规定,财政部门主要对各单位的会计基础工作和单位会计行为实施监督检查。

(1) 监督各单位是否依法设置会计账簿。具体包括按照法律、行政法规和国家统一的会计制度的规定,应当设置会计账簿的单位是否设置账簿;设置会计账簿的单位,其设置会计账簿情况是否符合法律、行政法规和国家统一的会计制度要求;各单位是否存在账外账等违法违规行为,等等。

(2) 监督各单位的会计资料是否真实、完整。具体包括各单位对实际发生的经济业务事项是否及时办理会计手续，进行会计核算；各单位填制的会计凭证、登记的会计账簿和编制的财务会计报告是否与实际发生的经济业务事项相符，是否做到账实相符、账证相符、账账相符、账表相符；各单位提供的财务会计报告是否符合法律、行政法规和国家统一的会计制度的规定等。

（3）监督各单位的会计核算是否符合法定要求。具体包括各单位会计核算的内容是否真实、完整；各单位采用的会计年度、记账本位币、会计处理方法、会计记录文字等是否符合法律、行政法规和国家统一的会计制度的规定；各单位对资产、负债、所有者权益、收入、支出、费用、成本和利润的确认、计量、记录和报告是否符合国家统一的会计制度的规定；各单位会计档案保管是否符合法定要求等。

（4）监督各单位从事会计工作的人员是否具备从业资格。具体包括各单位从事会计工作的人员是否取得了会计从业资格证书并接受管理；会计机构负责人是否符合任职条件等。

2. 对被检查单位收入收益、成本费用、资金使用和涉税项目等的监督检查

围绕收入收益的完整性、成本费用的真实性、资金使用的合理性、涉税项目的合法性等主线开展监督检查，查证会计核算是否真实合法，信息披露是否充分完整，是否存在会计造假行为等。

（1）按与会计核算资料相关程度划分。监督内容主要包括：一是资产、负债、所有者权益、收入、费用、利润等各项目的会计核算是否真实、可靠。二是资产负债表、利润表、现金流量表等财务报表的编制是否真实完整，是否进行了充分披露。

（2）按与财务状况相关项目划分。监督内容主要包括：一是资产类项目的检查主要有实施货币资金项目的复核，检查存货的真实性及现实价值，对应收账款等结算项目的检查，对固定资产、长期投资、无形资产项目的检查，以及资产减值准备的计提等。二是负债类项目的检查，重点是对应付款项、银行借款项目进行复核性检查。三是权益类项目的检查，一般与资产类、负债类项目的监督程序同时进行，检查的主要内容包括实收资本来源的合法性、实收资本的构成和增减、资本公积的变化，检查未分配利润账户明细账，查实其分配内容是否合规，数据是否正确，检查资本公积、盈余公积的使用、转增资本数额是否符合会计制度的有关规定。

（3）按与经营成果相关项目划分。监督内容主要包括：一是收入类项目的检查着重于收入确认的适当性（有无推迟或提前确认收入）、收入的完整性（有无隐瞒、转移收入）两个方面。二是检查费用、成本类项目的真实性，尤其检查涉及费用性质的改变、成本确认标准、列支范围、计量方法和分配方法。对成本支出的界定，如存货计价、费用及人员工资等对成本支出的影响；跨期摊付的间接支出的确定，包括待摊费用和待处理财产损失等对成本支出的影响。三是收入与支出的配比，利润与现金流量的对照分析。

（4）对财务报表的检查。主要内容包括：一是从财务报表各项目之间的关系入手，核查经营成果的真实性，重点是税前利润与税后利润的变化对照。监督各项目的数字填列是否正确，编表依据是否充分，账表是否相符。二是检查财务报表应披露事项的及时性与完整性。财务报表附注，是否针对无法在财务报表项目中表达的事项内容做出明晰的补充说明与详细解释。三是检查或有事项，尤其是或有负债的披露。如未决诉讼、未决索赔和税务纠纷等可能发生的或有损失情况。四是检查披露期后事项以及对持续经营能力的影响程度是否真实。五是检查合并财务报表及汇总财务报表的真实性与完整性。

3. 检查被查单位贯彻执行国家重大财经政策的情况

包括被检查单位是否严格执行国家各项税收政策，是否严格按照税法规定的税率、扣除标准和优惠政策等依法缴纳税款；是否遵守企业财务通则、企业内部控制规范等有关规定，是否切实加强财务管理和部门控制，提高管理水平；上市公司是否严格按照证券市场信息披露的有关规则，全面、真实、及时地进行信息披露；行政事业单位是否严格遵守国库集中收付、"收支两条线"、政府采购等财政管理制度，预算管理和财政资金使用情况是否合规有效。

（二）会计信息质量检查的组织实施

1. 明确检查范围重点

围绕国家宏观调控重点和财政中心工作，密切关注会计准则和重大财税政策的执行情况，每年选择一些重点行业和领域开展会计信息质量检查。

2. 选择检查单位名单

按照检查工作的总体要求和确定的重点行业来选择检查单位。首先，从各地选择具有典型性的单位，并选择部分样本进行调查，了解该行业的地位；其次，关注这些单位是否已经接受了其他有关部门的审计；最后，按照既避免重复检查，又具有典型性的原则和能满足有效服务财务管理、财政政策执行、推进财政改革以及维护市场经济秩序的要求，确定拟检查单位名单。

3. 确定检查组织方式

会计信息质量检查组织方式多种多样，可采取就地检查、异地交叉检查和从全国抽调人员混合编制检查。就地检查，不仅有利于检查组在检查前对被检查单位有关情况进行深入、充分了解，便于检查的开展，而且可以降低检查成本，提高检查效率；但在处理问题上，可能受到外界的干扰，不利于对查出问题的严肃处理；异地交叉检查，可以减少来自方方面面的影响，有利于对查出问题的处理，但不便于检查组全面了解被查单位的基本情况，会延长检查的时间，增加检查成本。混合编制检查，综合了上面两种方式的优势，但是需要加强检查组内部人员的协调，适合对特殊单位和已掌握问题线索的企业实施重点检查，从财政部门实践情况来看，这三种方式均在不同领域发挥了积极作用。如果被查单位较多，且为大中型企业或企业集团，检查工作量大，全部抽调财政部门人员确有困难，则可以考虑聘用注册会计师参加检查工作，或将部分检查单位直接委托会计师事务所开展检查，但应严格按照财政部有关规定执行。近年来，财政部组织在中央大型企业集团开展会计信息质量检查时，探索总结了多个专员办跨区域联合检查的方式，由一个专员办牵头、多个专员办配合，异地交叉检查与就地检查相结合，充分发挥了各专员办的监督优势和联动效应,实现了会计信息质量检查组织方式的创新,切实增强了对大型企业集团的会计监督能力,取得了显著的检查成效。此外,部分地方还积极探索了专员办与省级财政部门联系检查的模式,有效整合了监督资源,形成了监督合力。

4. 规定检查工作时间

会计信息质量检查,不仅要检查被查单位年度会计信息质量,而且还要对其他相关单位以及相关会计师事务所的执业质量进行延伸检查。根据我国会计年度、企业所得税汇算清缴的有关规定,以及我国企业会计年报一般审计时间的实际要求,每年会计信息质量检查的时间一般于一个会计年度结束后开始。安排过早,企业会计年报特别是汇总报表还未编制完成,企业所得税汇算清缴尚未结束,或会计年报尚未经过会计师事务所审计,检查的完整性得不到保证;安排过晚,不利于会计信息质量检查工作成效的及时发挥和扩大。

5. 提出检查工作要求

会计信息质量检查的目标是查证单位会计信息的真实程度,规范单位的会计行为,惩处会计信息造假。为提高检查的时效和质量,检查工作要求主要包括以下几个方面。

(1) 工作质量的要求。保证会计信息质量检查工作质量的关键是要严格遵守《财政检查工作办法》和《财政检查工作规则》等制度规定,严格遵守相关程序;要加强检查工作质量控制,确保发现的问题实施清楚、证据充分;同时,要明确工作责任,建立检查工作责任制,保证检查工作的严谨、细致和深入。

(2) 加强交流的要求。会计信息质量检查一般具有大规模、集中性的特点,因此,加强检查情况的交流,对指导和提高检查质量十分重要和有利。特别是几个检查组同时参加的对某个系统或某个大企业集团的检查,更应注重检查过程中的情况交流。检查情况交流可以采取召开工作交流会、编发检查工作信息等形式。

(3) 处理处罚的要求。会计信息质量检查的处理处罚应该坚持"谁组织、谁处理，向谁发检查通知、给谁下处理决定"的原则进行；做好处理处罚工作的关键是依照核定的程序，在违规事实清楚、证据充分的基础上，适用准确的法律法规做出恰当的处理处罚。

(4) 结果汇总的要求。检查结果的汇总是集中反映检查成果的重要环节。通过对检查结果的汇总，不仅反映检查成果，还能充分利用检查取得的第一手材料，对行业政策、体制改革中暴露出的问题进行分析，为科学决策提供重要信息。因此，在检查工作中，要对检查工作的汇总提出明确的要求。

6. 出具检查结论并发布公告

对会计信息质量检查发现的违规问题，财政部门依法向被查单位出具检查结论和处理决定，对会计核算不实问题要责令被查单位调账整改，对少缴的税款要责令其向税务机构补缴，对存在的其他违规问题依法移送有关部门处理。对被查单位存在的严重会计违法违规问题，财政部门依法对单位和有关责任人做出行政处罚，为违反党纪政纪的责任人，要移送纪检监察机关或主管部门追究责任；对涉嫌犯罪的，还要移送司法机关处理。检查结果和处理处罚情况，财政部门可依法向社会发布公告，加大对违规问题的曝光力度，切实发挥警示作用，增强会计监督的威慑力。

三、注册会计师行业行政监督

伴随社会主义市场经济的发展和资本市场的逐步壮大，中国注册会计师行业已经取得了长足进步，在国民经济中发挥了重要作用，成为维护市场经济秩序的一支重要力量。1994年颁发实施《注册会计师法》，标志着注册会计师行业法制化建设迈出了重要一步。1995年，第一批中国独立审计准则发布实施，注册会计师执业规范体系逐步形成。1999年，注册会计师行业进行了会计师事务所的体制改革，实现了脱钩改制。2006年2月15日，财政部发布48项注册会计师执业准则，这标志着适应我国市场经济发展要求、与国际惯例趋同的注册会计师执业准则体系正式成立。我国对注册会计师行业实行法律法规、政府监督、行业自律的管理体制。按照《注册会计师法》的规定，财政部门依法对注册会计师行业进行监督。

(一) 注册会计师行业行政监督的主要内容

《注册会计师法》规定，国务院财政部门和省、自治区、直辖市人民政府财政部门，依法对注册会计师、会计师事务所和注册会计师协会进行监督、指导。现行《会计法》规定，财政部门有权对会计师事务所出具审计报告的程序和内容进行监督。

根据《注册会计师法》、《会计师事务所审批和监督暂行办法》等有关规定，财政部门依法对会计师事务所的下列事项实施监督检查：会计师事务所保持设立条件的情况；会计师事务所应当向财政部和省级财政部门备案事项的报备情况；会计师事务所和注册会计师的执业情况；会计师事务所的质量控制制度；法律、行政法规规定的其他监督检查事项。其中，检查的主要内容是注册会计师的执业质量，即是否真正树立了风险导向审计理念，是否在审计中保持了应有的职业怀疑态度，是否有效实施了风险评估等必要的审计程序，是否收集了充分适当的审计证据以支持审计结论，是否进行了充分披露和发表恰当的审计意见，是否按照规定编制和保存审计工作底稿。监督检查的具体内容如下。

1. 对会计师事务所及注册会计师执业质量的监督

对会计师事务所及注册会计师执业质量的监督重点是审计过程、程序、方法及其形成的审计结论。

(1) 检查计划审计阶段的执业质量。主要对被审计单位基本情况表、经营环境及状况调查表、分析性测试情况表、审计业务约定书、其他编制计划资料表、总体审计计划表、会计要素项目审计程序表七种资料进行检查。具体检查内容包括对内部控制制度的有效性是否关注，对审计风险是否做出初评价；是否按审计准则的要求签订业务约定书，审计收费是否按规定执行，有无降低收费招揽业务,影响执业质量;是否编制周密的审计计划。总体审计计划中,重要的会计问题及重点审计领域是否结合了解的被审计单位情况作了明确;对审计重要性的确定及审计风险的评估是否恰当;制定的审计策略能否满足审计目标的要求;具体审计计划中,制定的审计程序是否适合各审计项目的具体情况,是否能达到审计目标。

(2) 检查实施审计阶段的执业质量。主要内容包括注册会计师是否对被审计单位进行风险评估,并根据风险评估结果设计和实施进一步审计程序;是否严格按审计程序的要求对财务报表各项数据进行实质性测试,并根据测试结果进行评价和鉴定;检查注册会计师的审计程序是否适当;检查注册会计师的取证是否充分;检查注册会计师的审计抽样方法是否符合要求。在实施审计阶段,要重点检查注册会计师是否对重点项目予以充分关注,如存货、待摊费用、在建工程、待处理财产损溢、其他应收款等;是否关注重要事项,如关联交易、收入的确认、会计政策与会计估计;是否关注不确定事项,如被审计单位为其他单位提供各种担保抵押、未决诉讼、未决索赔、票据贴现、债务纠纷等或有债务;是否关注期初余额和期后事项的影响并采取相应的审计措施。

(3) 检查完成审计阶段的执业质量。主要内容包括是否实施分级复核审计工作底稿、有无隐瞒影响出具审计结论的重大事项与重大差异;检查工作底稿是否完整,有无在工作底稿上隐瞒影响审计结论的事项;检查与审计差异相关事项的调整是否正确;审计结论是否正确。

2. 对会计师事务所及注册会计师执业行为的监督

对会计师事务所及注册会计师执业行为的监督重点包括是否遵循了执业道德,是否具备应有的专业胜任能力,是否保持了客观独立性。

(1) 对会计师事务所执行行为的监督。主要内容包括内部质量管理是否规范,注册会计师是否严格按照审计准则、职业道德准则、质量控制准则和职业后续教育准则的要求执业;有无采取违规宣传,支付回扣,对客户或其他单位、个人进行胁迫、欺诈、利诱或降价收费等不正当方式招揽业务;有无违规允许其他单位和个人以本机构名义承办注册会计师业务；有无与客户存在利害关系应当回避而未予回避；有无泄露客户商业秘密；有无对其分支机构不加管理或管理不严出现执业质量问题；有无达不到法定办所条件或有关执业许可证规定条件而擅自执业。

（2）对注册会计师执业行为的监督。主要内容包括注册会计师有无与客户串通作弊，故意出具虚假报告的问题；是否给利害人造成重大经济损失或产生恶劣社会影响；是否按照中国注册会计师审计准则、职业道德准则、质量控制准则和职业后续教育准则的要求执业；有无允许他人借用本人名义申办事务所、执业的问题；有无泄露客户的商业秘密；有无与客户存在利害关系应当回避而没有回避的行为；有无向客户索取、收受业务约定书约定以外的酬金或其他财务，或者利用执业业务之便谋取其他不正当利益的行为。

此外，作为注册会计师行业主管部门，财政部门对会计师事务所的监督是全方位的，检查内容还包括事务所的设立条件、业务报备、内部质量控制和会计信息质量等情况，如通过事务所内部管理及质量控制方面的检查结果，可以发现事务所内部管理方面的问题，使事务所提高内部质量控制水平；对业务报备系统的定期检查，可以督促事务所及时完整地上报业务信息，为实施网上监控提供真实可靠的基础数据；对事务所内部会计信息质量的检查，可以规范事务所的业务收费，杜绝事务所利用回扣、请客送礼和提成等违规方式招揽业务，为事务所提供一个公平竞争的环境。因此，对上述事项的检查，有利于促使事务所切实加强质量控制、提高执业水平，应与对事务所执业质量的检查有机地结合起来，全面提高注册会计师行业行政监督水平。

（二）注册会计师行业行政监督的组织实施

1. 明确责任分工

《财政部关于落实注册会计师行业行政监督职责若干问题的通知》、《会计师事务所监督检查工作规程》等有关文件已经基本明确财政部、地方财政部门、专员办和注册会计师行业行政监督方面的职责分工。地方财政部门可按照属地化原则,负责当地会计师事务所,重点是中小事务所的监督工作。专员办根据财政部的统一部署,重点强化对具有证券从业资格会计师事务所的监督。这种职责分工既发挥了专员办中央财政监督的作用,又能有效发挥地方财政部门日常监督的作用。

2. 科学选取检查对象

按照《国务院办公厅关于推广随机抽查规范事中事后监管的通知》要求,财政部结合会计师事务所业务分部、质量控制和内部管理等情况,分类确定对会计师事务所实施监督检查的频率和方式,同时在检查对象的选择上还应遵循以下原则:一是结合日常监控,根据日常监控所掌握的线索如投诉举报、业务报备等,有针对性地选择事务所进行重点检查。二是"抓两头、带中间",重点关注具有证券从业资格的大型事务所和中小事务所,在中小事务所中要重点关注多次受到投诉举报、当地社会反应较大的事务所,内部质量控制薄弱的事务所,未按规定进行业务报备且拒不改正的事务所,低价争揽业务、盲目扩张的事务所。

3. 确定检查方式

通过多年来开展会计监督的实践,财政部门开展会计师事务所执业质量检查主要有两种方式:一是从会计信息质量检查入手,延伸检查会计师事务所执业质量。此种方式的优点是检查的针对性强,能够集中、系统地反映某个行业或某种类型企业的问题,缺点是难以发挥对会计师事务所日常监控的作用。二是直接从会计师事务所执业质量检查入手,延伸检查部分被审计企业。此种方式有利于集中政府监督资源,提高监督效率,有利于对事务所整体执业质量进行评价,缺点是选取延伸检查企业的难度大。

4. 准确把握注册会计师的执业特点

注册会计师执业的专业性强,审计技术复杂,因而判断鉴定注册会计师的审计责任难度较大,在检查中要准确把握注册会计师的执业特点,合理区分会计责任和审计责任。因此,首先,要延伸抽查或调查被审计企业财务资料,明确企业的会计责任,从而印证审计结论正确性及其执业质量,确定注册会计师出具错误审计结论的审计责任。其次，要审查注册会计师是否按审计准则要求履行必要的审计程序、获取必要的审计证据，确定注册会计师的审计责任。检查中要注意把握两点：

（1）明确区分会计责任和审计责任，避免将会计责任简单等同于审计责任。企业进行会计造假肯定要承担社会责任，但有会计责任不一定存在审计责任，注册会计师审计是抽样审计，不可能发现全部审计错误和舞弊，关键要看事务所是否实施了必要的审计程序，是否存在审计过失或故意。

（2）认定审计责任要结合违规情节和危害后果，避免抛开会计责任孤立地认定审计责任。企业会计违规问题的轻重和危害后果，也是判断事务所审计责任大小和处理处罚定性时考虑的重要因素，不宜仅孤立地考虑审计责任，仅以审计程序的缺失程度来认定事务所审计责任。

5. 借助信息化手段强化日常监督

日常监督是指对注册会计师和会计师事务所的资格条件、内部管理、质量控制和执业情况等进行日常性的跟踪和分析，为重点检查提供基础信息，防范和抑制注册会计师和会计师事务所的违法违规行为，促使会计师事务所和注册会计师自觉增强风险意识和质量意识，提升执业质量。财政部组织建立了"财政会计行业管理系统"，并在此基础上扩展了"会计监督检查系统"，收集会计师事务所和注册会计师的相关信息，并提供数据分析和预警等功能，加强财政部门对会计师事务所的日常管理。

6. 进行走访约谈和现场调查

定期到事务所走访或进行约谈，深入了解事务所的内部管理和质量控制情况。通过召开座谈会、通报会等方式对事务所在贯彻执行会计审计准则和保障国家重大财税政策实施方面提出要求、加强指导，充分发挥事务所的审计辐射作用。根据日常监督中发现的线索、疑点和问题，及时到事务所、企业及相关单位开展现场调查，通过查阅资料、询问当事人等方式，核实相关情况。将监督关口前移，每年选择部分重点审计大户，深入事务所审计现场调查了解情况，督促一线审计人员切实增强风险意识、发挥审计把关作用。

7. 积极探索质量评价

根据对事务所日常监督和专项检查情况，对事务所内部管理、质量控制、执业情况等做出综合评价，并根据综合评价情况对事务所进行分级管理，将综合评价较差、质量控制薄弱或风险意识淡薄的事务所列为重点检查对象。

第五节 金融监督

一、金融监督概述

本章所指的金融监督是财政部门所开展的金融监督，主要包括对金融企业实施的财务监督，对金融国有资产实施的资产监督，对政策性金融业务和政府外债实施的监督，制定并实施财政金融政策等。这里所指的金融企业包括银行、信托投资公司、保险公司、证券公司、农村信用合作社、财务公司、金融资产管理公司、邮政储蓄银行和金融租赁公司等。

"十三五"规划提出：加强金融宏观审慎管理制度建设，加强统筹协调，改革并完善适应现代金融市场发展的金融监管框架，明确监管职责和风险防范处置责任，构建货币政策与审慎管理相协调的金融管理体制。因此，财政部作为宏观经济管理部门，是国有金融机构的主要出资人，改革金融监管框架，有利于促进金融企业规范管理、优化信贷资源配置，强化金融对经济社会发展重要领域的支持；有利于全面建立健全金融风险预警机制，防范金融风险转化为财政风险，确保国家的金融安全和经济秩序稳定；有利于促进财政政策与货币政策有效结合，保证金融改革和财税改革协同推进。

金融监督的总体目标是：全面正确履行市场监管职能、提高会计信息质量、防范化解金融风险、维护金融体系的稳定与安全、保护公平竞争和金融效率的提高、保证中国金融业的稳健运行和货币政策的有效实施，建立健全日常监管和重点检查有机结合的监管机制。

二、金融企业监督

(一) 金融企业财务监督

金融企业财务监督是指财政部门为规范金融企业财务行为，促进金融企业发展、防范金融企业财务风险，制定相关财务规章制定、指导并监督金融企业执行财务规章制定情况等一系列活动的总称。

根据有关规章制度，财政部门负责拟订金融企业财务管理制度，并依法制定、管理和监督本级金融企业的财务管理工作。《金融企业财务规则》明确规定，财政部门对金融企业的管理职责主要包括监督金融企业执行《金融企业财务规则》及其他的财务管理规定，指导、督促金融企业建立健全内部财务管理制度；指导、督促金融企业建立健全财务风险控制体系，监测金融企业财务风险及其运营状况，监督金融企业的财务行为；加强金融企业财务信息管理，实施金融企业财务评价；监督金融企业接受社会审计和资产评估；制定并实施促进金融企业改革和发展的财政、财务政策；有关法律、行政法规规定的其他财务管理职责。

1. 财政部门对金融企业财务监管的模式

随着金融国有资产管理体制改革的深入，财政部门对金融企业财务监管的模式发生了重大转变，除对国有及国有控股金融企业行使国有资本出资人的职能以外，金融企业财务监督更多地体现在履行社会职能上。

(1) 完善制度，提升金融企业的财务管理水平。随着我国金融业对外开放步伐加快，国有金融机构改革逐步深化及新会计准则的实施，财政部先后发布了《企业会计准则》、《金融企业财务规则》、《金融企业财务规则——实施指南》，进一步完善了金融企业财务管理制度，为金融企业依法自主经营提供了有力保障，促进了金融企业财务管理的规范化、科学化、法制化、信息化。

（2）从行政审批模式转变为引导金融企业自主加强财务管理。《金融企业财务规则》废止了原有财务制度在成本、费用及资产等方面的规定，提高了企业财务管理的自主权。具体内容包括减少财政部门对金融企业财务活动的限制和干预，为不同类型金融业营造公平的竞争环境；明晰金融企业投资者、经营者及其职能部门的财务管理职权；改革财务分配制度，建立职工激励机制；督促金融企业建立健全内部财务管理制度。

（3）强化国有金融企业财务风险监管。明确要求金融企业建立健全包括识别、计量、监测和控制等内容的风险控制体系；规范国有银行自主减免表外信息，确保国有银行最大限度地回收不良贷款；加强金融企业财务信息的管理，规范国有商业银行财务会计信息的披露行为；加强国有金融企业股份制改造过程的财务监管，重点关注股份制改造过程中国有资产评估结果的核准、清理和核销不良资产等事项，及时消化国有金融企业历史包袱；建立健全金融企业财务报表统计分析制度，加强对金融企业财务风险的监控和分析。

（4）加强对国有金融企业的绩效考核。建立以国有金融资本保值增值率为核心的国有金融企业经营业绩考核评价制度，促进国有金融企业完善公司治理和内控机制，提升金融企业盈利能力。

2. 金融企业财务监督内容

（1）会计信息监督。主要内容包括是否按照《会计法》、《企业会计准则》和《金融企业财务规则》等依法进行会计核算；经营业务范围的各项收入和其他营业收入、营业外收入等，是否在依法设置的会计账簿上按照国家有关规定统一登记、核算，是否存在隐匿、转移、私存私放、坐支或擅自用于职工福利；企业的费用是否实行专户核算，按规定据实列支；利润是否真实、完整，是否存在人为调整利润，利润分配是否符合国家规定；监督金融企业提供的财务会计报表的真实性、完整性；会计要素的确认和计量、会计处理是否正确；中央管理的国有及国有控股商业银行自主减免表外信息是否符合条件、手续是否规范、是否存在道德风险、账务处理是否正确等。

（2）金融企业内控制度监督。主要内容包括是否按照规定建立健全了资金管理、资本运营、成本控制、收益分配等方面的内部财务管理制度；是否按照规定设置了独立并相互制约的财务管理部门，督促金融企业建立健全内部管理制度。

（3）资金筹集监督。主要内容包括金融企业筹集的资本金是否符合国家有关资本管理的规定；是否聘请会计师事务所验资并向投资者出具出资证明；金融企业接受非货币资产出资，是否按规定进行评估作价，财务处理是否正确；金融企业取得国家投资、财政补助等财政资金，是否按规定入账。

（4）财务风险监督。主要内容包括是否按照《金融企业财务规则》的规定和内部财务管理制度的要求，建立健全了包括识别、计量、监测和控制等内容的财务风险控制体系，明确财务风险管理的权限、程序、应急方案和具体措施；是否建立了规范有效的资本补充机制，业务规模和资本规模是否相适应，资本充足率、偿付能力等是否满足法律法规的要求；金融企业是否按照风险程度对表外业务进行授权并严格按照授权执行，是否存在违规操作；金融企业及其分支机构代账准备提取比例是否适当、是否按规定范围计提及使用、账务处理是否正确等，对金融企业财务风险状况进行分析评价。

（5）财务评价。主要内容包括对金融企业资本充足状况、偿付能力状况、资产质量状况、盈利状况等进行分析评价，综合反映金融企业财务管理和资产运营质量。

（6）财税政策执行情况监督。主要内容包括适应财政宏观调控、服务社会经济发展的需要，围绕财政金融中心工作，跟踪了解金融企业执行国家重大财政金融政策情况，研究分析政策的执行效果和存在的问题，提出进一步完善相关政策的意见及建议，为财政部门宏观决策提供参考。

3. 监督方法

（1）开展财务检查。以金融企业会计信息质量检查为切入点，对金融企业会计信息质量进行检查，全面掌握金融企业财务状况，促进金融企业加强财务管理，提高会计信息的真实性、准确性和完整性。

（2）专项检查。针对财务管理的特定事项和金融企业财务管理的薄弱环节，如对中央管理的国有及国有控股商业银行自主减免表外信息情况等进行专项检查，以达到掌握情况、加强管理的目的。

（3）专项调研。针对财务管理的特定事项和财税政策执行情况，开展专项调研，以掌握情况。

（4）分析评价。对金融企业出具的财务报告进行分析评价，对其财务管理风险状况及经营成果出具分析报告，达到分析预警的成效。

4. 违规处理

对金融企业违反财务管理规定的，财政部门责令其限期改正，或予以通报批评。对金融企业不按规定建立内部财务管理制度，或内部财务管理制度与国家法律、法规和统一的财务管理规章制度相抵触且不按财政部门要求改正的，不按规定提供财务信息及拒绝、阻挠依法实施财务监督的，由财政部门责令限期改正，并对金融企业及其责任人和其他直接责任人给予警告。对不属于本部门职责范围的事项依法移送相关部门。

（二）金融企业资产监督

金融企业资产是指金融企业由过去的交易或者事项所形成、由金融企业拥有或者控制、预期会给金融企业带来经济利益的资源，包括流动资产、贷款、长期投资、固定资产、无形资产和其他资产等。我国的金融资产，从行业构成看，银行类企业资产占绝对主体地位；从所有制性质看，国有金融资产占绝对主体地位；从行政级次看，中央级金融企业资产占绝对主体地位。

1. 国有金融资产监督内容

（1）国有金融资产的基础管理监督。目前，财政部门开展的对金融机构国有资产基础管理工作的监督包括资本金权属界定、产权登记，国有资产清产核资、评估、转让的核准与备案，以及国有股权管理工作等。

（2）国有金融资产评估、转让、处置监督。主要内容包括：一是国有金融资产评估监督。省级以上财政部门负责对在我国境内依法设立，并占有国有资产的金融企业、金融控股公司、担保公司的金融资产评估工作进行监督检查，必要时可以对资产评估机构进行延伸检查。监督的主要内容是金融企业是否建立健全资产评估管理制度，是否存在应当进行资产评估而未进行评估、应当申请资产评估项目核准或者备案而未申请、委托没有资产评估执业资格的机构或者人员从事资产评估的，或者委托同一中介机构对同一经济行为进行资产评估、审计、会计业务服务等问题；资产评估过程及资料是否真实完整、有效等。资产评估机构或者人员在金融企业资产评估中违反有关规定的，由省级以上财政部门依法进行处理、处罚，及时向相关监督部门通报；省级财政部门每年将对本地区金融企业上一年度资产评估工作的监督检查情况、存在的问题及处理情况报财政部。二是国有金融资产转让监督。财政部门对金融机构国有资产转让的监督主要包括四个方面：监督金融企业国有资产转让交易是否符合公平公开、保障职工及债权人的合法权益、保护固有资产安全等原则；监督金融企业国有资产转让是否符合规定的程序，并对交易过程进行跟踪监督；监督产权交易机构在国有资产转让中执行国家有关政策规定情况；收集、汇总、分析和上报金融企业国有产权转让信息，并对信息真实性进行监督。

（3）金融企业国有资本保值增值监督。为了加强对金融企业国有资本的监督管理，反映金融企业国有资本运营状况，规范金融企业国有资本保值增值结果确认工作，维护国家所有者权益，财政部先后制定下发《金融企业国有资本保值增值结果确认暂行办法》等，以加强金融企业国有资本保值增值监督。根据《金融企业国有资本保值增值结果确认暂行办法》，财政部对金融企业国有资本保值增值监督的主要内容包括金融企业和地方财政部门上报的保值增值资料是否真实、完整和准确，是否存在提供虚假会计资料等问题；国有资本保值增值结果计算是否符合规定程序，各项增减变化因素是否真实，是否真实反映了国有资本运营结果，对金融国有资产总体运营状况进行监督分析和评价。

（4）抵债资产监督。抵债资产是指银行依法行使债权或担保物权而受偿于债务人、担保人或第三人的实务资产或财产权利。按照《银行抵债资产管理办法》规定,财政部门应当加强对当地银行抵债资产收取、保管和处置情况的监督检查,财政部派出机构负责对当地中央的金融企业分支机构抵债资产收取、保管和处置的监督管理。主要内容包括是否截留抵债资产经营处置收入,擅自动用抵债资产的,未经批准收取、处置抵债资产的;恶意串通抵债人或中介机构,在收取抵债资产过程中故意高估抵债资产价格,或在处理抵债资产过程中故意低估价格,造成银行资产损失的;玩忽职守、怠于行使职权而造成抵债资产毁损、灭失;擅自将抵债资产转为自用资产的;其他在抵债资产的收取、保管、处置过程中的违规行为。

(5) 呆账核销监督。财政部派出机构负责对当地中央直属国有金融分支机构呆账核销的监督管理。主要内容包括金融企业是否建立呆账责任认定和追究制度,是否查明核销呆账的形成原因,明确相应的责任人并进行处理;各总行(总公司)是否按照呆账发生和呆账核销审批的有关情况建立呆账责任人名单汇总数据库;金融企业是否完善呆账核销授权机制,是否健全呆账核销制度,是否建立呆账核销责任追究制度,对呆账没有确凿证据证明,或者弄虚作假向审核或审批单位申报核销的,是否追究有关责任人的责任;对呆账损失责任人不落实而予核销的,是否追究批准核销呆账的负责人责任。财政部派出机构对金融企业不符合规定条件、没有确凿证据证明和弄虚作假核销呆账,以及应当核销呆账而不核销、隐瞒不报、长期挂账等不符合规定的,应当及时进行制止和纠正,对金融企业进行处理和处罚,同时责成金融企业严肃处理相关责任人,并将有关情况在金融企业范围内进行通报。

(6) 固定资产监督。监督金融企业是否按照财务管理制度规定,定期清查核实各类固定资产,固定资产账、卡、物是否相符,固定资产的构建是否及时入账,在建工程完工后是否及时办理竣工决算并及时入账,固定资产折旧政策是否符合规定并及时计提折旧,是否存在账外固定资产,固定资产处置后是否及时进行账务处理,固定资产的价值管理是否与实务管理一致等。

2. 金融资产监督方法

目前,财政部门对金融资产监督的方法主要包括日常监督与专项检查两类。其中,对呆账核销情况进行专项抽查和结合会计信息质量检查对金融企业国有资产管理情况进行全面检查是常用的两种形式。

对金融企业呆账核销检查是财政部派出机构的一项重要日常监管工作,每年累计检查覆盖面原则上不低于金融企业每年核销呆账金额的20%。通过检查,确保金融企业呆账核销符合规定,呆账形成的原因查清,有关责任人得到应有的处理,相关管理制度得到完善和加强。

结合会计信息质量检查对金融企业国有资产管理情况进行全面检查是对国有金融资产监督检查的一种重要方式,其优点在于对金融企业信贷资产、固定资产、抵债资产等管理情况、存在的问题进行全面检查和分析,有助于财政部门全面深入了解情况,完善制度。目前,财政部派出机构主要是结合会计信息质量检查,对金融企业信贷管理、执行资产管理制度等方面进行检查,通过加强信贷管理,提高信贷资产质量。

(三) 政策性金融监督

政策性金融是政府为间接干预经济、弥补"市场失灵",以特殊政策配置金融资源的方式。我国政策性金融的功能作用主要体现在处置国有银行政策性不良资产和政策性信贷、出口信用保险等领域。政策性金融是政府信用的表现形式,其行为与财政活动相联系,并共同为满足公共需求服务。

1. 政策性金融监督内容

(1) 政策性银行监督。主要内容包括:一是资产财务监督。政策性银行的资产财务除按照《会计法》等相关规定进行核算和管理外,其费用率和固定资产构建等还必须符合财政部相关规定。

财政部对政策性银行的财务实行计划管理,政策性银行每年将年度财务计划和财务决算上报财政部审批,财政部主要批复业务管理费用率(或费用额）、实现利润（或损失）、利差补贴、固定资产购建资金、呆账准备金提取和坏账核销计划等六个指标。财政部对政策性银行的业务管理实行绝对额或费用率控制，对固定资产构建资金按年度实行绝对额控制；财政部根据当年财政预算平衡的要求和政策性银行贷款的规模、利率、期限及其他因素，核定政策性银行或承办政策性贷款的利差补贴。

财政部负责对政策性银行全系统的财务管理、会计核算、计划执行、利差补贴拨付以及决算编报等进行监督管理，财政部派出机构对当地政策性银行分支机构执行财务制度情况进行日常监督；对上级行下达的财务指标的执行情况以及对《金融保险企业财务制度》规定按比例控制的费用开支项目进行财务监管；对年度决算出具审查报告和提出处理意见。对未按权责发生制原则和财务制度规定核算，没有纳入损益的应收利息和应作纳税调整的计税工资，由财政部派出机构审查后上报财政部处理；对当地政策性银行分支机构申报的非常损失进行调查核实和签署意见；对政策性银行的国有资产的保值增值情况进行监督。

二是政策性业务监督。监督政策性银行是否在国务院规定的范围内开展业务，发放的政策性贷款是否符合国家的经济政策和产业政策；是否建立健全贷款发放、项目管理和监督的内部控制制度，认真做好贷款项目条件评审和财务评估，做好贷前调查、贷中审查和贷后检查，落实抵押担保措施，确保政策性信贷资金的安全，按期回收贷款本息等；是否存在将非政策性贷款列入政策性贷款核算；中国农业发展银行的粮棉油购销贷款资金是否封闭运行，粮棉油销售后是否及时足额收回资金；政策性亏损挂账金额是否真实准确、核算是否合规；政策性贷款形成的呆账核销是否合规；申报的利差补贴是否真实准确，使用是否合规，是否存在虚报冒领财政补贴资金等问题。

（2）资产管理公司监督。主要内容包括：一是资产财务监督。根据资产管理公司管理和处置的不良资产类型，财政部对资产管理公司的资产财务监督可以分为两个阶段。第一阶段是自1999年资产管理公司成立至2006年底，资产管理公司以政策性业务为主，主要处置政策性收购的银行不良资产，财政部根据《金融资产管理公司不良资产处置考核办法》对资产管理公司实行目标责任制考核，对其财务实行计划管理。金融监督的主要内容是监督资产管理公司按照会计制度进行财务核算，对其不良资产、现金回收等目标完成情况及财务费用开支是否符合规定进行监督检查。第二阶段是商业化转型过渡阶段和转型后的资产财务监督。2007年以来，资产管理公司以商业化资产处置为主，政策性业务与商业化业务混营。财政部目前正组织对资产管理公司政策性业务和财务收支进行清分，厘清政策性资产处置损失，对资产管理公司进行财务重组和商业化转型。财政部对商业化转型后资产管理公司财务监督，主要是从社会管理者的角度，对其财务管理情况和财务报告真实性、完整性等进行监督检查。

二是资产处置监督。财政部及其派出机构对资产管理公司资产监督随着资产管理公司业务类型变化而不断调整，2008年7月以前，根据《金融资产管理公司资产处置管理办法》规定，资产管理公司办事处的资产处置方案应报财政部派出机构备案，逐月向财政部报告资产处置进度，财政部派出机构可根据需要列席办事处资产处置审核会议，定期或不定期组织对公司及办事处资产处置审批程序的合规性和处置结果进行抽查。为适应金融资产管理公司商业化转型的需要。2008年7月，财政部修改下发《金融资产管理公司资产处置管理办法》，明确财政部及其派出机构对资产管理公司资产处置监督是对资产处置过程的合规性和处置结果进行抽查，检查的主要内容是：是否存在未经规定程序审批同意，放弃公司应有、应得权益；超越权限或未经规定程序审批同意擅自、回收资产和处置收入；任意夸大或缩小资产损失；玩忽职守，造成债务人逃废债务，加大资产处置风险和损失；内外勾结，串通作弊，压价处置资产；抵债资产管理不善，擅自使用，造成资产损失；谋取小集体利益和个人利益；其他因自身过错造成资产损失的行为等。

（3）金融政策执行情况的监督。为支持经济发展，我国出台了一些金融扶持政策，如种植业保险保费补贴、养殖业保险保费补贴、小额担保贷款财政贴息等，财政部门负责对政策执行情况和补贴资金进行监督检查。

2. 监督方法

（1）日常监管。通过审计、统计、分析、评价等方式实施政策性金融监督。

（2）专项检查。各级财政部门不定期对金融系统实施的保费补贴、财政贴息等专项资金开展监督检查，对检查中发现的问题及时处理和反映，确保贴息政策落到实处。主要内容包括：对各地开展的种植业、养殖业中央财政保险费补贴资金的使用情况、补贴险种的投保规模（数量）、投保率、风险状况和经营结果等情况进行检查；对小额担保贷款财政贴息资金和农村信用社保值贴补息申报、管理、使用进行检查等。

（3）调查分析。通过对政策执行情况等进行专项调查，跟踪分析政策执行情况和成效，发现存在的问题，提出意见和建议。

三、国际金融组织和外国政府贷款的监督

《国际金融组织和外国政府贷款赠款管理办法》规定，财政部负责对国际组织和外国政府贷款、赠款活动进行政策指导、协调与监督。2003年，财政部印发《国际金融组织贷（赠）款项目执行监督检查办法》，建立了全国财政部门定期开展项目检查机制，明确规定财政部门作为国际金融组织贷（赠）款的对外窗口和对内归口管理部门，应对所有国际金融组织贷（赠）款项目的执行过程进行监督检查，以保证贷（赠）款项目高质量地实施，贷（赠）款资金正确有效地使用，贷款债务按时足额地归还。2008年初，财政部印发《国际金融组织和外国政府贷款还贷准备金管理暂行办法》，要求使用贷款的省级政府应当建立还贷准备金，明确省级财政部门作为本级政府贷款的债权债务代表，负责设立并管理本地区贷款的还贷准备金，并赋予财政部对还贷准备金的建立和使用情况进行监督和检查。2011年9月26日，财政部制定《外国政府贷款项目监督检查办法》，规范和加强对外国政府贷款项目的监督

检查，督促各有关机构严格遵守制度规定，防范和纠正违规行为，提高贷款资金的使用效益。

（一）监督检查主要内容

1. 项目前期准备情况

贷款项目是否按照相关规定履行报批手续，是否存在"化整为零"申报项目、虚报项目投资概算、将已完工项目或正在施工项目重新上报以及以非项目法人名义申报项目的问题，是否存在擅自将国际金融组织和外国政府贷款项目换作其他项目的问题；各级财政部门在贷款投向、转贷安排、债务落实、风险分析、配套资金落实等方面是否认真履行职责，是否存在将已获得批准的内资项目资金置换为国际金融组织或外国政府贷款的问题；转贷银行对转贷项目的借款人资格、市场需求、项目建设条件、生产条件、财务状况、贷款风险等开展贷前评估情况。

2. 项目管理实施情况

财政部门对国际金融组织和外国政府贷款项目实施情况的监督检查主要包括三个方面。

（1）项目管理制度的建立与执行情况。贷款项目主管部门、地方财政部门、转贷银行、项目单位等是否严格履行监管职责，是否对贷款项目进行有效管理和监督；省级财政部门是否制定了贷款项目管理制度，是否对贷款项目资金、财务、债务管理工作进行指导与监督；其他各级财政部门是否对项目执行情况进行监督检查，是否及时解决项目实施过程中出现的问题；是否按照有关规定管理贷款项目，是否及时报送项目进度报告、财务报表及审计报告；转贷银行是否做好贷中检查和贷后跟踪，实时掌握项目进展情况，是否严格把关，加强资金管理，确保资金安全。

（2）项目单位财务管理情况。项目单位是否建立健全各项财务管理制度并严格执行；贷款项目的财务管理和会计核算是否符合有关规定；项目是否按贷款协议规定的内容实施，有无擅自改变项目内容。

(3) 其他管理情况。贷款项目是否按照协议规定进行采购；招标采购是否遵守了有关法律法规；招标采购是否真实，采购的设备、物资等是否存在或用于项目，是否确为项目所需，账实是否相符；有无擅自挪用、变卖贷款资金购置的设备和物资；是否存在项目单位、采购代理公司、供货商相互串通，进行虚假采购的问题。

3. 贷款资金管理使用情况

项目单位是否按照协议要求报账使用贷款资金，有无以虚报、冒领或其他手段骗取贷款资金，有无将其他项目款项混入贷款项目进行报账；对外国政府贷款项目重点检查转贷银行、采购代理公司等贷款资金支付、审单机构是否履行职责，对申请付款的有关单证是否进行严格审查，是否存在项目单位与供货商联手造假、提供虚假单证的问题；对世界银行贷款项目，重点审核项目单位提款申请表申请支付的贷款资金是否真实发生，是否存在提供虚假证明文件的问题，有无从专用账户支付不符合规定的费用；项目单位有无滞留、截留、挪用贷款资金或擅自改变贷款资金用途；有无将项目结余资金挪作他用或未重新上报审批安排到其他项目；贷款项目协议要求的配套资金是否落实到位；有无挪用配套资金；要求专户存储的贷款资金是否专户存储等。

4. 其他方面

监督内容包括各级财政部门是否建立还贷准备金制度并纳入预算管理；债务人在运用金融工具保值避险时，是否建立健全了相关申请、审批和风险内控制度；项目单位是否存在借资产重组、企业改制或兼并破产逃废债务的问题。

(二) 违规处理

各级财政部门在监督检查中所发现的问题，除了应及时向上级部门报告外，均应及时采取有效措施，限期予以解决和纠正。涉及招标采购、资金拨付与使用、配套资金的提供、无故拖欠债务等项目执行本身的问题，以及其他一些违反国际金融组织规定和国内相关规定的问题，可采取暂停贷（赠）款资金支付、收回提款签字权、要求退回已支付资金等惩罚性措施，以督促问题的尽快解决。

（三）国际金融组织和外国政府贷款项目绩效评价

绩效评价，是指运用科学合理的评价方法、评价标准以及评价指标，对国际金融组织和外国政府贷款项目的前期准备、审批管理、执行过程、完成结果以及效益、作用和影响所进行的全面、系统的监测、考核、分析、总结和反馈。为客观、公正、科学地评价外国政府贷款项目的实施效果与影响，进一步规范和加强外国政府贷款管理工作，促进外国政府贷款项目管理效能的提高和可持续能力的增强，财政部于2008年2月制定《外国政府贷款项目绩效评价暂行办法》，2013年2月，制定《国际金融组织贷款赠款项目绩效评价管理办法》，对国际金融组织和外国政府贷款项目的绩效评价原则、内容等做出了明确规定，并逐步建立了一套比较完善的绩效评价体系。

1. 外国政府贷款的绩效评价

外国政府贷款项目绩效评价包括以贷款项目个体为评价对象的绩效评价和以省级财政部门管理的贷款项目整体为评价对象的绩效评价两类。财政部统一管理和协调全国外国贷款项目绩效评价工作，负责制定外国贷款项目绩效评价办法和评价指标体系，并负责地方整体项目的绩效评价工作；外国政府贷款具体绩效评价项目由财政部确定；财政部派出机构按属地化原则负责所在地中央贷款项目的绩效评价工作；省级财政部门负责本地区单个贷款项目的绩效评价工作。

外国贷款项目绩效评价的范围从贷款协议生效之日起到贷款偿还结束之前的所有贷款项目，每年开展一次。单个项目绩效评级重点考核个体贷款项目预期目标的实现程度、经济社会效益和影响、贷款项目执行单位债务偿还等情况；地方整体项目绩效评价重点考核各省（区、市）贷款项目整体实施效果、债务偿还情况以及省级财政部门的管理水平等。

省级财政部门和财政部派出机构负责对地方及中央项目执行单位报送的信息资料和情况说明的监督；省级财政部门和财政部派出机构根据单个项目绩效评价中发现的问题，及时提出改进和加强贷款项目管理的意见，并负责督促贷款项目执行单位落实。

2. 国际金融组织贷款的绩效评价

国际金融组织贷款项目的绩效评价工作由财政部统一领导，中央部门和地方财政部门分级管理。财政部作为项目绩效评价的统一管理部门，其主要职责包括制定绩效评价管理制度、操作规范和参考性评价指标体系；指导、监督和考核中央部门和省级财政部门的绩效评价工作；根据需要选择部分未做过绩效评价的项目进行绩效评价或选择部分已做过绩效评价的项目进行再评价；综合分析项目绩效评价结果，提出改善项目管理的意见或建议，推动绩效评价结果应用；建设、维护项目监测与绩效评价信息网络，汇总、整合、传播项目绩效评价信息与成果；推进全国财政系统绩效评价能力建设工作；与国际金融组织开展绩效评价方面的交流与合作等。中央部门、地方财政部门分别负责本部门、本地区的绩效评价管理工作，其主要职责包括制定本部门、本地区的绩效评价实施细则；编制本部门、本地区绩效评价年度工作计划，并报财政部备案；在项目前期准备阶段审核并向财政部报送项目绩效目标；组织实施本部门、本地区的绩效评价工作，并将评价报告报送财政部备案；提出绩效评价结果应用建议，针对项目绩效评价中发现的问题，督促落实整改措施；依法公开绩效评价结果，提高绩效评价信息透明度；开展本部门、本地区的绩效评价能力建设；配合、协助财政部组织实施的绩效评价工作；协助财政部建立和维护项目监测与绩效评价信息网络，并按要求向财政部报送项目监测与评价的数据和资料等。

第六节 资产监督

一、资产监督概述

(一) 资产监督

行政事业单位资产监督是指财政部门为了规范行政事业单位资产管理行为,对行政事业单位国有资产管理各个环节进行的监督、控制、检查等活动的总称。

在我国,财政部负责制定政府公共财产规章制度并对其执行情况进行监督。财政部统一制定全国行政事业单位国有资产管理政策并监督贯彻执行,同时负责中央本级行政事业单位国有资产的监督工作;上级财政部门对下级财政部门的行政事业单位资产管理工作进行监督;本级财政部门对同级受托单位、行政事业单位的资产管理工作进行监督;驻地方中央事业单位国有资产分布在全国各地,具有范围广、不集中、监管难点大等特点,由财政部授权其派出机构进行监督。我国行政事业单位国有资产监督框架如图5-5所示。

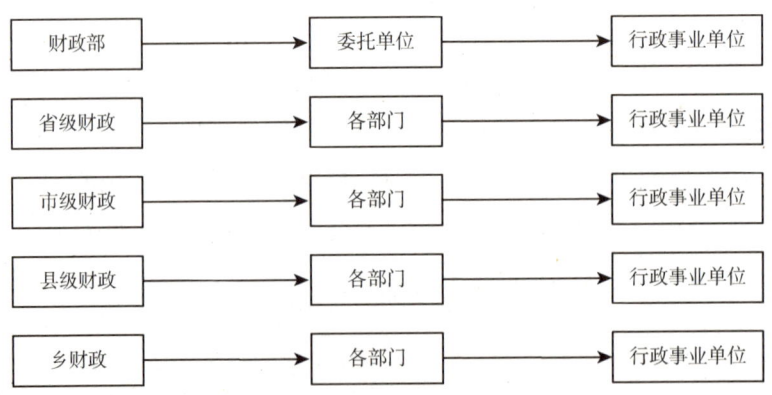

图5-5 我国行政事业单位国有资产监督框架

(二) 资产监督原则

1. 资产监督与预算监督相结合

行政事业单位国有资产绝大部分是由财政预算资金形成的，财政预算资金安排的科学性、规范性，预算安排的资金量，直接决定了资产配置数量、质量和不同单位之间资产配置的公平性、合理性。只有将资产监督与预算监督紧密结合起来，才能真正做好资产监督工作。同时，资产监督工作也是预算监督的一部分。有效开展资产监督工作，有利于及时提供准确、完整的资产统计报告、资产清查和财务管理有关数据资料，作为财政部门编制部门预算、配置资产的依据。因此，资产监督与预算监督相结合有利于深化部门预算改革，科学编制预算，强化预算监督。

2. 资产监督与财务监督相结合

资产监督是财务监督的有机组成部分，与财务监督密不可分。加强财务监督工作一项非常重要的内容，就是加强资产监督。同时，加强资产监督也有利于推动财务管理和财务监督工作，提高财务管理水平。如果将二者割裂开来，会导致资产监督与财务监督脱节，形成"两张皮"，既不能真正加强资产监督，也会影响财务管理和财务监督工作。因此，资产监督与财务监督相结合既是加强资产管理、促进资产合理配置和有效使用的客观需要，也是加强财务管理和财务监督、规范财务行为的有效手段。

3. 实务监督与价值监督相结合

实物监督与价值监督是资产监督工作的两个方面，实物监督主要侧重于保障实物资产的安全完整，价值监督主要侧重于账务核算和监督。账务监督为实物监督提供了依据，实物监督是账务监督的基础。实物监督与价值监督相结合的基本要求，是通过监督确保账实相符、账账相符、账卡相符。因此，实物监督与价值监督相结合既是保障国有资产安全和完整的客观需要，也是加强资产的会计核算、保证账实相符的有效手段。

二、资产监督的对象、内容和方式

（一）行政事业单位资产监督的对象

行政事业单位主要是指经机构编制管理部门批准成立、执行行政事业单位财务和会计制度的各类行政事业单位、社会团体，执行非营利组织会计制度、并与财政部门有经费缴拨关系的社会团体等单位。

根据我国的管理体制，从横向看，财政部门开展资产监督的行政单位主要包括国家党政机关、各民主党派机关、参照公务员制度管理的人民团体。从纵向看，包括从中央到地方各级党政机关及其相关部门，也包括垂直管理的行政部门的下属单位。开展资产监督的事业单位为各级各类事业单位，主要包括：科学研究单位、文化艺术单位、新闻出版单位、医疗卫生单位、教育单位、行业协会等。

（二）行政事业单位资产监督的内容

行政事业单位国有资产监督是个动态的过程。财政部门对行政事业单位资产的监督，涵盖资产配置、使用、处置等各个环节。

1. 行政事业单位资产基础管理监督

（1）监督产权登记。这一监督内容主要针对事业单位。事业单位国有资产产权登记是国家对事业单位占有、使用的国有资产进行登记，依法确认国家对国有资产的所有权和事业单位对国有资产的占有权、使用权的行为，从而明确事业单位国有资产产权登记的主体是国家，参与者是使用资产的事业单位，登记的内容主要是事业单位国有资产的产权状况。事业单位产权登记是施行事业单位国有资产管理的起点和基本手段，产权管理是资产管理区别于其他财务管理活动的主要特征。财政部门应对事业单位产权登记情况进行定期检查，通过检查可以及时反映事业单位国有资产产权变更和单位的基本情况的变化,使政府管理部门能够随时掌握事业单位资产的真实状况,为各项资产管理活动提供全面、准确的数据。

(2) 监督产权纠纷及处理。产权纠纷是指由于财产所有权及经营权、使用权等产权归属不清而发生的争议。行政事业单位国有资产产权纠纷的处理应本着实事求是、公正公平的原则依法进行。财政部门负责行政事业单位国有资产产权纠纷的调解或裁定,应加强对行政事业单位产权纠纷及处理的监督。

(3) 监督资产评估。资产评估是一项动态化、市场化的社会经济活动,是市场经济条件下客观存在的经济范畴。行政事业单位在配置、使用、处置国有资产过程中由于特殊情况需要进行资产评估。行政单位在取得没有原始凭证的资产,出现拍卖国有资产、有偿转让国有资产、置换国有资产等情形时需要评估国有资产;事业单位在整体或者部分改制为企业,以非货币性资产对外投资,合并、分立、清算,资产拍卖、转让、置换,整体或者部分资产租赁给非国有单位,确定涉讼资产价值等时需要进行评估。财政部门应对行政事业单位需要进行评估的情形、评估项目核准制和备案制的执行情况、资产评估机构的资质以及行政事业单位在评估过程中需要履行的义务等情况进行监督。

(4) 监督资产清查和资产报告。资产清查主要是指行政事业单位全面清查各类财产和债权债务,核实人员状况、收入渠道、支出结构及水平等基本情况,并按国家规定对清出的问题进行必要的账务处理和重新核实行政事业单位占有国有财产的工作。资产清查分两种情形,一种是根据国家或地方政府工作需要统一部署进行的资产清查;另一种是行政事业单位因特定行为需要而开展的资产清查。行政单位应当建立资产登记档案,并严格按照财政部门的要求做出资产报告。事业单位对所占有、使用的固定资产应当定期清查盘点,做到家底清楚,账、卡、实物相符,防止国有资产流失。财政部门应当加强对行政事业单位资产清查和资产报告情况进行监督。

2. 行政事业单位资产配置监督

（1）资产配置是否严格执行法律、法规和有关规章制度。行政事业单位资产配置是否严格执行法律、法规和有关规章制度，主要包括配置资产是否严格按照规定标准配置；配置资产是否严格遵守部门预算和国库集中支付制度的规定；配置资产是否执行政府采购政策和基本建设程序；配置资产是否严格执行财务会计制度规定。

（2）资产配置是否与行政事业单位履行职能需要相适应。行政事业单位资产配置是否以满足本单位履行职能的基本需要为原则，与行政事业单位的机构编制人数、职能设置、业务发展规划等要求相适应。

（3）资产配置是否科学合理、优化结构、勤俭节约、从严控制。行政事业单位应当按照科学、合理、节约、有效的原则配置资产。根据需要，科学合理地编制配置规划或计划，充分发挥存量资产的作用，避免重复配置。推动不同单位以及单位内部各部门之间调节使用、共享使用资金，对临时需要且能够通过市场租用的资产，就不要重新配置。财政部门按照以上原则加强资产配置监督，促进行政事业单位通过加强资产存量管理与增量配置管理，实现资产的优化配置，提高资产的使用效益。

3. 行政事业单位资产使用监督

（1）监督是否建立健全国有资产使用管理制度。行政事业单位应当根据国有资产管理的规章制度，结合本单位的实际情况，制定本单位内部资产管理的具体办法，从制度上保证国有资产安全和完整，提高利用效率，防止国有资产流失。财政部门着重监督行政事业单位是否建立资产购置审批、采购、入库登记、保管清查、领用交回、资产处置和报废审批、管理岗位奖惩、内部审计和考评、资产统计报告等制度。

（2）监督是否建立国有资产管理责任制。为加强资产管理工作，明确管理责任，行政事业单位应当建立资产使用管理责任制。行政单位国有资产管理责任制主要包括三个方面：一是建立单位法人代表制；二是建立资产管理专职人员责任制，负责规范账卡管理、实物管理和统计报告等资产管理的常规性、基础性工作；三是建立资产使用人责任制，按照资产使用地点，根据谁使用、谁管理的原则，建立岗位责任制，做到责权分明，层层负责。财政部门应加强对行政事业单位国有资产管理责任制建立和执行情况的监督检查。

重点监督内容包括行政事业单位是否建立健全国有资产使用管理制度，以规范国有资产使用行为；对占有、使用的国有资产是否建立规定资产卡片，并定期或不定期清查盘点，家底是否清楚，账、卡、实物是否相符；对占有、使用的国有资产以及资产的变动，是否依照规定申报并办理了产权登记；是否存在用国有资产对外担保，特别是无偿担保的问题；是否未经审批将占用、使用的资产进行抵押；是否存在资产被其他单位尤其是下属企业长期无偿占用的现象；行政单位是否通过变通形式用占有、使用的国有资产举办经济实体；事业单位是否存在乱用国有资产进行投资经营，以及违规转移、侵占国有资产的情形；行政单位此前已经用占有、使用的国有资产举办经济实体的，是否按照国家关于党政机关与所办经济实体脱钩的规定进行脱钩；尚未脱钩的，经济实体的经济效益、收益分配及使用情况是否得到有效监管；行政事业单位国有资产是否物尽其用，充分发挥其使用效益，是否存在低效运转、长期闲置的国有资产；国有资产的安全完整是否得到保障，使用中是否存在浪费、毁损、流失。

4. 行政事业单位资产处置监督

行政事业单位资产处置是指行政事业单位对其占有、使用的国有资产进行产权转让及注销产权的一种行为，包括资产转让、出售、置换、报废、报损等活动。对行政事业单位国有资产处置的监督，主要审查其处置范围、审批程序、处置方式、收入管理以及机构发生变动时的资产处置等是否符合规定。重点监督内容包括存在依照国家有关规定需要进行资产处置情形的，是否按照规定进行了处置；同时仍可正常使用、不应淘汰的资产，是否被提前进行了处置；处置国有资产是否严格履行了申报审批手续，是否存在未经批准自行处置等问题；申报资产报废报损是否真实可信，是否存在"假报损、真转移，假报废、真多占"的问题；资产处置报批前是否经由单位资产管理部门会同财务部门、技术部门审核鉴定并提出意见；较大处置项目需支付处置费用的，是否经过了审核批准；资产的出售与置换是否按公开、公平、公正原则，采取拍卖、招投标、协议转让以及国家法律法规规定的其他方式进行，是否存在未按规定方式处置、低价出售、无偿转让、自行调剂资产等问题；行政事业单位分立、撤销、合并、改制及隶属关系发生改变时，是否对其占有、使用国有资产进行清查登记，编制清册，报送同级财政部门审批、处置，并及时办理资产转移手续；行政事业单位为联合召开重大会议、举办大型活动等临时购置的国有资产，主办单位在会议、活动结束时是否按照相关法制制度报批后处置，有无占用、闲置或者不知去向等情况。

5. 行政事业单位资产收入监督

行政单位出租、出借的国有资产，其所有权性质不变，仍归国家所有，出租出借收入和资产处置的变价收入和残值收入，按照政府非税收入管理的规定，实行"收支两条线"管理。事业单位对外投资收益以及利用国有资产出租、出借和担保等取得的收入应当纳入单位预算，统一核算，统一管理；资产处置收入按照政府非税收入管理的规定，实行"收支两条线"管理。财政部门对实行"收支两条线"管理的行政事业单位国有资产收入进行监督，是否按照非税收入管理规定上缴同级财政部门，是否存在随意支配使用、私设"小金库"等问题。如财政授权其派出机构负责当地中央级事业单位国有资产处置收入的监缴工作。

(三) 行政事业单位资产监督的方式

1. 事前监督、事中监督和事后监督

事前监督是指在行政事业单位国有资产配置、使用、处置等管理活动发生之前，对有关预测、决策、措施、论证、合同等进行的监督，有利于防止计划、预测和决策失误而导致损失，为做好各项资产管理工作奠定基础。

事中监督是指行政事业单位国有资产管理活动过程所进行的监督，是一种日常监督。它主要通过对资产日常使用及其他管理活动的审查、复核，监督资产管理事项处理是否合理、合法。加强事中监督，能及时发现和纠正存在的问题，以尽量减少损失和不利影响。

事后监督是指对行政事业单位国有资产配置、使用、处置等管理活动的结果所进行的监督。主要通过对资产统计报告、会计报告、账簿、会计凭证的检查分析，找出问题和薄弱环节，研究提出改进意见和措施，建立健全各项制度，提高资产管理水平。

2. 日常监督和专项检查

（1）日常监督。日常监督是指依据有关法律、法规，对行政单位国有资产的占有使用行为和过程实施经常性的监督检查。当前，财政部门主要通过部门预算监管、国库集中支付监管、银行账户监管、政府采购监管等方式，从资产源头加强行政事业单位资产日常监管。

一是通过开展部门预算监管，进行行政事业单位国有资产监督。财政部门通过对部门预算编制、执行的审核与检查，对资产购置的合理性、必要性、实际数量、资金来源、购置方式以及资产处置的程序、价格、收入等进行监督，及时纠正违规行为。

二是通过开展财政国库集中支付监管，进行行政事业单位国有资产监督。对行政事业单位的资产购置，特别是基建工程支出，财政部开展了国库集中支付试点，对试点单位的资金支付通过财政部门国库集中支付系统予以统一进行，部分驻地方行政事业单位还需要经当地财政部派出机构进行事前审核。

三是通过开通银行账户监管，进行行政事业单位资产监督。银行账户是行政事业单位资金的载体，与财务收支、预算管理紧密相连。财政部门通过开展行政事业单位银行账户开设的审批、年检与专项检查，不仅确保了拨付到行政事业单位的财政资金安全、规范、有效使用，还通过关注银行账户的核算内容和异常资金流向,查处了账外资金、账外资产。

四是通过开展政府采购监管,进行行政事业单位资金监督。根据《政府采购法》,行政事业单位使用财政性资金采购集中采购目录以内或者采购限额标准以上的货物、工程,必须通过政府采购中心进行统一购买。各级财政部门通过政府采购监管,堵住资金采购环节漏洞,对政府采购的产品进行质量与价格的控制,保证购置资产的质量。

(2)专项检查。专项检查是指对行政事业单位的某一类资产或某些资产管理活动专门进行的监督。其内容和范围一般由监督的组织者决定,主要针对国有资产管理的某些薄弱环节和重要方面进行监督检查。

财政部门在对行政事业单位资产监督中,可以对行政事业单位管理、使用资产等情况进行监督检查。财政部发布的《行政单位国有资产管理暂行办法》、《事业单位国有资产管理暂行办法》、《行政单位财务规则》、《事业单位财务规则》等规章也对财政部门开展专项检查进行了明确规定。

一是根据资产监督工作的需要开展行政事业单位国有资产清查。按照规定的工作程序、方法和政策,进行账务清理、财产清查,并依法认定行政事业单位的各项资产价值。包括财务清理、资产清查、价值重估、损益认定、资金核实和完善制度等内容。通过这种方式可以全面掌握行政事业单位基本情况和财务情况,掌握行政事业单位国有资产实物量和价值量等信息,为编制部门预算,加强行政事业单位国有资产监督奠定坚实的基础。

二是通过开展会计信息质量检查开展行政事业单位资产监督。《会计法》从会计核算的角度规定了财政部门对行政事业单位资产核算等监督事项,是财政部门通过会计监督开展行政事业单位资产监督的最主要法律依据。通过开展会计信息质量检查,既能促进行政事业单位会计基础工作,提高会计核算的质量,更有利于促使行政事业单位加强资产管理。

第七节 财政内部监督

一、财政内部监督概述

（一）财政内部监督的含义

财政内部监督是财政部门的一种自身监督和对财政部门权力运行的制约措施，是财政部门惩治和预防腐败体系的重要组成部分，与财政外部监督和财政内部控制既有区别，又相互联系。

1. 财政内部监督的概念

财政内部监督是指财政部门统一领导、财政监督机构具体组织实施的对财政部门内部各业务管理机构和派出机构履行财政管理职责、内部控制运行以及财政部门本部门及所属单位预算、财务与资产管理、本部门内部控制等情况的监督检查。

2. 财政内部监督与财政外部监督的关系

财政内部监督与财政外部监督的基本目标一致，都是为了促进财政管理水平的提高和保障财政政策的顺利实施。但是，财政内部监督由于其独特的监督方式和模式，与财政外部监督又有所区别。一方面，监督主体不同。财政内部监督是财政部门统一领导、财政监督机构具体组织实施的对财政内部管理行为的自律性监督，是一种自我约束的内部管理行为；而财政外部监督则是对财政部门以外的客体实施的监督，其主体既包括财政部派出机构，又包括财政业务管理机构，具有明显的行政执法性质。另一方面，监督的直接目的有所不同。财政内部监督是通过监督检查及时发现财政内部管理中存在的问题，防范和化解财政内部风险，并通过一定的反馈程序来完善财政管理的各项规章制度和内部控制制度，促进财政部门依法理财、科学管理；而财政外部监督则是通过监督检查，必要时采取相应的处罚制度，督促被监督对象贯彻落实财政政策，严格执行各项财税法律、法规和规章制度，以及规范、安全和有效地使用财政资金。

3. 财政内部监督与财政内部控制的关系

财政内部控制，是指财政部门为合理保证财政管理活动的有效性、工作程序的规范性和法律法规的遵循性，而自行检查、制约和调整财政部门内部业务活动的各种方法和措施。财政部门的内部控制由内部控制环境、风险评估、内部控制活动、信息与沟通和监督检查五个方面构成。财政部门的内部控制体系框架见图5-6。其中，监督检查的主要形式即为财政内部监督。财政内部监督既是财政内部控制不可或缺的重要组成部分，又是内部控制的一种特殊形式，是对内部控制其他环节进行的监督评价，是对财政内部控制的再控制。财政内部监督通过监督控制环境、风险管理、控制活动和信息沟通的有效性，及时反映财政内部控制运行状况的相关信息，并提出改进财政内部控制的合理化建议，进而帮助本部门更有效地实现预期控制目标。

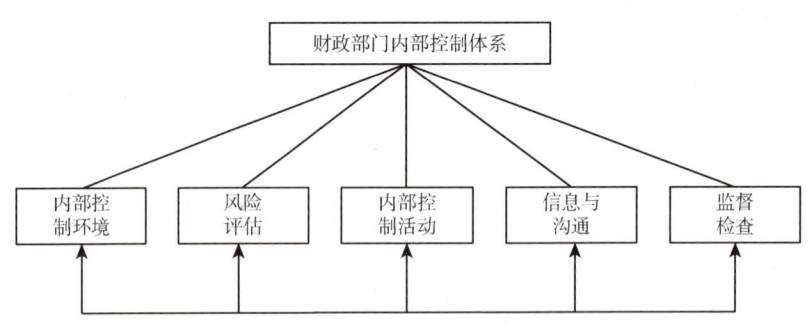

图5-6 财政部门内部控制体系框架

（二）财政内部监督的特征

财政内部监督的目标、职能和方式方法，相对于财政对外监督而言有其特殊性，具体表现为以下主要特征：

1. 管理控制性

财政内部监督的目标不仅仅局限于查错纠弊,更在于规范财政部门自身的财政管理行为,完善财政部门内部控制机制,促进财政部门全面履行工作职责,提高财政管理工作的整体效能。财政内部监督与财政部门内部控制关系密切,财政内部监督对财政部门内部控制的其他环节要素进行监督,通过对本部门内部控制制度及内部管理情况的检查,查找薄弱环节,提出管理建议,完善内部控制,提高管理水平。

2. 工作经常性

在财政内部监督工作的具体组织实施过程中,由于内部监督机构和人员熟悉了解本部门及所属单位的业务、机构和人员的基本情况,可以结合日常工作制订监督检查计划,随时投入各种专项检查和日常检查工作;同时,由于内部监督机构和人员日常积累掌握了大量相关资料和信息,使得监督内容更具有针对性,有利于提高监督工作效率。

3. 职能双重性

一方面,财政内部监督是财政部派出机构代表本部门管理层,对内设业务机构和所属单位履行工作职责情况进行监督检查,使其符合内部微观管理的要求;另一方面,财政内部监督是在维护国家利益的基础上,依据国家法律法规和规章制度对财政部门本身组织开展的管理活动及其运行过程进行监督检查,使之符合财政管理要求。所以,财政内部监督不仅是财政监督工作的重要组成部分,也是对本部门内部业务工作情况的一个重要的监控手段。

4. 方式灵活性

财政内部监督工作,可以根据不同的工作内容和不同的工作需要采取不同的监督方式,既可以对本部门内部业务管理机构及所属单位的财政经济管理情况实施全面检查,又可以分别从事前、事中和事后不同的角度对其中的某些环节进行重点监控。

二、财政内部监督的主要内容

财政内部监督是对财政部门及所属单位实施的监督,具体包括对财政管理行为的监督、对内部控制机制运行的监督以及对财政机关本部门及其所属单位财务收支情况及内部管理等情况的监督。

(一)对财政管理行为的监督

财政内部监督专职机构对财政业务管理机构和财政部门派出机构履行财政管理职责情况进行监督,是财政内部监督的重要内容。

1. 对预算编制的监督

对预算编制的监督重点是监督检查有无违反预算编制工作规程;有无隐瞒、虚报收入预算;有无擅自提高预算定额标准;有无将应列入预算的开支项目在预算外安排;有无随意变更经初审、终审和排序计入项目库的项目;有无将不应列入预算的开支项目列入预算;批复部门项目支出预算时,是否细化到具体单位和项目,等等。

2. 对预算执行的监督

对预算执行的监督重点是监督检查有无擅自审批免征、减征和缓征预算收入,截留、侵占和挪用预算收入;有无擅自调整预算;有无擅自在不同预算科目之间调剂资金;有无办理无预算、超预算、无用款计划、超用款计划的拨款;有无以私下授意的方式,越级安排财政资金;有无将本级预算资金通过主管部门或所属单位转给下级财政部门或其他部门使用;有无将预算资金通过下级地方、主管部门或有关企业转回本单位使用;有无用预算资金设置"账外账"和私存私放财政资金或其他公款;有无将财政专项资金安排到与专项资金性质无关的项目或单位;对以前年度安排未用和结余的项目资金是否长期挂账,未清理缴回预算,等等。

3. 对财政决算的监督

对财政决算的监督重点是监督检查有无擅自将本年度收入和支出转为下年度的收入和支出；有无擅自确定结转项目和资金数额；是否按现行财政体制规定办理本级财政对下级财政的结算，有无借财政结算时机、暗中补助等途径谋取小团体或个人私利，等等。

4. 对履行监督检查职责的监督

对履行监督检查职责的监督重点是监督检查财政部门的业务管理机构和派出机构是否认真履行监督检查职责，将财政监督工作贯穿到业务工作的全过程，建立事前审核、事中监控、事后检查制度；是否严格执行《财政检查工作办法》等监督检查规章制度，有无自行删减工作程序或违规处理检查中发现的问题，等等。

5. 对其他财政审批、管理事项的监督

对其他财政审批、管理事项的监督重点是监督检查是否依法对行政事业单位国有资产进行产权界定和登记；是否依法审核处置非经营性国有资产；是否对国有金融资产实行有效管理；是否依法审批政府性基金、行政事业性收入项目；是否依法履行政府采购监督管理职责；是否依法履行对注册会计师和资产评估行业的行政监管职责；是否依法实施对外国政府和国际金融组织贷款、赠款的管理；是否依法实施农业综合开发项目管理；是否依法开展会计资格考试、会计人员管理工作；是否科学合理地组织开展财政资金绩效评价工作；是否依法加强财政票据管理；财政部门派出机构是否认真履行财政部门授权的审核、审批职责，等等。

（二）对内部控制机制运行情况的监督

财政部派出机构应当对财政部门内部控制机制的内部控制环境、风险评估、内部控制活动、信息与沟通各要素及内部控制的整体情况进行持续性监督检查或专项监督检查，向财政部门管理层报告并提出有针对性的改进措施。具体而言，对财政部门内部控制运行的内部监督主要有以下四个方面的内容。

1. 评价财政部门内部控制环境状况，促进内部控制环境的改善

财政部门要全面履行各项工作职责，提高财政工作的整体效能，就必须营造理性、严谨和务实的内部控制环境，包括制定工作人员行为规范、编制部门内部工作规程和流程、明确岗位职责和授权等。通过财政内部监督，可以对财政部门内部控制机制的健全性和有效性进行监督和评价，促使财政部门管理层及相关部门对内部控制的重要性和必要性给予充分的重视，推动财政管理理念更新和系统文化建设，为内部控制机制的有效运行创造良好环境。

2. 监督财政部门内部风险管理，强化财政管理风险的识别和防范

财政部门作为国家的重要宏观经济管理部门，肩负着财政分配管理和监督职责。财政部门及其工作人员在掌握着财政分配管理和监督等诸多权力的同时，也时刻面临着外部的宏观经济风险、欺诈风险以及内部管理失范等各种风险。例如，部门和单位在申请财政资金时提供虚假申报材料，虚报冒领的风险；财政资金被挤占挪用的风险；配套资金不到位，造成项目无法按计划实施的风险；财政部门内部未有效实行不相容岗位分离，造成财政资金失控甚至损失的风险；财政违法行为处罚不当所面临的法律风险；财政行政审批风险；以及财政信息资料的安全风险，等等。通过财政内部监督，检查和评价财政部门风险评估情况，可以促进有关财政业务管理机构全面梳理所拥有的各项权力，客观分析财政管理过程中存在的风险因素，准确判定财政管理风险控制的关键点，进而采取各种有效措施，规避和防范各类风险，最大限度地保证财政资金和财政干部的安全。

3. 监督财政部门内部信息和沟通情况，保证信息对称和沟通顺畅

信息真实可靠完整、信息及时反馈和信息沟通顺畅是财政部门内部管理和内部控制的重要基础。通过对财政部门内部信息与沟通交流情况的监督，能够促进财政业务管理机构之间、财政部派出机构与财政业务管理机构之间以及财政部门与外部相关部门和单位之间，建立畅通的信息交流机制和经常性的协调沟通机制，促进各相关部门或单位之间信息对称、沟通顺畅，并根据各部门沟通交流过程中所反映的内部控制各环节存在的问题，适时调整、完善内部控制系统,从而保证财政部门内部控制的有效运行。

4. 监督财政部门内部控制活动的有序进行,提高财政内部机构运行效率

财政部门内部控制活动是指财政部门有关内部审批、授权和复核等内部控制制度的制定和执行情况。通过对财政部门内部控制活动的监督,能够督促各部门建立健全并严格执行内部控制制度,规范内部管理程序,堵塞管理漏洞,有效避免或减少财政违规问题的发生。

表 5-1 以对财政业务管理机构预算编制工作内部控制状况的监督评价为例,具体说明了财政内部监督对财政部门内部控制的监督评价的基本内容和方法。

表 5-1　　　　财政业务管理机构预算编制内部控制审查

内部控制要素	控制点	控制标准	审查方法	审查结果	
				是/否 不适用	问题 描述
内部控制环境	是否制定工作人员岗位职责说明		调阅文件		
	有无预算编制工作程序手册或流程		调阅文件		
	不相容职务是否分离		随机抽查		
	重要岗位是否定期轮换		随机抽查		
	是否定期开展预算编制业务培训		调阅资料		
风险评估	是否建立预算编制工作目标		调阅文件		
	是否建立预算编制风险识别评估机制		调阅文件		
	是否已识别出各类预算编制风险因素		随机询问		
	是否已对风险采取应对措施		调阅文件		
	风险应对措施是否有效		调阅文件		
内部控制活动	是否遵循预算编制"二上"、"二下"工作规范		调阅资料		
	收入预算是否按照财政收入项目逐项核定		调阅资料		
	是否按规定对部门财政拨款结余资金使用安排计划进行审核和管理		调阅预决算资料		
	基本支出预算是否按统一的定员定额标准核定		对比标准		

续表

内部控制要素	控制点	控制标准	审查方法	审查结果	
				是/否不适用	问题描述
内部控制活动	项目支出预算是否按规定区别轻重缓急,编列到具体项目和单位		调阅资料		
	是否认真审核各部门的年度政府采购预算		审阅预算		
	是否建立健全预算项目库,实行项目预算滚动管理		调阅资料		
	确需变更的项目,是否按规定程序审核批准		调阅资料		
	预算经人大批准后,是否如数下达		查看文件		
	是否在人大批准本级政府预算之日起30日内,批复本级各部门预算		查看预算下达文件		
	对人大代表提出的涉及预算编制等财政方面的询问和质询,是否在规定时限内办结		调阅答复文件		
信息与沟通	是否建立信息交流与反馈机制		查阅文件		
	是否将最新的预算编制政策、任务和工作目标传达给工作人员		随机询问若干人员		
	预算编制过程中是否及时与相关部门进行协商、讨论,充分沟通有关预算信息		走访有关部门		
	预算编报信息管理系统是否有效利用		现场观察		
	预算指标文件是否抄送财政监督检查机构		查阅文件		
监督检查	是否建立预算编制审核与监督机制		查阅制度和记录		
	发现虚报、谎报、瞒报预算等问题是否及时纠正		调阅报告和记录		

总体结论:

(三) 对财政机关本部门及所属单位财务收支等情况的监督

重点监督财政机关本部门的部门预算编制与执行情况，财政机关及所属单位财务收支核算、资产管理以及内部控制与会计基础工作等情况。

1. 对预算及决算的监督

主要监督财政机关本部门及所属单位是否按规定编制年度预算，预算的编制及调整是否按规定的程序报批；决算报表的编报是否真实、准确、完整、合规和合法，账表是否相符。

2. 对收入的监督

主要监督所属单位事业性收费的项目、标准和范围是否合规、合法，有无擅自扩大收费范围和提高收费标准；财政补助收入及取得的事业收入、经营收入等各项收入是否及时全额入账，有无隐瞒收入、设置账外账和"小金库"现象以及虚增收入；应上缴财政的收入是否及时、足额上交，有无拖欠、截留等问题。

3. 对支出的监督

主要监督各项支出是否严格执行有关财务规章制度规定的开支范围及开支标准，有无擅自扩大开支范围、提高开支标准及虚列支出等问题；在使用财政补助时，是否按计划控制用款，是否随意改变资金用途；是否严格执行国家税收政策，正确计提和足额、及时上交各种税费。

4. 对资产管理的监督

主要监督国有资产的购置、使用、处置、产权登记、产权纠纷调处、资产评估、资产清查、报告与管理等是否符合有关规定，国有资产有无被外单位或个人无偿占用和流失等问题；固定资产和库存材料的管理是否严格执行验收、保管、登记和领用制度，是否进行定期或不定期的清查盘点，固定资产的分类及增减的审批手续、账务处理是否合规，有无账实不符等问题；是否按照国家规定在银行开立账户，有无公款私存和出租、出借或转让银行账户等问题；现金的管理、使用是否符合现金管理的有关规定，有价证券的购买及其资金来源是否合法，账务处理是否正确，保管是否妥善、安全；所属单位的对外投资是否按规定报经财政部门批准或者备案，以实物、无形资产对外投资是否按国家有关规定进行了资产评估，对外投资取得的收益和接受的捐赠是否按规定纳入决算，有无隐匿、转移、截留或者直接用于福利开支和发放现金等。

5. 对往来款项核算的监督

主要监督往来款项是否真实、合法，有无利用往来账隐瞒收入和支出，或直接列收列支等问题；往来款项是否及时清理，有无长期挂账，尤其是长期被其他单位和个人占用款物等问题；有无利用往来账违反规定对外投资，或私自借贷资金及滥发钱物、套取现金等问题。

6. 对结余与专用基金管理的监督

主要监督所属单位事业结余和经营结余的分配是否符合有关规定；专用基金的管理是否先提后用、专款专用，各项专用基金的收支是否合规、合法，账务处理是否正确。

7. 对政府采购和招投标管理的监督

主要监督对列入政府采购目录的商品采购是否严格执行政府采购制度；对按规定应进行公开招投标的工程和服务项目是否严格执行招投标制度。

8. 对内部控制制度落实情况的监督

主要监督是否制定了有关货币资金管理、固定资产管理、对外投资管理、票据管理、合同管理等方面的内部控制制度；各项规章制度是否符合国家的有关规定，是否得到认真贯彻执行。

回顾与总结：财政部门开展收入监督是法律赋予的职责，是体现政府对市场经济强有力调控的重要手段。财政收入监督与财政收入资金的流转同步进行，贯穿收入收缴、退付、留解、划分等全过程。现代财政制度下，财政收入监督必须明确监督目标、找准监督定位、健全收入监督机制等,保证财政收入安全完整。

财政支出监督是以财政资金使用的安全性、合规性和有效性为监督目标,以日常监督和专项检查为手段,对财政支出资金进行事前、事中、事后全过程的监督。现代财政制度下,财政支出监督必须更新监督理念,突出监督重点,改进监督方式,加快推进财政支出监督机制建设,促进财政支出监督工作科学发展。

会计监督是财政监督的重要组成部分,开展会计监督是《会计法》、《注册会计师法》赋予财政部门的重要职责,是财政部门履行宏观调控、市场监督、公共服务和社会管理等政府职能的必然要求。现代财政制度下,会计监督应以综合治理会计信息失真为目标,以会计信息质量检查和会计事务所执业质量检查为主要手段,全面提升会计信息质量和会计师事务所执业质量。

加强金融监督是现代财政制度下财政部门履行社会管理和国有资产管理职能的根本要求。当前,我国金融监督在方式、方法等方面仍存在一些亟须完善之处,财政部门必须坚持不断探索,逐步建立健全金融监管体制,服务宏观调控和金融改革大局。

加强国有资产监督是现代财政制度下,巩固社会主义经济基础的必然要求,更是防止国有资产流失的紧迫需要。调整资产监督理念,完善资产监督制度,加快资产监督信息化建设,建立涵盖业务、资产与财务的全方位、全过程国有资产监督机制,是现实的需要,更是财政部门加强国有资产监督的必然选择。

财政内部监督在服务财政管理改革、促进财政职能的发挥、强化财政内部权力制约、促进财政部门廉政建设等方面发挥了重要作用。各级财政部门应当进一步推进和深化财政内部监督工作,逐步实现财政内部监督从单纯检查型监督向控制型监督的转变,突出加强对财政部门控制机制运行状况的监督评价,由以事后监督为主转变为全过程、全方位监督,建立健全财政内部监督制度体系,不断完善创新工作方式方法,改进内部监督检查手段,加强内部监督信息化建设,推动财政内部监督成果的有效利用,促进财政管理科学化、规范化和精细化。

第六章 现代财政监督的信息化建设

本章导读：本章着重介绍了现代财政制度下我国财政监督信息化建设的必要性、目标、原则和内容，并提出了进行财政监督信息化建设的主要措施。

第一节 现代财政监督的信息化建设概述

财政监督信息化是指在财政监督工作中引入和运用现代信息技术，通过计算机网络全面及时地掌握财政运行相关主体的财政财务信息，运用专业的财政监督软件对监督对象实施监督，及时发现一些单位在财政财务管理方面的问题，强化实时监控，实现对财政资金运行的全过程进行监控与预警。

一、财政监督信息化建设的必要性

（一）财政监督信息化建设是建立现代财政制度的需要

建立现代财政制度就是要建立全面规范、公开透明的现代预算制度，建立健全有利于科学发展、社会公平、市场统一的税收制度体系,调整中央和地方政府间财政关系,建立事权和支出责任相适应的制度。现代财政制度的建立少不了财政监督的保驾护航,只有在财政监督部门的监督下,才能不断完善财政管理,促进财政改革,维护财经秩序,保障预算透明、税收规范、体制合理,从而真正建立现代财政制度。对财政监督工作来说,方方面面都与信息相关,信息是决策的基本单元与基础依据,是组织的战略资源,缺乏有效的信息支持,财政监督便是无根之木、无源之水,财政监督的有效性最终取决于财政信息的数量与质量。为了更好地与信息化时代中社会经济发展变化的频率相适应,更加及时地了解、掌握各类与财政监督工作内容相关的经济信息变化情况,达到对财政活动及其相关行为及时进行监控的目的,在财政监督工作中应不断完善以计算机作为监督管理手段,发挥信息互联网的作用,实施网络化监控的监督工作方式,通过加强财政监督的信息化建设来提高财政监督效率和增强财政监督能力,从而保障现代财政制度的建立。

(二) 财政监督信息化建设是顺应大数据时代发展的需要

当今社会已进入信息化时代,经济活动速度不断加快,经济活动信息瞬息万变,信息技术已经渗透到社会经济生活的每一个角落,国民经济和社会生活的各个领域越来越广泛以及越普遍地使用信息技术和信息方法来开发和利用信息资源,并以此为手段进一步开发、利用物质资源和能量资源,推动经济发展和社会进步。大数据被人们用来描述和定义信息爆炸时代产生的海量数据,大数据时代来临必然伴随着与之相关的技术发展与创新。近年来,大数据如浪潮般席卷全球,并深度改变人们的生活、工作和思维方式,世界上越来越多的国家开始从战略层面认识大数据,在政府治理领域融入了大数据思维和技术,推动政府转变管理理念和治理模式,进而加快治理体系和治理能力现代化。在此背景下,我国政府也应顺应时代发展趋势,契合推进国家治理能力现代化的时代要求,充分利用大数据提升国家治理能力。财政是国家治理的基础和重要支柱，作为财政基本职能的财政监督也应转变管理模式，提高管理现代化程度。现代信息技术的发展和大数据时代背景为财政监督提供了便利条件，通过建立财政信息共享机制，让海量、动态、多样的财政数据有效集成为有价值的财政监督信息资源，以降低监督成本，实现实时监控，这些都离不开财政监督的信息化建设。科学合理、精准及时的流程再造极大地拓展了财政管理的深度和广度，业务的纵深发展导致管理信息几何级增长，大数据运用又将反过来推动管理流程不断优化，进而推动财政管理向更深更广的维度发展。因此，信息化的大数据时代对于财政监督来说既是挑战，也是机遇。

(三) 财政监督信息化建设是提高财政监督效率的需要

一方面财政监督信息化通过计算机网络全面及时地掌握财政运行相关主体的财政财务信息，运用专业的财政监督软件对监督对象实施监督，可以将有限的力量从繁重的样本抽查与现场检查中解放出来，同时可以避免与业务单位的频繁沟通、访谈，以及数据复杂的计算等传统监督方式，从而提高监督检查的准确率，节约人工成本和检查时间，在相同时间，监督检查更多的内容和对象，大大提高了财政监督的效率。对于某些监督对象，一年要接受多次检查，很多内容都是重复检查，耗费大量的人力、物力、财力，财政监督信息化可以加强财政内部监督部门与相关的监督检查部门，如审计、税务、物价、国资部门的沟通配合，避免多次重复检查，或者通过信息共享，简化检查程序，节约检查时间，提高监督效率。另一方面政务公开网上的信息以及人民群众的投诉、咨询，大大提高了财政监督检查的针对性、及时性，提高了监督检查的效率。

(四) 财政监督信息化建设是增强财政监督能力的需要

首先，财政监督信息化通过建设财政监督信息化平台，利用信息化手段，快速准确地获取业务报警、可疑问题、检查数据等信息，满足财政日常监督、重点监督和专项监督的需要，从繁杂的手工检查和监督检查人员主观判断差异及检查力量相对薄弱的困境中解放出来。改变了财政监督检查事后去现场、下单位、翻账本的传统工作方式与手工操作为主的监督模式，通过大数据、云计算、数据挖掘等方式可以成倍增加财政监督信息量，从财政监督的对象到监督的内容都能从网上采集，保证内容的全面完整的同时，提升财政监督专职机构对被监督主体的信息控制力。通过财政监督信息化建设，还可以对财政活动的全过程实时监督，能够实现事前预防、事中控制、事后纠正，使财政监督真正发挥其作用，不断提高财政监督能力。

其次，互联网数据的价值随着海量积累而产生质变，能够对经济社会运行规律进行直观呈现，从而降低政府治理偏差概率，提高政府治理的精细化和科学化。财政监督利用数据分析软件及风险评估模型，着眼于全局系统，通过信息系统提高财政监督管理的即时性、精准性，财政监督专职机构从中及时洞悉经济活动的动态，而且可以为财政监督专职机构的监督检查工作提供更加快捷的控制手段，增强财政监督专职机构的快速应变能力，有助于未来的财政监督检查工作向更深层次发展；同时通过反映、督促、检查和制裁活动，及时发现和纠正预算执行中的偏差，保证财政分配的科学合理，并为后期决策提供持续性的管理知识积累。

最后，通过对管理与监督成果资源积累形成的数据分类统计、汇总分析与归纳提炼，实现对管理与监督成果的解读、共享与再利用，及时反馈、跟踪，在监管纠偏的同时向预决算管理反馈咨询建议。同时，还可以利用持续性管理与监督信息，为后期预决算管理形成一整套风险识别、决策和考核的量化标准，保证财政活动沿着原有的目标前进，防止偏离，同时能够实现快速化的反应和智能化的决策，有利于财政监督执法活动的宏观管理和适时调控，从而扩大财政监督工作纵深效能。

二、现代财政监督信息化建设的目标及原则

(一) 财政监督信息化的目标

财政信息化的总体目标是认真贯彻落实党的十八大和十八届三中全会精神,按照建立现代财政制度和国家信息化建设总体要求,通过再造财政业务流程、完善办公信息系统、强化信息技术支撑,构建财政管理内部控制机制科学严谨、外部服务优质便捷、财政运行安全高效、财政信息高度共享的先进财政信息化一体化系统,为深化财税体制改革,创新预算管理制度,科学履行宏观调控职能,夯实现代国家治理的财政管理基础,提供强大信息系统支撑。

按照这个总体目标,落实到财政监督信息化建设,其总体目标定位为以业务流程为中心,建设全过程全覆盖的财政监督工作平台,全面获取中央财政生产系统、财政数据中心、办公自动化系统及其他业务系统的信息,对财政资金运行全过程进行监控与预警,对监控预警和监督检查发现的疑点及问题,提出处理意见和整改建议,充分发挥财政监督的监督与制衡作用。按照总目标,完成以下三方面的具体任务。

(1) 构建覆盖全部监督流程的完整业务生产系统,实现监督业务管理的有效控制和及时反馈。以国库集中收付系统为主体,以预算指标系统为龙头,结合各司局业务,整合统一,交互贯通业务生产系统,形成顺向相互支撑、有效制衡和逆向真实反馈、有效监督的完整体系,实现指标流、资金流、业务流有机结合,闭环运行。

(2) 建立统一的办公自动化系统,实现行政管理信息化和无纸化。根据各岗位、各环节应用需求,建立涵盖公文处理、档案管理、督查督办、保密、领导公务安排等办公事务为主要内容,各层次人员都能在线使用的部机关办公自动化系统,逐步扩充行政管理功能,实现行政管理信息化和部机关除绝

密文件以外的无纸化办公，并建立与业务系统的有效衔接。

（3）发展全国统一的应用支撑平台，实现财政监督信息系统的互联互通和数据共享。建设"大业务专网，小涉密网"，以统一规范的数据字典、数据交换、数据管理为核心，构建功能完备的应用支撑平台、中央财政监督信息系统、地方财政监督信息系统，各系统通过应用支撑平台有效衔接，实现全国财政监督数据自动收集、自动汇总及信息共享。

（二）财政监督信息化的原则

1. 业务需求有取舍

财政监督信息化建设是一项系统工程，内容多、技术性强，包含了财政监督的各个环节，程序复杂，需要根据财政监督中心任务和实际工作，做出合理规划，对相关业务需求有取有舍，要区分轻重缓急和难易程度，确定在现有管理和技术条件下先满足哪些需求，哪些条件成熟后再做，妥善处理好新系统与现有应用系统的关系。

2. 管理流程标准规范

财政监督信息化建设要契合"金财工程"建设的总体部署和要求，遵循财政管理和监督工作的规律和程序方法，并充分考虑财政监督的业务开展现状和前景，管理流程标准要规范，建立健全各环节业务操作、数据口径、信息技术实现等标准体系，构建统一完善的业务规范、数据字典。

3. 业务运行快捷高效

财政监督信息化建设要坚持信息化、网络化业务发展方向，财政监督业务基本通过信息系统在线操作，日常办公实现无纸化办公，充分发挥现代信息技术快捷高效功能，提升财政监督工作的效率和质量。

4. 系统全面原则

财政监督信息化建设涉及财政监督工作的各个层面，必须运用系统思维，统筹全局，全方位考虑，设计好总体框架和构成，使信息化建设在推进过程中能做到整体推进、协调一致。各单位对财政监督部门的信息（这些信息包括财政监督的主要对象、内容和依据）提供上，要做到"所有业务信息对监督部门公开"，使财政收支活动更加公开、透明。同时，要将中央、地方和基层的财政监督系统考虑，将财政活动的各环节系统考虑，逐步实现财政监督信息化网络建设集中统一、上下一致，以便不同级次、不同地区财政监督数据的上报和接收顺利进行。

5. 职责分工授权管理

财政监督信息系统建设既要考虑当前财政监督的实际工作，又要放眼长远，坚持高标准，要为以后司局职能变化、机构调整等留下接口和空间，职责分工在信息系统中通过授权管理解决，为日后根据信息技术的发展和财政监督业务发展的需要进行财政监督应用系统升级打下基础。

6. 信息系统安全保密

确保安全是政府信息网络有效运行的必要条件，是财政监督信息化建设取得成功的关键。随着政府职能的转变，从中央到地方各级政府的信息采集、指令下达、行政执法、数据监测、政务办公等工作，都需要以安全作为保障。因此，在财政监督信息化建设过程中，加强与保密主管部门的沟通协调，制定脱密处理规则，完善保密措施，高度重视系统软件和硬件设备的安全性能，保证网络传输安全，通过严格的法规、有效的管理、严密的组织、先进的技术等多方面措施确保财政监督信息系统的安全保密。

第二节　现代财政监督信息化的主要内容

一、财政监督信息化系统概述

财政监督信息化建设十几年来取得了实质性的进展，财政监督的信息化系统经历了从无到有、从简单操作到逐步完善，网络基础设施建设基本完成，核心业务已实现信息化支撑。根据《财政信息化建设总体方案》规定，监督检查系统主要业务职能包括：按照建立健全预算编制、预算执行、预算监督相互制约、相互协调的财政运行机制的要求，监督检查系统全面获取中央财政生产系统、财政数据中心、办公自动化系统及其他业务系统的信息，对预算编制和执行进行全过程监控与预警，对监控预警和监督检查发现的疑点及问题，提出处理意见和整改建议，及时反馈到中央财政生产系统、办公自动化系统及其他业务系统。各相关系统要及时将整改建议的落实情况予以反馈，充分发挥财政监督的监督制衡作用。此外，系统中还包括金融和会计监督等财政监督业务职能。

当前财政监督的信息化系统主要包括外网门户网站、办公自动化系统、日常监管软件、现场检查软件等。基本实现了日常监管与专项检查相结合、动态监督和静态分析相结合，为全方位多角度多样化的实施财政监督检查，提高财政资金的安全性、规范性和有效性发挥积极作用。

二、外网门户网站

外网门户网站是由财政监督部门或专员办根据自身需要设计的电子政务公开及在线服务，主要内容一般包括部门概况、主要职责、政策法规、通知通告、工作动态、调查研究、监管事项、办事指南、廉政建设等栏目，通过这个门户网站，一方面加大宣传，将相关执法程序、检查要点公开，为被监督检查单位提供政策指导和共同依据，加强与财政系统外的企事业单位以及社会民众的沟通，帮助大家了解财政监督工作；另一方面通报情况，惩戒违法违纪行为，以及获取违法违纪情报线索。

三、办公自动化系统

办公自动化系统由不同部门、不同地区财政部门、专员办根据自身业务不同需要自行开发，因此不尽相同，主要功能是帮助监督人员实现日常公文处理、完成公文的电子收发功能，实现文件管理、通知信息管理、档案管理功能、财务管理功能，实现资产购置、领用、调拨等管理功能、人事管理等日常办公的自动化系统。

（一）内网门户系统

主要是利用身份认证系统实现各子系统的单点登录、统一用户管理和接口服务。门户网页可扩展、可定制，支持信息查阅和下载，待办事项提醒等。接收互联网导入的相关数据并分发至各子系统，将需要传至各互联网分系统的数据定时汇总、打包、刻录。

（二）公文处理系统

主要是实现文件接收、处理、运转、制发、存档等全程"无纸化"。对收到的纸质件通过扫描转换为电子文件，与智能文件交换系统对接，实现电子文件与纸质件的可追溯管理。再造并固化运转流程，实现文件并行、串行运转，并实现全程留痕，实现文件运转、阅读、打印的精细控制和全程监控。固化公文格式，对电子印章进行加密存储，实现自动排版，自动加盖印章。自动提醒督办事项，与档案管理系统对接，实现文档一体化管理。通过对指标类公文的单独管理，实现公文处理系统指标数据与业务系统相关子系统指标数据的同步和协同控制。

（三）档案管理系统

主要是实现档案收集整理、立卷、借阅、检索、利用和编研等工作的电子化、流程化、规范化。对没有查阅权限的档案提交申请，通过审批后方可查阅，系统对查阅时限、能否打印及打印数量等进行控制，按不同种类、用途和利用率进行统计和全程监控，电子档案可批量存放到数据库外制定目录。

（四）保密系统

主要是实现对保密工作各环节的信息化管理，设置涉密级别，记录保密承诺书签订、定期政审情况等，管理移动存储介质、涉密载体、涉密计算机、密码设备等保密专用设备。

（五）会议管理系统

主要是实现会议组织、会议通知、会议材料等"无纸化"处理。相关会议材料形成会议文件夹，会前发送给参会人员阅读，会议室将会议文件夹内容，通过计算机显示到投影仪或电视、电脑屏幕上。

（六）IT 服务系统

主要是对计算机及耗材申领、计算机设备保修、网络权限申请等 IT 服务类管理事项进行信息化管理。

（七）信息查阅系统

主要是发布重要财经信息、研究报告及其他服务信息等，从相关业务系统中抓取宏观经济运行数据、财政业务数据等，并显示在门户系统网页上，根据用户权限，查询相关资料和数据信息。

（八）协作交流系统

主要是方便内部工作人员交流各类业务信息，实现相关工作人员即时互动交流，及时提醒待办事项等。

（九）风险控制系统

重点建设用户授权管理模块，主要是要将各子系统的角色设置、用户管理，权限控制部分集中起来。

（十）基础数据库

主要包括人员信息数据库、公文数据库、档案数据库、会议事务数据库、资产数据库等。

四、财政监督信息化业务系统

财政监督信息化的核心是财政监督信息化业务系统,主要分为财政监督日常业务系统和现场检查系统(财政监督专业软件系统)。财政监督日常业务管理系统是以实现财政监督信息化管理规范化、标准化、电子化、网络化为目标,构筑适应财政监督发展方向的先进信息管理系统。该系统通过对日常财政业务相关数据的定期自动采集,可对财政资金和财政运行全过程进行适时动态的查询、分析对比、及时监控、发现和反馈财政资金运行过程中的异常,为监督管理人员提供检查线索和疑点,以便开展线索跟踪、问题核查、督促整改落实。主要包括业务数据平台、联网监控平台。现场检查系统则是各种监督检查软件的集合,包括数据采集、分析、查询、生成监督文书等功能,通过各种软件功能的集合,为监督人员提供统一界面的电子作业环境。现场检查系统与日常业务管理系统有机相连,它从日常业务管理系统取得被查单位线索,并向日常业务管理系统回馈检查结果和数据。

(一)财政监督日常业务系统

1. 业务数据平台

财政监督管理需要大量的数据做支撑。其中包含大量的财政监督检查数据、日常监管数据等,强大的数据库将为财政监督的信息化建立一个稳定的平台,除了集中存储所有数据,定期备份、提供与局域网外传递信息的唯一出口,保障数据安全的主要功能之外,它还应提供编辑、检索、动态统计运算、数据导入与导出,打印、外部调用等基本功能,以完善数据库的操作。同时将数据库与局域网内客户端相连接,在客户端提供各种数据库操作功能,完成对数据库的编辑、检索、统计等操作。技术方面关键在于财政系统专网内的数据格式及传递接口的统计设计。数据库根据数据不同来源及应用方式,可从逻辑上划分为基础业务数据库、决策业务数据库、案例库、法规库、方案库及处理决定库,各数据库还可以继续分割。

2. 联网监控平台

基于统一的数据技术规范,将各个系统之间(包括财政监督信息系统内部、财政监督系统与应用支撑平台其他业务系统、财政监督系统与外部其他单位应用系统)孤立的数据信息有效关联和高度整合,实现数据高度共享。通过财政监督部门与其他财政业务部门、行政事业单位、企业的数据共享,可以清楚地看到政府每一个部门、每一笔收入和支出的详细情况和细节,整个过程完全透明,这样财政监督可以实现实时监控,及时制止违规行为,减少危害和损失,而不是只能事后进行监督检查,监控范围取决于数据的获得能力和共享程度。同时,可以通过联网监控,实现对财政业务的深度分析和动态预警,在违规行为未出现但有违规苗头的时候,及时给予预警。最后,利用财政监督成果,加大对财政管理的数据反馈,为财政管理决策分析提供参考,更好地实现财政监督的价值。

3. 财政监督日常业务管理系统子系统的构成与功能

财政监督日常业务管理系统以财政监督各项业务机制为基础,因此包括收入监管、支出监管、会计监管、金融监管、资产监管、内部监管六个子系统。基于财政监督分类监管的要求,通过在系统内预置监管的依据和权限、监管目标设置、监管环节和方法设置、指标体系和分析方案设置等,建立相关业务管理模型和数据模型,不同监管内容的财政监督业务要求其信息化功能的设计各有侧重,使系统能满足不同业务类型的管理要求。

(1)财政收入监督子系统。主要包括税收收入监督、非税收入监督、国有资本收益监督、政府债务监督、退税监管等模块。系统通过接入财政、税务、国库、海关网络,定期采集相关数据,自动进行对账,并对异常情况发出预警,按照预设的计算规则和分析方案,分类筛选数据自动生成税收收入台账、重点纳税企业纳税台账、财政收入统计报表和监督检查情况统计报表、一般增值税退付台账,完成对税收收入的数据分析。非税收入监管模块还要对非税收入政策、收入项目和标准、收入计划、执收主体、票据管理、征缴方式、解缴上划等进行管理分析,生成分单位和项目的台账级相关非税收入征收解缴决算报表,并自动与上期或计划数据对比形成数据分析。

(2) 财政支出监督子系统。主要包括中央本级支出监督、中央转移支付监督、国有资本经营预算支出监督、政府性基金预算支出监督、社保基金预算支出监督等模块。其中转移支付支出模块包括专项转移支付和一般转移支付,包含了社保、环保、医疗卫生、教育等支出内容模块。系统通过与财政、国库、代理银行、预算单位之间的网络连接,实时受理预算单位申报审核事项,从权限设置、流程绑定、任务分配、报告管理到审核项目归档等每一个操作环节,均通过业务流的形式接受系统的全面监控,任何一个环节的审核信息均可检索、查询、打印、存档,支持表单、文本和图像原件的签批,支持手写和加盖电子印章,被加盖印章和签批意见无法复制、修改、移动和删除,以保证审核信息的真实性。同时,系统还要实现对预算支出的全过程监控,动态传输、录入预算编制、支出数据信息,根据支出监管的具体程序和方法,利用有关集成软件对数据信息按部门、功能、经济分类统计汇总,随时掌握每一笔支出资金的运行动态,对支出资金的运行状态综合分析作出判断,及时发现问题自动报警。

(3) 会计监督子系统。包括单位会计信息质量监督、注册会计师执业质量监督模块。系统通过与税务系统、注册会计师协会、审计系统、工商行政管理系统连接,采集企业的会计基本信息以及会计师事务所、注册会计师执业基本信息,进行档案化管理,形成会计监管预选库,并建立分别基于企业会计准则、独立审计准则相关规定的分析模型和财务会计检查方法库,应用分析模型进行查前调查,以帮助确立检查对象和检查方案。系统还可对历年会计信息质量检查结果按企业会计信息和注册会计师执业质量中存在的问题进行统计分类分析,提供调研基础统计资料,根据回访检查结果和违法违纪行为的发生频率,系统自动对预选库中的企业或会计师事务所按照监管人员自定义条件进行分类,提示应重点关注的单位。

（4）金融监管子系统。系统通过与银监会、保监会、证监会、人民银行监管系统连接，定期采集有关行业监管信息统计数据，可直接应用行业监管的相关指标体系，动态掌握金融业的运行状况，为深化金融日常监管工作提供依据。

（5）资产监督子系统。系统通过与财政部门、行政事业单位之间网络连接，定期采集国有资产的产权变动和主要财务指标监管信息统计数据，经过筛选建立被监督单位国有资产产权登记监管台账、国有资本收益监督台账以及主要财务指标台账，实时、动态、全面地反映被监督单位在业务处理过程中资产负债变动情况以及业务运行中的信息，结合对比分析静态财务报表，监控指标的变化情况，对异常结果进行预警提示，监管人员根据提示确定是否进一步开展现场检查。

（6）内部监督子系统。主要包括财政预算指标监管、财政预算流程监管、财政预算会计监管、财政预算内部控制监管等模块。系统与财政各业务系统连接，对预算编制、预算执行、预算调整、决算等财政业务事项全面实时监控，在线跟踪预算指标管理、预算流程管理和预算会计账务处理情况，汇总、分析、核查财政部门业务管理机构内部控制机制运行情况，建立自动示警系统，对比差异自动提示在部门预算中没有编制的已下达指标项目、已编预算项目但还未下达指标的项目、实际支付方式与预算编报反映支付方式不一致的项目，以及预算指标管理业务数据与预算会计账务数据存在差异的项目等。

（二）财政监督现场检查系统的构成与功能

财政监督现场检查软件系统分为人工参与部分及全自动处理部分，主要包括原始数据采集、数据计算汇总、原始数据抽样分析三大核心模块；根据计算机的特点，事先将一些检查方法及经验存储到方法库里，并且能够随时调用或批量调用得到检查结果，检查流程上采用顺查和逆差相结合的方式；技术上主要解决如何与企业现有信息系统中的数据对接、如何有效地分析处理财务及非财务数据、如何规范外勤检测流程。整个财政监督检查系统的工

作流程构想如下:

1. 项目启动时的准备工作

一是添加或修改现有的数据接口。被检查单位的会计核算软件是财政监督现场检查系统的重要数据来源,可以采取现场导入或远程导入两种方式,利用数据接口将被检查单位的财务及业务数据导入财政监督现场检查系统。二是导入原始报表数据。设立或利用现有模板,将原始报表的项目及数据原样复制并输入系统。这里的报表可以是财务报表,也可以是其他审核报表。三是设置计算规则。针对原始报表项目,逐项录入或修改已有的报表项目计算规则,财务报表应该依据会计准则及制度的要求设置分类计算规则,非财务报表则要根据具体规定要求设计计算规则。

2. 利用计算机对会计电算化系统及所取数据进行分析性复核

通过预先设计好的接口,直接与财务系统相连,可以方便地从被检查单位的会计电算化系统中取数,在此基础上进行分析复核,找出异常项目,确立抽样重点。一是对会计电算化系统的检查。对被检查单位会计电算化系统本身的安全可靠性、真实性进行检查。二是自动筛选抽样。利用计算机的快速运算能力,通过对一些财务指标的计算分析对比,并对财务核算中有关字段、数据按设定条件或进行标识后分类查询、筛选出异常项目,可以大大减轻前期的初步分析工作,缩小抽样范围,方便检查人员进行分析性复核。三是智能化的会计制度执行情况检查。现场检查系统应将会计核算要求进行设置,然后通过系统将被检查单位的账务信息与之对比,系统自动检测不符之处,迅速提供可能存在的问题,极大地提高检查人员的效率和效果。

3. 抽取部分原始数据核对

项目运行过程中,需要人工参与的是抽取部分原始数据核对原始单据及业务情况,检查原始数据的录入及分类处理方式是否正确,并进行进一步的分析判断。通常情况下,抽取的范围和容量应该以前一步的计算机自动分析结果为依据,将目标锁定在某些可疑项目上,并在此基础上,运用检查人员的工作经验和职业判断力,进行异常数的排查和高价值样本的抽取,进一步缩小抽样的范围，提高抽样的有效性。同时，抽样范围还取决于被检查单位的内部控制体系健全与否，抽样重点应放在内控制度比较薄弱的环节。

4. 差异分析

在通过必要的账务调整后，利用预先设置好的计算汇总规则，由计算机自动完成科目库、分类账、科目余额表的处理，最后再自动生成报表，做出检查及处理决定。其中，实际检查数据与申报数据的简单数字差异可以由系统自动完成计算，但由于差异的原因不同，需要人工进行定性分析，并视具体情况下达处理决定。

5. 数据处理

项目结束后，整个项目运行过程中的所有数据应该打包独立存储，同时，将检查的关键数据形成标准数据格式，进入财政监督数据库系统，包括检查的基本情况信息、外勤检查的标准数据库、其他信息数据库。

第三节　现代财政监督信息化建设的主要措施

现代财政制度建设，既要有政策制度层面的改革也要有管理信息系统等技术层面的革新，而且在大数据时代下，管理信息系统一定程度上是政策层面改革的保障手段，因为大多数财政管理活动都是以信息系统的方式实现的。无论是预算的执行还是税收的实现，财政体制的划分都要通过财政管理系统反映出来。财政监督也不例外，其为我们财政管理活动保驾护航离不开信息化的保障。对于世界发达国家和部分发展中国家而言，财政监督都依靠强大的网络信息技术支撑。例如，美国、加拿大两国财税部门都设有全国联网的计算机体系，处理大多数的预算拨款业务和税收征缴及监督检查工作。与发达国家相比，我国财政监督信息化建设还有明显劣势，以网络和计算机为代表的现代技术信息管理技术在财政监督领域的应用还需进一步加强，因此，政府应进一步加强财政监督的信息化建设力度。

第六章 现代财政监督的信息化建设

一、现代财政制度和大数据时代使财政监督信息化面临的挑战

（一）传统的财政监督模式面临"边缘化"

公共财政业务不断拓展使得财政监督的范围越来越广，信息量也越来越大，既有支出信息，还有收入信息，除此之外财政监督还要监控会计、金融、内部控制等系统，这些信息数据既是财政管理、监督的对象，又是优化管理的重要信息源，同时，随着现代财政制度的建立，财政管理越来越规范化，信息越来越透明化，这些质和量的变化也使传统管理模式和以样本抽查为主的监督模式不堪重负，难以应对大数据的挑战，传统的财政监督模式面临着被"边缘化"的危险。

随着管理信息系统技术的发展，财政管理业务流程不断优化，原财政各部门之间复杂的关系，不同的标准被现有的现代化管理手段和信息技术简化，通过动态管理可以将监督机制嵌入到财政管理中去，如财政支出活动中的国库集中支付手段，通过国库集中收付系统财政监督人员就可以掌握全部财政资金的收入支付情况，而原有的系统间信息壁垒将被逐渐打破，财政监督跨专业、跨部门、跨地区的综合视角优势也就会被信息管理系统所取代。

（二）信息化管理使得预算资金风险点及其分布发生转移

财政管理业务的纵深发展使得预算资金管理所面临的风险的关联性更强、表现形式更复杂，危害程度也随之加大。以管理信息系统支撑的业务流程的再造与优化，又改变了传统风险点的表现与分布，传统监管手段无法应对系统性风险的急剧扩张。如实行国库集中支付改革后，原多环节多部门的管理风险几乎都聚集到了招投标、政府采购和集中支付环节等。再如社保基金规模、险种与覆盖人群的增加导致重复参保、骗保和精算失衡等风险。财政管

理与监督面临严峻挑战，预算决策更需要对公共行政部门所面临的风险分布作"全景式"的俯瞰。

（三）数据"碎片化"难以整合，使得财政监督面临广泛的信息孤岛效应

在"金财工程"之前，我国已先后实施"金关工程"、"金卡工程"、"金税工程"，但由于标准不一，彼此间缺乏联系，产生了"信息孤岛"现象。因此，标准化是信息化建设中值得重视的方面。同样我国当前的"金财工程"并没有实现全国财政系统的统一，因此，各地区的财政管理系统千差万别，与之相对应的财政监督平台也是各不相同，各自研发各自的财政监督软件，而系统内部也没有实现完全的联网，部门之间信息没有实现无障碍共享，财政监督信息数据"碎片化"难以整合，这对于信息的透明化有很大的阻碍作用。

（四）财政监督信息化人才短缺，财政监督硬件、软件建设滞后

财政监督的信息化需要的专业人员既懂财经业务又懂计算机数据业务，这是财政监督信息化实现的关键，再好的软硬件设备、平台，如果缺乏专业化的人员，也不能发挥其作用。而当前财政监督大多人员是财经、财会类人才，他们熟悉财政监督的专业知识，对于财政监督信息化大多仅限于办公的自动化和网络化，不能主动开发、研究监督过程的信息化，财政监督的信息化程度较低。

财政监督信息化的基本条件除了人的因素外，还有硬件设施的要求，信息化的实现要依赖于发达的信息处理和传输手段，而信息处理和传输自然离不开计算机信息技术的应用，因此，计算机设备就成为信息化建设的物质基础，高效的财政监督系统需要先进和稳定的硬件设备做支撑。我国当前财政监督缺乏统一的财政监督管理平台的系统开发，个别地区财政监督系统形同虚设，仍然要依靠手工为主进行查账。

(五) 财政监督信息化带来的信息安全问题

信息化的发展和现代财政制度所要求的信息公开、透明、共享,同时也带来了信息、数据的安全问题。如何在保证安全的前提下,使财政信息化变得更为开放,能够同其他宏观经济管理部门,如国家发改委、审计署等,进行数据的协同与共享,同时接受社会公众的监督,这也是财政信息化建设要考虑的问题。此外,如何处理好财政资金特别是中央财政资金的安全保密性和对外开放这个矛盾,同样是财政监督信息化建设的当务之急。

二、现代财政监督信息化建设的主要措施

面对大数据时代和现代财政制度的挑战,针对我国目前财政监督信息化程度不高的现状,应采取相应措施,结合建立现代财政制度的需要,以网络为基本手段,建立一个既考虑现有工作方式,又具有前瞻性和开放性的资源性管理平台。在信息化建设过程中,中央和地方、部门和部门之间要充分协调,做到管理一体化,要根据金财工程整体构想,建立从上到下的全国财政监督业务信息系统,建立部门政府之间的信息共享平台,力争监督机构与监督对象的监督管理信息能够共享,保证信息流畅。具体可以从以下六个方面入手:

(一) 完善财政监督信息化的制度建设

我国财政监督信息化建设缓慢的一个原因就在于缺乏发展规划与制度规范。没有长期发展规划,信息化建设没有明确的建设目标和发展方向,走一步看一步,无法系统地考虑如何更有效地实现财政监督信息化;没有制度规范,使得财政信息共享不能顺利实施,在财政监督检查工作采集被查单位财政、财务数据信息时,出现法律依据含糊、不充分,被查单位隐瞒、不报部分信息;以及财政监督部门要求相关单位共享信息时,得不到及时的回应和

满足。因此,在财政监督法制化过程中应加入信息化内容,对财政监督信息化建设的目标、原则、主导机构与实施机制明确说明,并规定信息化建设的中长期规划与信息共享的原则,规定相关部门的财政信息披露与调查配合义务,建立财政信息归集报告制度,明确不履行披露、共享义务者的法律责任,为有效财政监督提供法律保障。同时,财政监督检查还要制定一系列信息化监督手段规范标准,有效指导监督人员开展工作。对财政控制制度执行、监督中发现需要修正的制度或有关业务运行方面发生变动后需要修正完善的制度、操作规程进行调研论证,提出改进意见。

(二) 加强财政监督信息化人才的培养

财政监督信息化需要具备数据挖掘、信息技术创新应用能力的技术专业人员和具备财经、财会专业水平的业务专业人员共同来实现,尤其是既懂财经又懂信息技术的专业人员。现实中财政监督部门工作人员主要是具备财会、财经专业能力的业务人员,而财政部门的信息中心又仅限于信息系统的更新改造,缺乏必要的财政监督专业知识,二者若不能很好地沟通、协作,就会直接导致财政监督的信息化程度较低。因此,今后在人才培养方面,一是要引进专门的拥有信息化专业知识的计算机网络技术人才,开发、改进现有的财政监督软件,提高财政监督的信息化程度;二是在现有的人员基础上对从事财经、财会业务的财政监督专业人员进行大规模的信息化培训,可以不定期聘请专业技术人员讲授计算机、网络技术知识,加强其计算机教育,提高其信息技术水平,培养既精通财政监督业务,又在一定程度上熟悉现代化的信息技术的复合型人才。一方面使他们能够熟练使用财政监督信息系统,另一方面,使其能够协助软件技术人员不断改进完善财政监督专业平台。

(三) 增加财政监督信息化的硬件投入力度

在当前大数据时代,财政监督的信息化建设首先应具备足够强大的服务器、数据与终端设备，以及管理信息系统与软件。因此，政府部门首先应加强财政监督部门计算机设备的配备，对于检查用的机器尽量配备高性能、高稳定性的，实地检查的机器应是便于携带的笔记本电脑，而原有的相对落后的计算机设备可用于一般的办公。其次，政府应做好网络系统的建设。建设完善机关内部局域网、财政监督资料库，并依托互联网技术，建成财政监督机构同银行、税务等主要经济管理部门之间的连接的横向网络，形成高速畅通的信息网络系统，为推进财政监督信息化建设提供网络通道。

（四）开发、运用和完善财政监督信息管理平台

财政监督信息化的实现主要依赖于适合的财政监督管理信息系统。当前，我国财政信息化平台建设中，财政部和国家税务总局只是在全国范围内统一研发了个别信息化系统，各地区也分别在进行自身的财政信息化建设，因此，一个现实问题就是各自为政，财政部用自己开发的信息平台，地方政府有的使用财政部统一开发的信息系统，有的地区使用自己开发的信息系统，信息系统标准不统一、业务流程脱节、信息数据无法对接，信息不能共享，不能及时、有效地实施监督。

近年来，各级财政都在组织人员进行财政监督软件的开发、完善，许多省市的财政监督软件开发取得阶段性成功，但还有很多地区的财政监督仍然停留在手工查账为主的阶段，财政部门应继续加大财政监督软件的开发、运用和完善。内容覆盖预算指标、直接支付、授权支付、银行账户管理、专户资金管理等各环节，具有监控、预警、分析纠偏等功能。对在实践中经过检验，认为能够提高工作效率，提升监管水平的软件系统应促进地区间、部门间的交流，逐步完成全国财政监督的信息化。信息系统还应全面追踪监测财政资金运行的全过程，逐步建立从财政收入的征收到预算支出的申报、拨付、使用的全程跟踪监督机制，要结合"金财工程"开发一批适合我国国情的财政监督管理软件，包括财政信息采集系统、信息分析系统、财政违纪预警系统。

(五)整合财政监督信息库,推动监督大数据应用

1. 实现财政监督部门与相关部门、单位的信息共享

财政监督活动在现实生活中会涉及财政活动所覆盖的各行政单位、事业单位、企业的信息数据。而各单位之间,各单位内部当前本身的信息数据库建设也不够完善,直接影响到财政监督信息库的建设。如公共行政业务部门管理信息系统,也没有实现各业务系统的有机衔接,即使财政部门内部各业务系统也没有完全实现信息的对接与共享。这样,数据具有"碎片化"特点,难以整合,各自为政,形成"信息孤岛"。地区间更为分割,财政部与省级财政部门的财政信息网络已经联网,但地方财政部门之间没有实现联网,一方面,不能实现监督检查口径的一致性,另一方面,对于一些具有流动性的被检查单位可能经常需要跨区域协作检查,但二者的信息系统标准不一,信息不能共享,无法实现信息互通。因此,今后应对财政监督的信息库进行整合,对财政监督涉及的数据进行全面规范和整理,为信息公开、预算编制、政策制定等工作提供有力的数据支持,保证财政监督部门对于财政信息的共享,保证财政管理的事前、事中和事后的全程监督,提高财政监督效率和效果,不断推进我国财政事业的发展。

为了整合现有的财政监督信息,打通财政部门内部、财政部门同其他行政管理部门(如税务机关、国资部门、海关、法院等)之间以及与企业、银行等单位的信息壁垒,应在财税部门之间、财税部门与其他经济部门之间,中央财政与地方财政之间、国税与地税系统之间实行计算机联网和信息共享。具体来说要对财政监督部门开放财政管理系统的查询权限,增加数据导出功能,完善事前预算、事中控制、事后分析评价机制,全面反映预算编制、预算执行、国库资金收付、单位财务核算、资产动态变化等情况,做到预算编制、执行和监督各业务主体间的信息沟通便捷、信息实时共享,扩大信息的透明化,实现不同职能部门和业务环节的信息透明,全方位、全程化地落实财政内部控制、纵向垂直监管以及横向多方监督,使财政监督部门全面了解

财政信息现状，并实现预算编制和预算执行的数据化监督，确保整个财政活动的安全高效运行。在此基础上，通过数据的整合、挖掘和传导，从风险、业务等各个视角对信息进行开发、筛选和加工，使整个预决算信息流结构清晰、动态更新。

2. 建设财政监督基础信息库

财政监督部门应通过建立财政监督信息库，开发财政监督专用监控软件等措施，不断建立健全实时动态的网络监控预警机制，及时发现、纠正财政运行中存在的问题，以全面提高财政监督效果。

一是积极建设财政监督法规政策信息库（政策库）。包括国家法规数据库、规范性文件库、部门预算标准库、非税收入政策库、财政局审批程序库、业务流程标准库。二是建立完善被监管单位基础信息数据库。对于被监管单位的基本信息应做到档案资料一次存入，多次、多方使用，可以收集并掌握企事业单位生产经营情况和执行财经法纪情况等资料信息，实现信息的共享机制，解决信息在部门和行业间、地区和政府间的碎片化，消除信息壁垒与不对称，实现全信息库，运用预测和分析的方法，排列监督重点，查找存在问题，及时反映带有普遍性和倾向性的情况和问题，提出改进工作和加强管理的意见或方法，促进财政监督节约监管成本，提高工作效率，保证国民经济在法制的规范下健康运行。如对于被监督的企业可以建立纳税人管理分析系统，按照稽核的需要进行分类，编程存入计算机，需要时随时调用，同时要注意实时更新企业状况；对于被监管的行政事业单位也要根据其性质进行分类，输入其基本信息，并实时更新。三是积极建设财政监督经验技能信息库（经验库）。财政监督检查是一种经验性、实践性很强的工作，长期的实践经验、教训对于提高检查水平、改进监督方法有很大促进作用，所以在建设财政监督政策法规信息库和被监管单位基础信息库的基础上，进一步积累经验，建立财政监督案例库、财政检查要点库、处理处罚标准库，将在预算监督、会计监督、金融监督和内部控制监督中的典型案例列入经验库，并列出检查工作中的重点、要点，以及这些案例最终的处罚结果。这些实践经验对未来财政监督工作有较好的借鉴作用,对于类似的案例,可以找出规律,直击要害,节约时间、精力,全面提高监督组织效能与抵御风险能力。

(六) 做好财政监督信息化建设的安全保障

财政监督信息化建设为财政监督工作提供了新的平台,推进了财政监督工作,但由此也带来了安全问题,在不断深化财政监督信息化建设的内容中,安全问题也是重要的一项。财政监督信息涉及政府各部门、企业信息数据的公开,财政监督信息数据的安全防护,需要有全新的模式,不仅要重视对财政监督数据本身的安全保障,还要注重财政监督数据平台的安全建设。

目前财政监督的安全风险主要来自于物理损坏风险、无意错误风险和有意破坏风险、管理不当风险。针对这些风险,要做好日常的财政信息化安全防范工作,建立安全制度,将安全策略制度化是保证信息系统有序运行的基础,是工作人员必须遵守的工作准则。包括系统管理人员工作制度、机房管理制度、突发事件应急制度、数据备份与保密制度、密码管理与定期更换制度、安全审查制度、系统维护制度、系统后期开发与升级制度、与被监督单位数据交换制度、数据库维护与分级授权使用制度、病毒定期清理制度、岗位责任制度等。具体措施:一是实时进行数据备份。为防止系统发生不可逆的操作造成数据丢失,信息化建设过程中要设计足够的备份资源,进行实时备份。二是做好身份识别和访问控制。采用身份识别方法和技术对访问财政监督信息系统的人员进行身份鉴别和验证。访问控制服务器可以根据所存储的用户建立,验证用户的身份,判断该用户可以访问哪部分信息。三是实行密码管理。利用密码管理手段,控制只有拥有专门密码的人员才能进入或者只有拥有特定权限的人员才能进入某个特定领域。四是利用防火墙技术。防火墙是一个部署在网络基础设施中的硬件或者软件解决方案,它可以通过限制对于某些特定的网络资源的访问,实施一个系统的安全策略。五是进行入侵检测。为抵御防火墙本身无法消除的风险和漏洞,可以通过入侵检测,分析网络中的分组数据流,查找未经授权的活动,让用户在系统受到危害之前对安全漏洞采取措施。另外，利用加密技术对数据进行加密保护，确保信息不会被任何未经授权的人员读取，也是提高网络安全的一种常见策略。

回顾与总结：在信息化时代和建立现代财政制度的背景下，财政监督的信息化建设是顺应大数据时代发展的需要，其顺利实施是提高财政监督效率和监督能力的重要途径。财政监督信息化建设的主要内容包括财政监督日常业务管理系统和财政监督现场检查系统两部分。财政监督信息化建设的总体目标定位为业务监督网络化、监督检查电子化和沟通互动信息化。为了实现这些目标，财政监督部门应坚持科学合理、系统全面、分步实施和安全保险的原则，从制度建设、软硬件投入、人才培养、信息化平台建设、信息库整合和加强信息安全性的角度来进行信息化建设。

第七章　现代财政监督绩效

本章导读：本章阐述了财政绩效监督的含义、主要特征，介绍了财政绩效监督的内容、方法和程序等，并探讨我国财政监督部门（专门机构）绩效评价存在的问题，构建了财政监督绩效评价的指标体系。

财政资金的安全性、合规性、效率性监督，是实施财政监督的重要内容，也正是如此，安全性、合规性、效率性监督制度，构成了财政监督制度的重要内容。但受传统财政管理与监督方式的影响，安全性监督、合规性监督为人们所接受和重视，而效率监督，即绩效性监督却被忽视或轻视，从而造成了绩效性监督制度的薄弱与缺乏。现代财政制度下，绩效监督成为监督不可或缺的重要内容，是加强财政管理、深化财政改革的重要措施。此外，与其他行政行为一样，财政监督部门和专门机构的工作效果也应受到衡量和评价，即通过绩效评价对财政监督部门和专门机构实施监督。因此，本章现代财政制度下财政监督绩效包括两部分内容：一是财政绩效监督；二是财政监督部门（专门机构）的绩效评价。财政绩效监督和监督绩效都属于财政监督的范畴，是财政监督的两个方面。

第一节 财政绩效监督

一、财政绩效监督概述

(一) 财政绩效监督的含义

绩效，通常是指成绩、效果和效益的总称。现代管理学认为，绩效就是管理行为主体的管理活动所取得的成绩与形成的积极效果。

绩效管理产生于20世纪70年代，到了20世纪80年代后期，被广泛应用于各个领域。绩效管理是基于事实，有组织、客观地评估组织内每个人的特性、资格、习惯和态度的相对价值，确定其能力、业务状态和工作适用性过程。绩效管理活动包括绩效规划、绩效控制、绩效改进三个过程，其中，绩效规划是前提，绩效控制是手段，绩效改进是目的。绩效管理强调运用科学、规范的评价指标体系和评价方法，进行定性和定量对比分析，对组织经营成果和风险做出综合评价。近年来，我国各级财政部门也越来越重视绩效管理，初步建立了财政收支的绩效评价体系，财政绩效监督也逐渐成为财政监督工作所关注的重点内容。

财政绩效即财政收支活动所取得的成绩及产生的效果，财政绩效监督是以提高财政资金筹集、分配与使用绩效为目的，在有效开展财政收支合规性监督的基础上，按照绩效管理的要求，通过制定明确合理的目标，运用科学的绩效监督方法和一系列的指标，对财政收支行为过程及其结果进行客观、公正的制约和反馈，对绩效目标的实现程度及效果进行监督，找出实际绩效状况与应当达到的绩效水平之间的差距，从而督促被监督主体达到预期绩效的监督过程。绩效监督的核心是科学、客观、全面地反映财政收支的实际绩效状况，提出进一步提高绩效的方向和方法，促进被监督主体不断提高财政收支效果。因此，财政绩效监督是财政收支管理的深化和延伸。

（二）财政绩效监督特征

1. 财政绩效监督与合规性监督的特征比较

从财政绩效监督的概念可以看出，绩效监督是以传统合规性监督为基础并加以拓展，增加了对财政资金的筹集与使用的"3E"监督，即经济性、效率性和效果性监督。因此，与传统的财政合规性监督比较，财政绩效监督在监督对象、目标和方法等方面都有自身的特点，主要表现在以下几个方面。

在监督对象上，财政合规性监督主要是对与考察合规性直接相关的财政财务会计资料及相关的经济活动进行审查；而财政绩效监督则是在此基础上，重点对与财政资金效益性直接相关的各种经济资料、技术资料和各项管理活动等情况的监督检查。

在监督目标上，财政合规性监督主要是审查会计资料是否真实，财务支出是否合法，其目的是查错纠弊，保证财政财务收支的真实性和合法性；而财政绩效监督则是通过审查各项预算资金筹集与使用的经济性、效率性和效果性，评价财政收支活动是否经济、是否合理、是否有效，并提出改进意见，达到改进内部控制，调整和优化收支结构，强化支出管理，提高财政管理效率和资金使用效果的目的。

在监督方法上，财政合规性监督主要采用检查会计资料等方式方法。而财政绩效监督除此之外，还针对绩效管理的特点，以过程为基础，以结果为导向，利用关键绩效指标，运用比较法、因素分析法、问卷调查法和成本收益法等方法，对资金筹集、资金投入、项目管理和收支成果进行综合监督。

在监督标准上，财政合规性监督以有关法律、法规和制度为标准，以公认会计准则为准绳；而财政绩效监督不仅要以相关法律法规和公认的会计准则为依据，而且更多的是以预算或项目建设要求的绩效目标、行业标准和内部管理制度等一些形式的文件为依据。

2. 财政绩效监督与绩效评价的特征比较

财政绩效监督与财政绩效评价都是绩效管理的重要内容。财政绩效评价体系的建立是财政绩效监督的基础。但两者相比较，又各自表现出不同的特点。

从地位作用来看，绩效评价既可以服务于预算部门（单位）的项目验收、项目管理部门的项目管理，也可以服务于财政部门的财政管理工作，是预算编制和预算执行管理工作的重要环节和内容，是加强预算编制和执行的重要工具，绩效评价结果直接用于预算编制与执行工作的改进；而绩效监督则是财政部门开展的服务于财政管理的监督，是建立预算编制、执行和监督相互分工并相互制衡机制的重要内容，绩效监督结果也作用于预算编制与执行。同时，绩效监督对绩效评价机构及绩效评价结果也有监督作用，即绩效评价的再评价。

从实施主体来看，财政支出绩效评价的组织实施主体既可以是财政部门，也可以是项目建设单位的主管部门或中介机构；而财政绩效监督的组织实施主体只能是财政部门。

从运用的方法来看，绩效评价是运用全部绩效评价指标对收支绩效进行评价；而绩效监督则是根据重要性和监督工作的成本效益原则，选取关键性指标用于绩效监督。

从内容来看，绩效评价注重收支结果的评价，即对部门和收支绩效目标的实现程度，特别是为实现这一目标安排预算的执行结果进行考核与评价；而财政绩效监督是对行为与结果的监督，既包括对目标实现程度和结果的监督，也包括对资金筹集、资金投入以及项目与资金管理等情况的监督，其中财政收支的绩效评价工作的组织和完成情况，也是财政绩效监督的内容之一。

二、财政绩效监督的内容、方法和程序

从 2003 年开始，财政部陆续制定了部分行业的绩效考评办法，组织部分

中央部门开展预算支出绩效考评试点工作。与此同时，一些地方财政部门也成立了绩效考评管理机构，组织开展了绩效考评试点工作。绩效考评的推进为财政监督工作的开展奠定了基础。

2004 年，财政部下发《关于加强财政支出绩效监督工作的若干意见》，第一次对财政部门开展财政支出绩效工作提出了明确要求。2008 年，财政部发布的《关于加强地方财政监督工作的若干意见》进一步提出，各级财政部门要按照因地制宜、循序渐进的工作思路，结合监督检查，选择一些与人民群众切身利益息息相关，同时各方面管理基础较好的专项资金开展绩效监督试点，探索尝试从项目合理性及实现程度、预算执行情况、资金使用合规性和合理性、财务管理状况等方面进行分析考评，促进完善绩效评价监督体系，逐渐将绩效评价监督结果作为部门预算编制的重要依据，作为财政管理问责的依据，促进财政监督绩效的提升。

"十三五"期间，我国将健全公共财政预算，提高公共财政收入质量，增加公共服务领域投入，着力保障和改善民生。其中，"取消预算外资金，将所有政府性收入纳入预算管理"成为非常重要的内容之一。基于此，从财政绩效监督的角度出发，应当建立覆盖所有政府性资金和财政运行全过程的"大监督"机制，强化事前和事中监督，促进监督与管理的有机结合；健全预算绩效管理制度，将财政管理的所有资金纳入绩效评价范围，明确财政部门应逐步将绩效评价结果作为预算编制、调整的重要参考依据，建立和完善财政支出绩效激励与约束机制，并将其纳入财政监督职责。

（一）财政绩效监督的内容

财政绩效监督按照不同的标准有不同的分类：一是按照财政资金的运行过程，财政绩效监督包括行为监督和结果监督。行为监督体现了财政监督的监控职能，包括投入监督和管理过程监督。结果监督反映了财政绩效监督的最终目标，包括产出监督和影响监督。二是按照监督的对象不同，财政绩效监督可分为宏观监督和微观监督。宏观监督即对财政预决算的监督；微观监督即对财政投资项目的监督。三是按照监督涉及的范围不同,财政绩效监督可分为三个层面:项目支出绩效监督;部门整体财政支出绩效监督;财政综合绩效监督。三者是一个层层递进、逐级包容的关系,单位负责财政项目的管理,部门负责单位的财政管理并对项目管理有最终管理权,而综合监督是对一级政府或一定区域的财政绩效进行监督。对这三个层次主体的绩效监督体现了一个从具体到全面的过程。四是按照监督的时效性划分,财政绩效监督分为短期监督和长期监督。该分类方式体现了财政绩效监督的动态性。

以项目支出监督为例,来阐述财政绩效监督的具体内容。财政项目支出绩效监督的主要内容包括立项情况、项目管理情况、预算执行情况等行为监督以及项目验收情况、项目的经济效益、社会效益等结果监督(见表7-1)。

表7-1　　　　　　　　财政项目支出绩效监督主要内容

财政项目支出绩效监督	绩效监督要点
行为监督	1. 是否有立项论证(报告)
	2. 立项目标是否明确
	3. 项目必要性(不应当、不急需)
	4. 项目完成程度
	5. 项目能否按期完成
	6. 项目组织管理情况
	7. 项目是否存在损失浪费
	8. 项目是否属于重复建设(替代性)
	9. 项目是否闲置(停产)
结果监督	1. 项目验收情况
	2. 项目获益群体(直接、间接)
	3. 获益群体是否体现公共性
	4. 项目的经济效益
	5. 项目的社会效益
	6. 项目的远期预测

(二) 财政绩效监督的主要方法

财政绩效监督的目标要求设计出科学、完整和规范的绩效监督方法，并科学、合理地加以运用，对财政收支绩效状况进行全面、真实和客观的监督。财政绩效监督方法的选择是否适当，直接影响财政绩效监督结果的公正性和客观性。因此，在实际运用过程中，需要根据不同的绩效监督目标，科学、合理地加以选择和运用。如对一个单项的支出监督进行绩效监督，可能需要同时选用几种监督方法。

1. 查阅资料

查阅书面或电子文件、数据等资料，是绩效监督工作一项重要的技术方法。各种历史的或现时的资料文件，如财务资料、统计数据、政府审计报告和被查单位内部的原始记录等，都是绩效监督中需要收集的证据。

2. 检查账目

查阅财务报告、会计报表、账目、会计凭证等，重点核查会计核算、财务管理是否规范，支出是否符合财务会计制度规定。

3. 实地察看

实地察看是指监督检查人员到被查单位的工作场所或被查项目实施的现场进行现场察看，了解项目的建设情况和运行状况，与其他方式获取的信息进行对比分析，如与计划核对、与图纸核对等，保证获取完整的资料。

4. 走访调查

走访调查主要有调查与座谈等方式。调查时一般先采用抽样方法，选取要调查的对象，采用发放问卷、电话调查或者当面询问等形式，并对反馈资料进行科学分析。如可就某项政府提供的公共服务的满意度，向公众进行问卷调查。座谈方式通常应用于监督过程的各个阶段。财政监督人员可以根据需要，事先准备好问题，通过面谈和讨论，发现问题、收集证据。一般可以分为两类：一是初步了解情况的座谈，大多在下发检查通知书以后、第一次与被查单位接触时进行，主要是了解机构情况和项目概况，收集信息资料等；

二是交流监督结果的座谈，主要是向被查单位介绍监督检查发现的问题，听取被查单位的意见。座谈的方式多种多样，可以组织多人同时座谈，也可与一人单独进行座谈。

5. 分析研究

除采用以上方法外，还应着重采取定性和定量相结合的方式，综合运用比较法、因素分析法、成本收益分析法、最低成本法、目标评价法和公众评判法等开展绩效监督工作。

比较法是指通过对绩效目标与绩效结果、历史情况和现实情况、不同部门和地区同类收支的比较，综合分析考评绩效目标完成情况的监督方法。

因素分析法是指通过分析影响目标、结果及成本的内外因素，综合分析绩效目标完成情况的监督方法。

成本收益分析法是指将一定时期内的收支与效益进行对比分析，监督评价绩效目标完成情况的监督方法。

最低成本法是指通过计算各备选项目的有形成本，并以成本最低为择优的标准来确定最终的支出项目的监督方法。

目标评价法是指将报告期绩效水平与预先目标进行对比分析的监督方法。

公众评判法是指对一些无法直接用指标计量其绩效的财政收支，通过专家评估或社会公众进行问卷或抽样调查，以社会公众的认同度高低作为标准的监督方法。

（三）财政绩效监督的基本程序

财政绩效监督的基本程序和步骤方法与其他合规性监督有很多相同之处。如制订检查计划、组织检查组、编制实施方案、下达检查通知书、实施监督检查、编制工作底稿、撰写和上报检查报告等方面。同时，绩效监督又有其自身的鲜明特点，是对监督结果的监督，其应当由第三方来进行。下面以项目支出绩效监督为例，介绍财政绩效监督的基本程序。

项目目标的实现程度即项目结果是项目支出绩效监督最为关注的问题，

而良好的项目运行过程则是实现项目目标的基本保障。因此，财政项目支出绩效监督是以过程为基础、以目标为导向，根据项目实施过程，从项目立项、目标规划、项目管理到项目实施结果，对项目实施全过程进行监督。除与一般合规性监督共同的程序和步骤外，财政项目支出绩效监督应着重把握以下五个步骤：掌握项目基本情况、选择关键性绩效评价指标、组织实施绩效监督、取得绩效监督结论和提出绩效管理建议（见图7-1）。

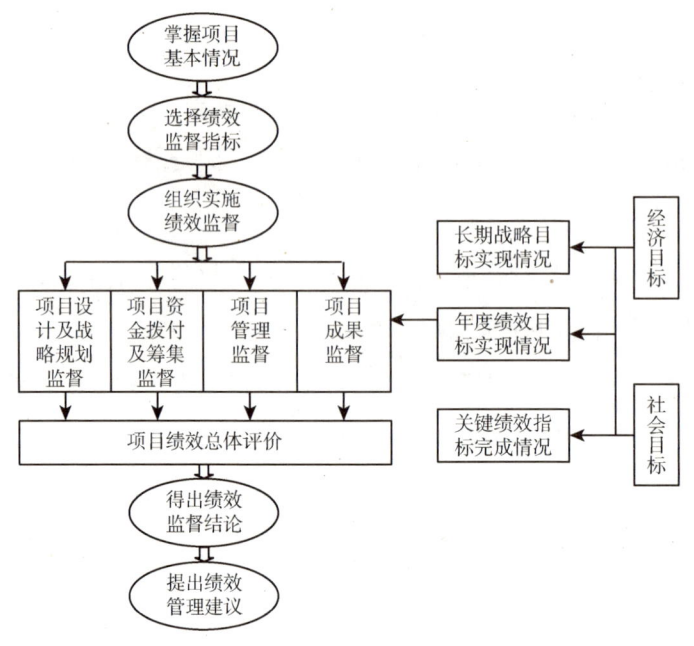

图7-1 财政项目支出绩效监督流程

1. 掌握项目基本情况

在实施监督之前，监督人员首先要通过调阅有关资料、召开座谈会等方式，了解和掌握被调查单位和项目的基本情况，如单位概况、项目立项背景、项目目标、项目运作流程、项目下达与实施时间、项目预算资金投入水平以及以往的监督检查或绩效评价等有关基本情况。必要时还要走访主管部门，以保证被查单位和项目有一个比较全面的认识和了解，为进一步开展绩效监督工作打好基础。

2. 选择关键绩效指标

财政绩效监督需要选择绩效指标作为检查的手段和依据。项目的绩效指标一般包括项目结果性指标、效率性指标、环境性指标和社会性指标。由于指标众多，绩效监督只需要选择其中若干关键指标。选择的原则应当是以项目结果为导向，挑选与项目目标密切相关的关键指标作为衡量项目绩效的手段，一般选择结果性绩效指标和效率性绩效指标。结果性指标是与项目目标实现程度直接相关的指标，效率性指标也应当以有助于实现预期目标、提高项目绩效为目标。表 7–2 列举了部分项目支出的绩效指标，这些指标可作为代表项目目标的指标。需要说明的是，表 7–2 只是列举部分绩效指标作为参考，并不代表各个具体项目支出的全部绩效指标。

表 7–2　　　　　　　　部分财政项目支出绩效指标

一、基本建设项目支出绩效指标
单位投资就业人数 = 新增总就业人数（包括本项目与相关项目）/项目总投资（包括直接投资与间接投资）
项目的单位净产值综合能耗 = 项目的年综合能耗/项目的净产值
工程质量合格品率 = 单项工程合格数量/全部单项工程数量
工程提前（延期）完成时间 = 工程计划完成时间 – 工程实际完成时间
财政资金依存度 = 财政资金到位数/整个项目计划投资数
实际单位生产（或营运）能力投资 = 项目实际投资完成额/投产后实际生产（或营运）能力
实际投资利税率 = 项目达到设计能力以后一个正常生产年度的利润和税金/投资总额
二、公共卫生项目支出绩效指标
计划免疫任务完成率 = 实际完成的计划免疫人数/项目规定免疫人数
重点人群干预任务完成率 = 实际完成的干预任务/项目规定的干预任务
治愈率 = 治愈病人数/病人总数
设备使用率 = 实际在用设备数/项目购置设备总数
孕产妇死亡率 = 孕产妇死亡人数/孕产妇人数
病人管理任务完成率 = 实际完成的病人管理任务/项目规定的病人管理任务
疾病治疗的经济效益：因提供治疗服务而使病人恢复劳动能力所能带来的生产价值和劳动者个人收入

续表

三、财政科技支出绩效指标
科技人员人均科研费用＝科研经费/科技人员人数
科技人员人均发表课题、成果数＝课题成果数/科技人员数
科技人员人均获科研成果奖数＝获科研成果奖数/科技人员数
科技人员科技成果应用转化率＝已经成功运用的科研成果数/科研成果总数
高科技投入成功率＝高科技投入项目成功数/高科技投入项目数
项目成功率＝财政投入项目成功数/财政投入项目总数
科研人员队伍稳定率＝（科研年初人数－因非客观因素离开人数）/科研年初人数

3. 实施绩效监督

对于每个项目，以结果为导向的绩效监督应当从四个方面来进行：即项目的设计及战略规划、项目的资金拨付及筹集、项目的管理和项目的结果（见表 7－3）。

表 7－3　　　　　　　　　财政项目支出绩效监督内容

		绩效监督内容	结论	监督方法	备注
项目设计及战略规划	1	项目立项是否合规、合理	是/否	审查项目设立的法规、文件依据，经批准的可行性研究报告	
	2	项目目标是否明确	是/否	审查立项文件，召开座谈会，随机询问项目单位人员	
	3	项目设计是否适当、可行，设计方案是否为了解决特定问题并有作用	是/否 不适用	分析相关问题，审查需求报告	
	4	项目是否是解决特定问题的最佳方案	是/否 不适用	比较各种方案的成本效益	
	5	项目是否具有明确的长远绩效目标	是/否 不适用	审阅项目实施计划书，战略规划文件等	
	6	项目是否具有明确的年度绩效目标	是/否 不适用	审阅经批准的年度绩效计划或阶段性计划	
	7	是否定期对项目进行客观独立的绩效评估	是/否 不适用	审阅项目评估文件资料	

续表

		绩效监督内容	结论	监督方法	备注
资金拨付及筹集	8	项目是否制定了与其目标相统一的资金预算	是/否	审查年度预算报告和项目预算报告	
	9	项目资金（包括配套资金）是否按计划确定的数额到位	是/否	审查合同、协议、资金到位情况	
	10	项目资金（包括配套资金）是否按计划确定的时间及时到位	是/否	将资金实际到位时间与项目资金预算、使用计划的预定时间进行比较	
项目管理	11	项目是否具有健全的管理制度并有效执行	是/否	调阅书面管理制度并审查其执行情况	
	12	项目合同书、项目进度报告、验收报告、技术鉴定等资料是否齐全并及时归档	是/否	调阅相关资料	
	13	项目主管部门是否定期收集绩效信息，并利用有关信息管理项目，提高绩效	是/否	审阅项目进度报告和报表，资金使用报告，人员工时投入报告，项目成果报告	
	14	项目负责人是否对成本、项目时间进度和项目绩效结果负责	是/否	审阅合同、协议、处罚或奖励决定文件，询问有关人员	
	15	项目资金管理是否适当，是否专款专用，是否存在虚列支出、截留、转移、侵占、挪用资金等违规问题，或损失浪费现象	是/否	根据财务制度审查支出，根据合同或协议审查项目费用的结算	
	16	是否聘用有相关资质的单位进行项目的勘察、设计、施工、监理，是否采用招标方式	是/否	审查有关资质证明、招投标文件和中标决定过程	
	17	项目建设有关的重要设备、材料是否进行了政府采购	是/否	审查有关资质证明和政府采购资料	
	18	项目财务管理制度是否健全	是/否	调阅审计和财务检查报告，并审查财务管理资料	
	19	项目完成进度是否与计划目标一致	是/否	审查项目进度表，现场察看	
	20	项目的质量管理水平是否达到规定标准	是/否	调阅独立的质量评估报告或质量认证报告，现场察看	

续表

		绩效监督内容	结论	监督方法	备注
项目结果	21	项目年度绩效目标是否实现，是否存在项目成果无法满足项目目标，或设备闲置等问题	是、一般程度、较大程度、否	调阅年度绩效报告、评估报告，编制具体项目年度绩效表进行对比分析，现场察看	
	22	项目长远绩效目标的实现是否取得相应进展	是、一般程度、较大程度、否	调阅年度绩效报告进行对比分析和综合因素分析	
	23	项目的可持续影响是否实现	是、一般程度、较大程度、否	调阅环境监测报告等资料和绩效标准	
	24	项目的社会目标是否实现	是、一般程度、较大程度、否	调阅公众满意度调查报告、社会状况调查报告、绩效标准	
	25	项目的独立评估是否表明项目具有成效	是/否	调阅项目评估报告或其他鉴定报告	

4. 做出绩效监督结论

（1）做出概括性结论。财政部派出机构在完成项目绩效监督实施过程之后，根据项目的关键绩效指标，与实际完成情况进行对比，分析并填制项目绩效监督评价表，结合项目绩效监督评价表和实地考察结果，对项目在目标设计与战略规划、资金拨付与筹集、项目管理以及项目成果等方面进行总结，包括评述项目整体完成情况，得出绩效监督的基本结论。

（2）分析说明问题。财政部派出机构要对绩效监督过程中发现的问题进行分析和说明。如项目有无实施必要，资金规模是否适当，程序是否规范；资金拨付与支出过程中存在的问题及原因；项目完成后的效益实现情况；大部分实现、部分实现或无法实现等。

5. 提出管理建议和处理意见，督促整改

在绩效监督过程实施完毕后，检查人员应当对发现的问题逐一提出有针对性且切实可行的管理建议，并与有关单位和人员充分沟通，取得被查单位的反馈意见，掌握被查单位准备采取的整改措施，督促项目管理单位和实施单位及时纠正整改。同时，财政部派出机构应当将绩效监督报告，包括监督结论和整改建议，及时提交财政业务管理机构和主管部门，为有关部门进一步加强项目和资金管理以及提高资金使用绩效提供参考依据，并督促有关部门和单位共同落实。

三、深化财政绩效监督

当前，我国财政绩效监督的法律和制度体系还不够完备，预算管理体制也不能完全适应政府绩效管理的需要，还不同程度地存在着"重分配、轻管理，重使用、轻监督，重投入、轻绩效"的问题。因此，应进一步强化财政绩效监督。

（一）确定重点突破、循序渐进的财政绩效监督思路

财政部发布的《关于完善和推进地方部门预算改革的意见》，明确要求各地探索建立预算绩效监督评价体系。把绩效监督管理理念与方法引入财政支出管理，逐步建立起与公共财政相适应、以提高政府管理效能和财政资金使用效益为核心的绩效监督评价体系。从理论上讲，财政资金绩效是衡量我们理财能力和水平的重要标准。用好纳税人的钱，千方百计把钱用在刀刃上，努力提高使用绩效，是公共财政的本质要求。要进一步强化财政资金的绩效意识，优化公共财政的支出结构，大力推进和改善专项资金绩效评价工作。从现实角度来说，部分地区的财政支出绩效评价工作尚处于探索阶段。由于绩效评价是一项全新的工作，难度较大，并且没有现成的经验可以借鉴，因此需要认真加以总结，务求实效，不断创新，努力推进财政支出绩效评价工作的深入开展。根据我国财政管理现状，应坚持"先易后难、突出重点，夯实基础，规范操作，分步实施"的原则稳步推进财政绩效监督工作。因此，各级财政部门应根据各自条件和实际情况，科学合理地确定财政绩效监督的内容、方式和方法，采取循序渐进的方法，选准切入点和突破口。可选择目标比较明确、基础管理比较规范、社会绩效和经济绩效较直观的大型支出项

目以及重点专项转移支付资金，包括人民群众密切相关的社会保障资金、教育资金、扶贫资金等专项资金开展绩效监督。

（二）优化完善财政绩效监督的环境基础

1. 加大财政绩效监督的理论研究和宣传力度

开展财政绩效监督是财政部门加强财政支出管理的一项新的重要举措，只有得到社会各界的普遍认同和支持，才能保证其不断推进和有效实施。一方面，要加强财政绩效监督的理论研究，从监督方法研究与监督标准选择入手，着重探索适合我国国情的绩效监督途径；另一方面，要加大宣传力度，在政府部门内部乃至全社会逐步树立"花钱买效果"的预算观和监督理念，普及绩效知识，宣传绩效文化，使提高政府行政效率和财政支出结果导向成为全社会的共识，为开展财政绩效监督工作营造良好的运行环境和群众基础。

2. 推进财政绩效监督立法与制度体系建设

一是研究出台关于财政绩效监督方面的法律法规，对财政绩效监督的内涵与原则、主体与客体、范围与内容、方法与程序、标准与指标、成果与运用等方面逐步加以规范。二是按照绩效管理的内在要求，逐步建立健全财政支出预算编制、执行和决算各环节的相关监管制度和内部控制制度，如预算部门（单位）的自我评价制度、资金的追踪问效制度和责任追究制度等。

3. 改革政府会计制度

一是完善适应权责发生制的政府会计制度。实行绩效预算和绩效监督必须改革政府会计制度，在现行的收付实现制会计框架下，通过引入权责发生制的部分要素来修正收付实现制会计方法的不足，并逐步向适合我国国情的并具有较强可操作性的政府会计制度过渡。二是设计科学合理的政府会计报告模式，完整反映政府经济资源、财政状况和运行成果。三是建立完善的政府会计信息体系，提高政府会计透明度。

4. 加快财政绩效监督管理信息系统建设

我国财政部门应充分借鉴并吸收国外数据收集、处理、分析和利用的经验，根据我国财政支出使用和管理的实际情况，改进和完善财政支出数据的采集方法和方式，收集和采集部门和项目的基础资料。结合"金财工程"建设，把财政管理绩效信息融入"金财工程"体系当中，努力建设统一、规范的绩效管理与监督信息系统，加强绩效监督评价指标库、数据库、项目库和专家库建设，为财政绩效监督提供必要的技术支持。

5. 培养水准专业化、结构多元化的财政绩效监督队伍

财政绩效监督工作涉及面广、工作量大、业务新、要求高，监督检查人员不仅要熟悉财政、财务会计业务以及相关法律知识，而且要具备数学、统计学、运筹学、数量经济学、系统论、人力资源管理等众多学科的知识。因此，必须加强对从事财政绩效监督工作的相关人员的政策、业务培训，吸收具有法律、建筑工程、计算机等方面知识的专业人才，形成多元化的监督人员结构。同时，要充分利用外部专家和社会中介结构参与绩效监督工作。

（三）建立完善财政绩效评价指标和财政绩效监督标准体系

1. 财政绩效评价指标体系的建立

科学的绩效评价指标是财政绩效监督工作的重要基础和依据。财政绩效评价指标，是衡量、监测和评价财政收支的经济性、效率性和效益性，揭示财政收支运行中存在问题的重要量化手段。以财政支出绩效评价为例，财政支出内容的复杂性、支出对象的层次性和支出效益的多样性等特点，决定了对财政支出绩效的监督，必须建立一个与财政支出绩效监督分类体系相适应的多层次、多类型、立体化的指标体系（见图7-2）。

（1）财政绩效评价指标体系设计的原则。财政绩效评价指标的设计是否科学合理，直接关系到绩效监督的质量。指标的设计要体现出指标分类的科学完整、实用规范；做到概念明确、口径规范，具有可比性。一是科学性原则。指标体系的科学性是保证监督结果准确合理的基础。财政收支绩效涉及范围广，因此在指标设计上应考虑其层次性和内在逻辑性，使得指标体系内部各指标协调统一，层次和结构清晰合理。二是相关性原则。绩效评价指标

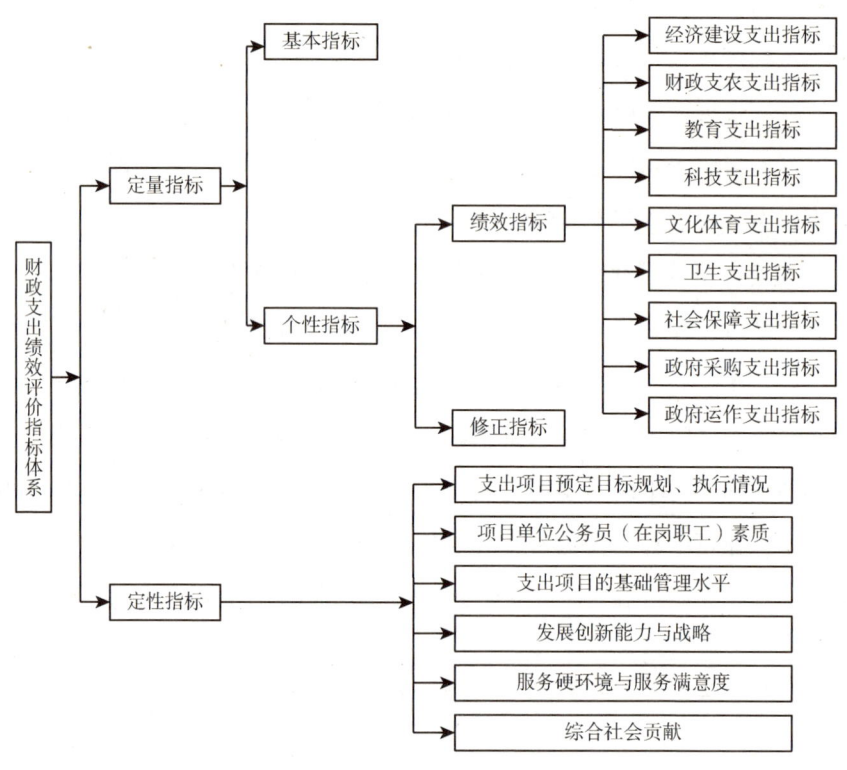

图7-2 财政支出绩效评价指标体系

的选择要与绩效预算目标有直接或间接的联系，能够为财政收支状况提供评判的依据。在选择每个评价指标时应考虑该指标在整个指标体系中的地位和作用，根据它所反映的特定监督对象的性质和特征，制定指标的口径、范围和内涵。三是系统性原则。在实际工作中，常常会出现局部效益好整体效益差、经济效益好社会效益差的情况，因此要着眼于大局，坚持经济效益和社会效益相结合、效率和公平相结合，全面反映经济和社会的和谐发展。四是定量分析与定性分析相结合的原则。无论是定性分析还是定量分析，其应用都有一定的局限性。在实际应用中，应明确定性分析是基础，定量分析是定性分析的量化和具体化，遵循"定性—定量—定性"的分析思路，做到"定量分析定性化"和"定性分析定量化"。五是完整性与经济性原则。财政收支范围广，内容复杂，指标体系的设计应能反映财政收支效益的各个方面，不能遗漏重要内容或有所偏颇。同时，各个指标间应有相关性，尽量避免指标内容重叠。此外，指标过多，会导致数据收集困难，成本提高，缺乏可操作性。数据的获得应符合成本效益原则，选取最有代表性的指标。

（2）财政绩效评价指标的分类。一是按适用对象分类，绩效评价指标分为基本指标和个性指标。基本指标是适用于所有部门的绩效评价指标，个性指标是针对部门和行业特点确定的适用于不同部门的绩效评价指标。基本指标主要包括五种类型：绩效目标完成程度、预算执行情况、财务管理状况、经济和社会效益、资产的配置和使用情况等。二是按指标性质分类，绩效评价指标分为定量指标和定性指标。定量指标是指可以通过数量计算分析评价内容的指标。定性指标是指无法通过数量计算分析评价内容，而采取对监督对象绩效客观描述和分析来反映评价结果的指标，是对定量指标的补充。具体包括效益性指标、创新性指标、合规性指标、人员素质指标、公共责任和公众满意度指标等。三是按指标内容分类，项目的绩效指标一般包括项目结果性指标、效率性绩效指标、环境性绩效指标和社会绩效指标。

2. 财政绩效监督标准体系的建立

财政绩效监督标准是衡量和评价被监督活动的经济性、效率性和效果性的业绩标准。财政绩效监督标准是衡量、考核和评价监督对象绩效高低、优劣的判断尺度，是提出监督意见、做出监督结论的依据，是财政绩效监督工作不可或缺的因素。财政绩效监督标准的恰当与否直接关系到监督结论的正确性。由于绩效监督对象和内容的多样性，不可能使用完全相同的监督标准。在财政绩效监督中，可根据与具体监督项目相联系的"经济性、效率性、效果性"的特定内涵来确定该监督项目的绩效评价标准。

（1）财政绩效监督标准的特征。一是可靠性。在相同环境和条件下，不同的监督人员应用同样的标准衡量同一被监督事项可以得出同样的结论。二是客观性。监督标准本身应当是客观的、现实的，不受任何单位或个人的偏见或分歧的影响。三是可理解性。监督标准内容清晰，不存在重大歧义或容易导致误解的情况。四是重要性。对绩效监督指标在整个监督工作中的地位和作用进行筛选,选择最具代表性、最能反映监督评价要求的指标,确定监督标准,将该标准与被监督事项相互比较。五是可操作性。指在现有条件下,绩效监督标准对被监督事项具有一定针对性和可实现性,便于监督人员操作和使用。

(2) 财政绩效监督标准的来源。我国目前财政绩效监督尚处于初步发展阶段,还未形成较为成熟的财政绩效监督计量标准,可暂时考虑将以下标准作为财政绩效监督的既定计量标准:一是国家认可的绩效标准,包括相关法律法规、财会制度及一些相关的技术考核标准等。二是行业绩效标准,指被监督部门或项目所处行业的平均绩效水平。三是被监督部门的管理制度,包括被监督项目的中长期规划、计划、预算建议书、可行性报告和初步设计,项目合同标准,或外部专家意见等。四是国际上通用的绩效标准,这些标准是在长期的绩效监督评价实践中形成的,具有一定的合理性。

(四) 促进财政绩效监督成果的充分利用

财政绩效监督成果是对财政收支效益的总体评价,也是政府和财政部门对社会资源配置能力和效率的集中体现。充分利用财政绩效监督成果,才能真正发挥绩效监督作用,并确立财政绩效监督的权威性。一是将财政绩效监督结果作为财政管理信息库的组成部分,为财政部门以后预算的编制、优化财政收支结构和提高财政支出效率提供强有力的信息支持。二是将财政绩效监督结果作为预算安排的重要依据,从资金分配源头上加以规范。对于资金使用效率高、效益好的部门和地区,在财政资金拨付上重点倾斜,优先考虑;对于资金使用效率低、效益差的部门和地区,可考虑在以后年度安排预算时扣减资金,甚至取消项目。借助财政绩效监督,不断优化财政收支结构和支出投向,合理配置资源,加强资金监控,提高项目管理水平和财政支出使用效益。三是利用财政绩效监督结果,促进部门(单位)增强责任和效益观念,提高财政资金收支决策水平、管理水平,督促各部门落实绩效监督建议,不断强化内部控制,提高财政资金使用效益。四是依法对财政绩效监督中发现的各种违法违规问题进行处理，严肃财经纪律，以增强财政绩效监督工作的权威性。五是将财政绩效监督成果作为财政资金使用部门考核的参考依据。政府要在将部门（单位）财务收支合规性纳入年度考核的基础上，以制度形式将财政绩效监督的结果纳入政府年度考核范畴，作为资金使用单位年度考核、干部晋升的依据。对绩效监督中发现的问题，要提出明确的整改意见，督促主管部门和单位予以落实。六是提高监督结果的公开透明性，实行财政绩效监督结果披露。建立面向公众披露的绩效报告制度，增强政府公共支出的透明度，满足公众对公共资金使用的知情权和监督权，促进财政资金的有效合理使用。

第二节　财政监督部门的绩效评价

一、财政监督部门（专门机构）绩效评价的现状

我国的财政监督是伴随着社会主义改革开放和市场经济的逐步建立和完善而发展起来的，至今无论是在理论上还是实践上都存在许多薄弱环节。现代财政制度对我国的财政监督提出了新的要求。在这一背景下，财政监督部门绩效评价作为财政监督的监督，更是面临着挑战。

首先，我国财政监督绩效评价的内容与方法过于单一。目前，我国财政监督绩效评价的内容主要是考核评价。包括单项考核评价和综合考核评价。其中，单项考核评价的主要内容是调研信息的上报情况，包括上报数量和上报质量，即调研信息是否在相关刊物上发表及是否被领导采用。综合考核评价以岗位责任、职能细化等为前提，以监督成本、日常监督、专项检查、调研信息四大方面为主要内容，采取一定的量化指标进行评分，从而对财政监督的绩效做出一定的评价。无论是单项考核评价还是综合考核评价，都仅仅是财政监督绩效评价的不成熟形式，只是对财政监督工作人员的工作业绩进

行了评价,并没有将整个财政监督机构视作一个整体进行评价,不仅没有考虑财政监督机构的业绩,也没有深入分析一项财政监督工作的效果,更没有考虑一项财政监督对被监督对象是否产生积极的作用。而且,在评价方法上,我们注重定量评价的方法,在指标的设计上,也侧重定量指标。然而,"绩效"问题的复杂性就在于它的全面性与综合性,绩效评价所关注的方方面面,不可能全部都是可以量化的,对有些方面的绩效评价,取决于公众的价值判断,而这些离不开定性分析。即使是可以量化的指标,也同样需要定性分析。并且对于可量化的指标,在指标设计上,也不是单纯的用现有的经济指标代替就可以了,而是要根据财政监督绩效评价的实际需要,在财政监督的实践中逐步摸索,设计出合理的评价指标。

其次,财政监督绩效评价对于财政监督更多的是起到一种事后管理的作用。一般是通过财政监督绩效评价对财政监督的工作做出评价,若财政监督绩效低,则需要做进一步的分析从而找到绩效低的原因,找到财政监督工作中存在的问题与漏洞,最后再研究改善财政监督工作的对策。可见,财政监督绩效评价的事后管理作用的发挥需要一定的时间,在这段时间内经济形势、被监督的对象以及公众的预期可能已经发生了明显的变化,这样,在财政监督绩效评价与财政监督工作的改善以及财政政策的完善之间就产生了时滞,从而在一定程度上削弱了财政监督绩效评价对财政监督以及财政管理工作的积极作用。

二、推进财政监督部门(专门机构)绩效评价工作的思路

(一) 树立绩效理念

开展财政监督部门绩效评价是加强部门管理,提高部门工作效率的重要举措。目前财政监督部门的一些工作人员仍存在缺乏公共性、效率化的现代财政观念。部分部门和单位对绩效评价工作的重要性和意义没有引起足够的

重视，还没有形成绩效评价的理念。因此，要加大宣传力度，在财政监督部门内部树立绩效评价理念，普及绩效知识，宣传绩效文化，使提高政府行政效率和工作结果导向成为全财政监督部门的共识，为开展财政监督部门的绩效评价工作营造良好的运行环境。

（二）完善绩效评价机制

通过上述对我国财政监督绩效评价现状的分析可见，当前制约我国财政监督绩效评价发展的问题是缺乏一个全面的、系统的财政监督绩效评价机制。结合绩效评价的相关理论，可以从横向和纵向两个维度构建全面的财政监督绩效评价机制。

1. 财政监督绩效评价机制横向指标的构建

绩效理论认为绩效测量应包括三个方面：经济、效率、效果，即通常我们所熟悉的3E原则。这是一个具有普遍适用性的标准，本章前面财政绩效监督标准的建立同样基于3E原则。这里对财政监督绩效横向指标的构建也从这三个方面入手，只因评价的对象不一样，建立的指标体系不同而已。

在制定指标的过程中，要注意实事求是，根据实际需要，确定哪些评价内容需要进行定量分析，哪些评价内容需要进行定性分析，从而设计出合理的定量指标与定性指标。

（1）基于经济原则的指标构建。在财政监督绩效评价这一问题上，基于经济原则构建的指标更侧重于对财政监督成本的测量。这一原则要求我们在实施财政监督的过程中，尽可能节约各项开支，努力降低财政监督成本。

从财政监督部门的角度可以设立财政监督开支占总开支比率、财政监督部门与其他部门（主要包括税务部门和审计部门）重复检查次数两个指标。在这一部分，一方面，利用横向比较法来比较各个财政监督机构监督开支占总开支比率的高低。根据该比率在各个财政监督机构的高低分布，来分析这种分布是否具备合理性。如果不具备合理性，就要找出导致这种分布的深层次原因，在各个财政监督机构之间进行相应的调整，力图达到最佳的资源配置。具体到某一个财政监督机构，还要运用历史比较法，将当期监督成本与以前年度同期的监督成本进行比较。如果当期监督成本过高，就要分析原因，尽最大努力降低其自身的监督成本。另一方面，要特别关注对被监督者的重复检查次数的测定。在我国，对政府财政活动的监督存在着多头监管问题。一项政府财政活动，不仅要接受专门的财政监督机构的检查，还要同时接受诸如税务、审计这样的经济监督部门的检查。这就存在一个重复检查问题，不仅给被监督者造成沉重的负担，也是对监督资源的浪费。因此，如果重复检查次数过多，就需要财政监督机构同其他经济监督部门之间加强沟通，减少不必要的检查项目，努力降低重复检查的次数，节约监督成本，增强经济效率。

（2）基于效率原则的指标构建。具体到财政监督绩效评估问题上，在效率原则的指导下，我们可以从财政监督机构和财政监督工作人员两个角度构建相应的指标。

首先，针对财政监督机构的效率测评，可以从投入产出的角度进行评价，从而构建出投入产出比率这一指标。这里的投入是指财政监督机构开展某一具体的财政监督工作所耗费的可量化的直接人力、财力和物力。产出是指通过开展这一具体的财政监督工作所得到的可量化的直接收益。

其次，针对财政监督工作人员的效率测评，主要是看财政监督工作人员能否在规定的时间里保质保量完成规定的监督任务。这里，强调工作人员要有时间观念，不能无故拖延时间。此外，要同时兼顾数量和质量要求。特别是质量要求，更是不容忽视。如工作人员操作过程是否规范，是否按流程要求操作，形成的工作报告、统计报表、调研报告等书面文件是否规范、具体和客观等。

（3）基于效果原则的指标构建。财政监督的效果有两层含义，首先是直接效果。主要是指财政监督对被监督者是否产生好的影响，有没有找到被监督者存在的问题，有没有使被监督者的效益提高。这需要对被监督者进行相关测评。通过对财政监督直接效果的评估，可以明确财政监督的方向，为下一年度财政监督具体内容的确定提供依据。其次是间接效果。主要是指财政监督工作可以促进财政政策的顺利实施，从而达到稳定国家政权、维持社会稳定、促进经济发展的目的。

通过对财政监督效果含义的分析，我们不难发现，财政监督的效果很难量化，特别是它的间接效果，因此，这一部分主要是采用定性评价的方法进行财政监督绩效评估，并且可以让社会公众参与到效果评价当中，听取社会公众的评价意见。

2. 财政监督绩效评价机制纵向指标的构建

纵向上，对每项指标进行事前、事中、事后的全过程控制。首先，在事前控制中，一方面要做好传统意义上的事前管理工作，这包括建立健全财政监督工作的各项规章制度，明确各个部门单位、各个工作人员的权责利，以及加强对被监督单位的档案管理等。另一方面，要针对前面建立的各个财政监督绩效评价指标，设定相应的评价标准，不论是从定量的角度还是从定性的角度，都要事先规定一项财政监督工作想要达到的目标，从而使后面的事中控制和事后控制有据可依。

其次，在事中控制中，一方面要注意规范财政监督的实施程序，另一方面要始终密切关注各个指标与目标值的吻合程度，注重信息反馈，并根据反馈的信息及时进行修正，不断改善工作思路及工作计划。

最后，在事后控制中，要注重回访，加强后续监督，并通过财政监督绩效评估形成对财政监督组织机构及工作人员的约束激励机制，做到奖罚分明，提高相关部门及人员工作的积极性。①

（三）加强绩效评价结果运用

一是建立监督结果报告制度。定期汇总各财政监督部门绩效评价的结果，

---

① 张婷婷. 我国财政监督绩效评估探析 [J]. 财政监督, 2011 (12).

作为加强管理、反映部门工作成效的重要依据。二是完善财政监督绩效评价结果公开制度。按照政府信息公开的有关规定，将各财政监督部门工作的绩效评价结果、绩效目标实现情况、处理处罚决定等结论性内容公开。三是建立绩效问责制度。根据相关法律法规及部门工作考核办法，对因故意或管理过失致使财政资金配置和执行绩效未达到预期目标的财政监督部门以及责任人员实施绩效问责。

回顾与总结：财政绩效监督对于完善财政管理、深化财政改革、提高资金效益和拓宽监督视野均具有重要意义。各级财政部门应加大财政绩效管理与绩效监督的探索和实践，建立并完善绩效评价指标和财政监督绩效评价体系，积极创新绩效监督方式方法。在合规性监督的基础上，坚持"先易后难、突出重点、夯实基础、规范操作、分步实施"的原则，稳步推进财政绩效监督工作，不断丰富绩效监督手段，积累绩效监督经验，加强绩效监督成果的利用，促进财政管理水平的提高。

第八章　现代财政制度下的内部控制

本章导读：本章介绍了财政内部控制的含义、特征、原则、作用，阐述了我国财政内部控制制度的建立和发展，介绍了财政内部控制的制度体系和执行体系，并提出了进一步完善我国财政内部控制制度的思路和措施。

现代内部控制是市场经济和工业化发展的产物。早期的内部控制发端于企业管理领域，随着企业内部控制理论的发展，政府管理中，特别是经济管理中开始引入内部控制理论与方法，财政管理的内部控制也逐渐兴起。

内部控制也称"内部管理控制"，是一个由主体的人员实施的、旨在实现特定目标的管理过程。控制活动是管理活动的重要组成部门，有管理活动就有控制活动。控制有内外之分，外部控制主要是通过外在的压力促使内部运行纠偏和完善，使运行过程不偏离目标；内部控制则是系统的自动调整和自我完善。外部控制最终要通过内部控制起作用，内部控制在管理活动中发挥基础性作用。从静态上说，内部控制是指预算单位为履行职能、实现总体目标而建立的保障系统，该系统由内部控制环境、风险评估、控制活动、信息与沟通和监督等要素组成，并体现为与行政、管理、财务和会计系统融为一体的组织管理结构、政策、程序和措施；从动态上说，内部控制是预算单位为履行职能、实现总体目标而应对风险的自我约束和规范的过程。内部控制不仅包括经济活动，还包括对审批权、职权等事权的控制。

内部控制制度是组织形式演化及治理结构发展的产物，是组织内部的一项特定制度安排，具有特定功能，发挥着特定的作用。当前国际上对内控制度在管理及监督中的应用已经有比较高的认同度，在监管中的基础性作用和不可替代性也已显现。学术界一般认为当代行政部门的结构越来越复杂，议会和法院根本无法完成控制任务，所以应更多地关注行政部门的自我控制，并认为这是外部控制得以运转的必要依托，具体承担内部控制任务的只能是各部门，同时还要对各部门进行控制和协调，以免各部门在控制中做出相互矛盾的行为。

国际最高审计组织机构（INTOSAI）1992年发布的《内部控制准则》直接规定政府部门应该建立内部控制机制，并且规定了审计机关对政府建立健全内部控制的责任；国际会计师联合会（IFAC）公共部门委员会于2001年发布《公共部门治理——管理层的视角》的报告，该报告提供了各国政府有关政府治理的最佳实践，指出公共部门的最佳治理结构应包括行为准则、组织架构与程序、控制作业和外部报告四个要素，从深层次理解这四个要素，它们实质上贯穿着内部控制的思想；考虑到政府治理的重要性，INTOSAI又于2004年发布了新的《公共部门内部控制准则指南》，为世界各国公共部门建立健全其内部控制制度提供了模板与依据。

第一节 财政内部控制的基本内涵

建立和实施财政内部控制制度，是现代财政职能的应有之义，是现代财政管理的重要方法，也是加强财政监督的重要举措。

近年来，随着财政改革逐步深化，财政监督的内容、方式也相应发生了变化：逐步从对企业财务收支检查为主，转向对财政收支监督控制为主；从事后监督为主，转向事前、事中、事后控制监督相结合、实施对财政收支全过程的监控；从关注和查处违规事项，向完善内部控制制度、促进财政管理的方向转变。但在这个转变过程中，财政内部控制制度不完善、与现代财政制度建设不相适应的问题日益显现出来，因此，应进一步建立健全和完善财政内部控制制度。

一、财政内部控制的含义

财政内部控制是财政部门的自我监督，是财政运行系统内部依据一定的目标，采取适当的手段，建立有效的制度，对财政收支活动进行的监督与控制，以及时纠正偏差与失误或调整相关计划与政策，最大限度实现财政目标的管理活动。内部控制强化了"管权、管事、管人、管物"的机制，是一项有效的财政管理和监督制度。财政内部控制是财政部门的管理控制系统，涵盖内部各项财政业务、各个部门和岗位。它具有以下特征：

一是防范性。它是在财政运行过程中的控制，能有效地防范财政资金的损失、浪费，提高财政资金的使用效益。

二是主动性。它是财政运行系统自身主动进行的控制，能有效克服被动控制的消极性，提高控制的效率。

三是预警性。它能通过及时发现财政运行过程中的失误与偏差，发出预警信息，使财政运行系统能及时调整有关计划与政策。

四是及时性。它能利用单位或部门内部信息的对称性，及时发现和消除财政管理中存在的风险，及时地进行处置和纠正，防止事件的扩大和降低财政风险。

二、加强财政内部控制的必要性

加强财政部门内部控制建设，是建设法治政府的客观要求，是深化财税体制改革、优化财政治理、推进依法理财的重要内容和手段,也是建设廉洁政府的重要抓手,对于建立健全权力运行的制约和监督机制、减少自由裁量权、限制公共权力滥用、有效避免财政政策制定和资金分配过程中的行政风险、法律风险与廉政风险等方面具有重要意义。

(一) 维护全局利益和社会公共需要

财政是公共行为,目标是实现社会利益最大化、满足社会公共需要。财政内部控制通过对财政分配活动过程的合法性、合规性和有效性进行监督与检查,能有效保证财政资金合理分配,专款专用,使财政资金的效益显著优化,从而保证社会公共需要和社会利益的实现。

(二) 防范财政风险的需要

通过加强财政内部控制,有利于堵塞漏洞、惩治腐败,既可增加财政收入,又能有效提高财政支出效率,防范财政风险的发生。财政风险是指财政领域中因各种不确定因素的综合影响而导致财政资金遭受损失和财政运行遭到破坏的可能性。财政风险存在的可能性决定了财政监督的必要性,通过对公共权力的制约,实现政府更好地用好公共资源,减少失误、防范、化解财政风险的目的。

(三) 促进财政管理水平提高的需要

通过财政内部控制的监督、评价、反馈等功能,可以及时发现和纠正财政管理中存在的问题,有利于健全和完善财政管理制度和相关业务流程,保证财政资金的安全性、规范性和有效性,促进财政管理的科学化、规范化和精细化,不断提高财政管理水平。

(四) 促进廉政建设的需要

财政部门手中握有分配资金等权力,这些权力如果不加监督与控制,就有可能滋生腐败，出现对财政资金不恰当分配和使用的现象。财政部门拥有财政分配、管理和监督等权力，同时又是财政财务会计制度的制定者、执行者。按照分权、制约的原则，建立预算编制、执行相分离，建立寓监督于管理全过程的内部控制制度，形成职能、部门、人员间等相互制约机制，可以防止权力滥用。加强内部控制，可以对财政部门权力建立一种有效的监督制约机制，将财政部门内部各处室的行为置于财政监督之下，促进财政部门自身的廉政建设。

三、财政内部控制目标和原则

财政内部控制的目标是减少财政资金收支运行的偏差与失误，确保财政管理工作有效地实现财政目标。就财政内部控制而言，其目标主要是保证财政资金合理、合规、有效地使用，确保财政干部清正廉洁。

财政内部控制的原则主要有：

(一) 风险导向原则

财政内部控制应以预防和控制风险为出发点，能够对各种风险进行有效的防范。按照这一原则，财政部门应建立以风险为导向的内部控制体系，在充分考虑内部环境的前提下，要以风险评估为基础，制定控制制度与程序，加强信息沟通和持续监督，以保证内部控制系统持续有效地运转。

(二) 制衡性原则

财政部门内部控制应当在机构设置及权责分配、业务流程等方面形成相互制约、相互监督，同时兼顾运营效率。政府部门在建立内部控制系统时，应该构筑纵向的上下级之间的决策和授权方面的制衡，横向的职能部门之间业务分工以及流程方面的互相制衡关系。

(三) 有效性原则

财政部门内部控制应当合法，具有及时性和可操作性，能够有效执行和评估。政府部门内部控制必须符合国家法律法规和部门规章，必须具有高度的权威性，任何人不得拥有不受约束的权力，应通过可操作性的内控手段和方法，建立科学、合理的内控程序，使之能够得到贯彻执行并发挥作用，实现内部控制的目标。

(四) 重要性原则

财政管理活动内容很多，内部控制应针对主要内容，抓住主要环节组织实施。主要应抓好预算编制、预算执行过程中的项目资金管理与行政审批事项。要针对预算支出项目的编制、资金的拨付、各类从业资格证照的审批等环节，制定完善的控制措施，实施严密控制，保证各项管理活动合法合规。

(五) 全面性原则

财政内部控制需要全盘考虑财政管理系统和财政监督体系及其相互关系，整体策划财政控制的主体构成和客体范围，以及操作环节的分布。内部控制要覆盖所有的部门和岗位，应贯穿于财政活动的全过程，全面规范各项业务活动，使财政业务活动的各个方面都有章可循，形成一个互相补充、互相协调的内部控制体系。

(六) 实用性原则

完善的财政内部控制机制应该根据各岗位业务性质和人员的要求，赋予相应的作业任务和职责权限，规定操作规程和处理手续，明确纪律规则和检查标准，职责和权力要相对等。内控规则不能太复杂，要简要明了，便于操作。

当然，财政内部控制还可以总结出其他原则，如合法性原则、谨慎性原则、及时性原则、独立性原则等，但从实效性看，数量不应是越多越好。数量太多，财政部门内部控制实践中灵活运用难度就会增大。因此，对财政部门内部控制的原则整合是必要的。

四、财政内部控制层次结构

财政部门内部控制要覆盖其相关的各个部门和岗位，应贯穿于财政活动的全过程，全面规范各项业务活动，使财政业务活动的各个方面都有章可循，形成一个互相补充、互相协调的内部控制体系。财政部门内部控制可以从以下三个层次入手。

（一）战略规划控制

战略规划层即宏观层，是指它在整个财政管理的大框架之下，通过财政部门合理配置内部权力，把重点放在对财政部门的发展具有战略意义的主要因素上，解决财政管理存在的关键问题的控制制度。财政部门为实现其战略目标必须加强对内部决策的控制。

（二）管理实施控制

管理实施层即中观层，涵盖财政部门内部各项财政业务及相关岗位，并应针对业务处理过程中的关键控制点，落实到决策执行监督反馈等各个环节，应充分考虑相关的控制环境、风险识别与评估、控制活动与措施、信息沟通与反馈、监督与评价。从内容看，应包含预算管理、财政政策管理、财政监督管理、人员管理和行政管理五部分。

（三）制度执行控制

制度执行层即微观层，是指财政部门对预算编制过程中的关键环节制定的具体程序性的制度，是预算收支部分的内部控制，具体包括预算收入和支出、国库集中收付、政府集中采购和预算外资金收支等内容。

综上所述,财政部门内部控制的范围若包括战略规划层、管理实施层和制度执行层,那么它是在整个财政管理的大框架之下的全层次内部控制,涵盖内容似乎太多,不宜操作和运行;若仅从制度执行层展开,只包含预算收支部分内部控制,则又不利于有效反映财政活动全过程,使之与各部门、各项业务活动之间均有联系。因此,财政部门内部控制应先从管理实施控制和制度执行控制两个层面入手,暂时不包含战略规划控制,这将有利于设计和执行。但是,在具体设计财政部门内部控制制度时,亦需兼顾地方财政部门的战略问题。

五、财政内部控制的内容

财政部门的内部控制由内部控制环境、风险评估、内部控制活动、信息与沟通和监督检查五个方面构成。

财政部门内部控制五要素的内在逻辑为:内部环境是影响、制约财政部门内部控制建立与执行的各种内部因素的总称;风险评估是及时识别、科学分析和评估影响财政部门目标实现的各种不确定因素并采取应对策略的过程;内部控制活动是根据风险评估结果、结合风险应对策略,采用恰当的控制措施以确保财政部门内部控制目标得以实现的政策和程序;信息与沟通是及时、准确、完整地收集与财政部门经济活动相关的各种信息,并使这些信息以适当的方式在政府部门内部和外部进行及时传递、有效沟通和正确应用的过程;监督检查是财政部门对其内部控制的健全性、合理性和有效性进行监督检查与评价,并做出相应处理的过程。其中,内部环境和信息与沟通两要素是政府部门内部控制的实施基础;风险评估与内部控制活动两要素是政府部门内部控制的实施过程;监督检查要素是政府部门内部控制的实施保证。

内部控制应贯穿于财政管理的全过程,具体包括以下内容:

(1) 监督财政支出的各项指标分配是否合理、合法。

(2) 监督财政机关各职能部门的财政分配是否符合预算法的规定。

(3) 监督财政部门预算调整是否符合规定，是否报经有关权力机关审批。

(4) 监督财政资金的调度、拨款是否按预算级次、按预算计划、按工作进度，分清轻重缓急，及时拨款到位。

(5) 监督财政机关内部财经法纪的执行情况。

第二节　财政内部控制制度的构建与实践

1994年分税制改革以后，在明确界定中央和地方财权、事权的基础上，各级财政部门相继开展了部门预算改革、国库支付制度改革、政府采购改革以及预算绩效改革等，这些改革措施对提高财政管理的精细化和科学化水平、完善公共财政体系起到了重要作用。但是，从财政管理实践来看，我国财政管理的体制机制仍存在不少漏洞和缺失，如制度约束性不强，财政改革方面重他律轻自律，国库集中支付改革、财政专户资金管理以及政府采购制度执行不到位等。还有一些单位的财政管理暗箱操作严重，无法实现对权力的监督制约。另外，财政管理权力结构制衡机制还没有完全建立，许多资金分配和审批事项的自由裁量权还比较大，容易导致"财政管理监督的缝隙"，从而造成财政资源配置与公共利益目标相脱节。上述问题究其原因，主要是财政管理控制制度环境较差，风险评估以及控制措施缺位，信息沟通渠道不畅，监督控制活动没有发挥其应有的作用。建立一套科学完善的以基本制度和内控流程为框架的内部控制制度，有利于全面规范财政管理活动，有效发挥财政的职能作用。

一、我国财政内部控制制度的构建

内部控制是财政监督的重要切入点，在财政监督体系中具有重要的特殊地位。进一步健全和完善财政内部控制是全面落实科学发展观、促进和谐社会建设的需要，也是实现财政管理科学化、精细化的需要。近年来，随着各级财政部门对内部控制工作的重视，我国财政内部控制工作取得了较大的成绩，对提高财政管理水平和反腐倡廉建设起到了积极作用。

2002年，财政部为了严格财经法规，促进廉政建设，建立健全财政部门内部控制机制，规范内部监督检查工作行为，根据《中华人民共和国预算法》、《中华人民共和国会计法》等法律、法规和财政规章的有关规定，结合财政部门工作特点，发布了《财政部门内部监督检查暂行办法》。2007年7月1日开始实施的新《会计法》要求："各单位应当建立健全单位内部会计监督制度"，并把这一规定作为单位负责人必须承担的会计法律责任之一。《会计法》所规范的单位不仅包括企业单位，也包括事业单位和行政单位。因此财政部门的行为也要受到《会计法》的约束，但是毕竟它不是一个专门规范财政部门内部控制的法律。虽然《财政部门内部监督检查暂行办法》是为了建立健全财政部门内部控制机制，但是内容比较笼统，没有明确的财政内部控制主体、对象及范围。为进一步提高行政事业单位内部管理水平，规范内部控制，加强廉政风险防控机制建设，财政部于2012年11月发布《行政事业单位内部控制规范（试行）》，并于2014年1月1日起全面实施。

加强内部控制，是建立法治政府的客观要求，也是深化财税体制改革、优化财政治理、推进依法理财的重要内容和手段。2014年11月以来，财政部已出台《财政部内部控制基本制度（试行）》和八个专项内控办法等一系列制度规定。财政部建立和实施内部控制，正是推动我国财政部门主动加强对政府内部权力制约的现实举措和实现途径。随着《财政部内部控制基本制度（试行）》的制定，我国已经形成了较为完整的政府内部控制体系，行政事业单位内部控制规范的实施也就有了起点和依据。

与此同时，各级财政部门也积极推动本部门及各类行政事业单位加强内部控制建设。例如，北京市于2013年就率先在全国启动了行政事业单位内部控制的动员大会。由北京市财政局牵头，会同北京市纪委等共同成立了"行政事业单位内部控制规范实施联席领导小组"。同时,北京市财政局成立了局内联合工作组,以扎实推进局内外行政事业单位的内部控制建设工作。

在《财政部内部控制基本制度(试行)》下发后,财政部驻河南省财政监察专员办事处立足于强管理、防风险、促发展,结合该部门业务特点,采取"一、二、三、四"工作法,注重痕迹化管理,提高自身"免疫"功能。"一"是厘清一个概念。对于专员办来讲,痕迹化管理就是通过对财政管理权和监察执法权运行的文书、签字、数据、档案等关键痕迹的管理,为岗位风险的识别、评价、控制、监督、问责提供原始依据。"二"是实行两个结合,即有形无形相结合、内查外调相结合。"三"是做实三个环节,即以风险防控点为基础,明晰岗责,合理留痕;以签字环节为核心,明确责任,强化落实;以信息化为保障,规范标准,减少失误。"四"是达成四个目标,即解决权力运行的"边界不清、职责不明"问题、解决风险查找的"避实就虚、空泛无着"问题、解决防控制度的"流于形式、约束无力"问题、解决监控责任"虚位、缺位、挂空挡"的问题。

安徽省和云南省对财政部门内设机构进行全面审计,查补漏洞,改进管理。山西省在内部监督中突出问题导向,对项目安排、预算执行进度等开展专项内部监督,增强针对性。天津市以内部经济责任审计为抓手,强化结果运用,推进管理制度完善。青岛市探索构建重要事项监管一体化工作模式强化内部监督,对重要事项开展同步再监督,发现问题录入内部监督案例提醒平台并及时予以反馈,发挥预警作用。据统计,2011~2014年,各级财政部门共对内设机构和下属单位开展33600多户次内部监督检查,促进规范财政管理,取得良好成效。

二、财政内部控制的制度体系

(一)财政部内部控制基本制度

《财政部内部控制基本制度(试行)》总则的第1条开宗明义提出,按照分事行权、分岗设权、分级授权，强化流程控制，突出了用制度管权、管事、管钱，这既符合十八届四中全会依法治国的要求，又体现出内部控制的核心理念。

《财政部内部控制基本制度（试行）》确定了内部控制的目标、主要要素、遵循原则，要求建立包括基本制度、专项风险管理办法、各单位内部控制操作规程在内的三级内部控制制度体系，确定了财政部内部控制组织管理架构，明确了内部控制方法和主要内容，进行了内部控制职责分工，并要求做好内部控制检查和报告。具体内容包括：

1. 总则

明确了财政部内部控制的内涵、适用范围、主要目标、基本要素和原则、制度体系和组织管理架构。其中，制度体系包括《内控基本制度》，根据《内控基本制度》制定的专项风险管理办法，各单位内部控制操作规程三个层次。组织管理架构包括内控委和部内各单位两个层级。内控委领导由部领导担任，成员由监督检查局、巡视工作办公室、办公厅、人事教育司、驻部监察局、机关党委（纪委）和条法司、综合司、税政司、预算司、国库司、国际经济关系司、信息网络中心等单位主要负责人组成，内控委下设办公室，内控办设在监督检查局，内控办主任由监督检查局局长担任。各单位设置内控管理岗和内控管理联络员。

2. 内部控制方法

内部控制的核心是建立制衡机制，分事行权、分岗设权、分级授权，实现决策、执行和监督相互分离、相互制约，强调流程再造和信息化手段的应用，做到关口前移、"未病先防"。《基本制度》提出了不相容岗位（职责）分离控制、授权控制、归口管理、流程控制、信息系统管理控制五个方法。

3. 内部控制主要内容

在认真查找梳理财政部业务工作及管理中存在问题的基础上，按照全面控制、突出重点的要求，提出要着重防控八类风险，即法律风险、政策制定风险、预算编制风险、预算执行风险、公共关系风险、机关运转风险、信息系统管理风险和岗位利益冲突风险,明确了防控这八类风险需要把握的重要节点和主要措施。同时,对其他内部控制措施如人事管理、财务管理、采购和购买服务管理、资产管理、内部审计等也提出了要求。

4. 内部控制职责分工

明确了内控委、内控办、八类风险防控牵头司局、部内各单位及其主要负责人、内控管理岗、内控管理联络员等各自的职责,以及责任追究的负责单位。

5. 内部控制检查和报告

明确了内部控制的检查内容和报告程序,强调要建立各单位内部控制检查情况定期披露制度和内部控制情况报告制度。各单位应组织开展本单位内控日常检查,针对发现的各种风险事件或内控薄弱环节,及时提出解决措施或建议并向内控办报告。内控办应组织开展定期检查和不定期检查,及时发现内控薄弱环节、查找原因、堵塞漏洞。各单位日常检查情况、内控办检查情况,由内控办对风险事件进行分级,提出处理建议并向内控委报告。内控委根据需要将相关情况向部党组报告。制度要求,强化结果运用,将单位和个人执行内控制度的情况纳入考核指标体系。

(二) 专项内部控制办法

2015年,根据部党组和财政部内部控制委员会第一次全会的要求,监督检查局(内控办)会同部内有关牵头单位,针对政策制定风险、预算编制风险、预算执行风险、法律风险、公共关系风险、机关运转风险、信息系统管理风险和岗位利益冲突风险八类风险发布实施了八个专项内部控制办法,通过梳理业务流程,找出关键节点,厘清责任边界,识别和分析存在的业务风险和廉政风险,综合运用不相容岗位(职责)分离控制、授权控制、归口管理、流程控制、信息系统管理控制等防控方法,对业务流程进行有效管控,防范可能发生的各类风险。为达到党风廉政建设主体责任"一岗双责"的要求,八个办法特别明确了部领导和部内各单位一把手的责任,并对主要业务流程的责任细化到每个具体环节，做到过程留痕、责任可追溯，以有效纠正"处长当家"的弊端。在体例上，八个办法按照业务操作手册的形式编写，每个业务流程都归纳了主要控制环节，梳理出存在的重大和一般风险，明确了责任方，提出了切实可行的防控措施，并配以流程图，以保证办法的实用性和可操作性。

财政部此次实施内部控制并没有推倒重建，而是在新的形势下对单位组织结构和职能进行重新梳理和科学划分，根据业务属性特征，合理匹配财政部各部门的权力与责任，健全相互牵制的职能和岗位机制。从这一基本制度来看，财政部此次内部控制建设大致呈现两大特点。一是组织架构科学。财政部成立内部控制委员会，下设内控办公室并设在监督检查局，负责内部控制工作的部署、检查、考评；各单位设置内部控制管理岗和内部控制管理联络员，负责本单位内部控制具体建设工作；并建立责任追究制度，通过日常监督、内审、巡视、纪检监察等多种手段督促内部控制建设不断改进完善。这一架构层级清晰，分工明确，责任落实到位，形成管理闭环。二是推进路线清晰。财政部首先制定了内部控制基本制度作为部属各单位建立和实施内部控制的指导性文件，然后将财政部门重大风险梳理划分为八大类，再由各单位制定本单位内部控制操作规程。这样一来，逐级细化，层层分解，既便于分解操作，又利于相互协同。各部门沟通融合并进行信息系统固化，是真正实施内部控制的必由之路。同时，财政部门的各项风险控制，不可能是一个部门和一个环节就能完成的，需要协防共管，需要各司局在不同层次和不同环节上进行协商交流，不断进行改进完善。

三、财政内部控制制度的执行体系

（一）建立及时有序的风险事件应对机制

发生风险事件的单位，第一时间报告内控办，同时采取有效措施防范次生危害、降低风险事件危害、弥补制度和流程漏洞。内控办及时向内控委报告相关事宜，完善相应制度办法，督促整改，并按照内控委决定进行通报。

(二) 建立公平有效的内部控制考评机制

组织对内部控制制度执行情况的考核与评价，科学确定考核评价的重点和标准，将专项风险内部控制办法及操作规程当中的风险进行量化，设定合理的分值，将各单位内部控制制度执行情况、自查自纠情况、风险事件应对情况、专项检查处理及整改落实情况等纳入考核评价范围和指标体系，逐步形成科学、合理、公平、公正的考核评价指标体系。

(三) 建立严格的检查问责机制，对内部控制失职失察单位和干部职工违规行为进行责任追究

组织开展定期检查和不定期检查，适时通报检查结果，对做得好的单位和个人予以表扬，对工作不力的单位和个人予以通报。根据风险事件不同等级，制定对应的惩戒措施，坚持有责必问、问责必严。要强化结果运用，将单位和个人内部控制制度执行情况与评"优"评"先"、干部提拔使用等挂钩，全面提升管理成效。

(四) 推进财政内控信息化建设，强化内部流程控制

结合财政信息系统和办公自动化系统建设，将基本制度和八个办法提出的内部控制理念、控制活动和控制措施固化在相关信息系统中，通过授权控制和流程控制防范业务风险，实现内部控制的程序化、常态化和内部信息的公开、共享，使决策、执行、监督既相互协调又相互制约。

组织各单位开展内控日常检查，汇总分析各单位内部控制中的新情况。有效应对风险事件，督促风险事件发生单位和专项内部控制牵头单位及时报告风险事件和应对措施，提出风险事件分级建议和处理意见，及时向内控委报告。组织内部控制有效性专项检查和考核评价，督促部内各单位切实贯彻

落实内部控制制度。

四、财政专职监督机构的内部控制

对于财政专职监督机构而言，更需要规范监督行为，推进依法监督，加强自身内部控制。

（1）在检查计划制订阶段，要根据查前调研、监管情况分析和征求听取有关方面意见等情况，集体研究制订检查计划并按程序报批，体现民主、科学决策的要求。

（2）在检查过程阶段，要有针对性地制订检查工作方案，开展查前培训。严格按照《财政部门监督办法》、《财政检查工作办法》、《财政部门实施会计监督办法》、《会计师事务所监督检查工作规程》等规章制度的要求开展工作，使财政检查工作的内容、形式、程序符合法定工作要求。

（3）在检查处理阶段，实施检查审理分离，加强审理复核。做到事实清楚、取证确凿、定性准确、处理处罚依据充分。

（4）加强重点环节的监督。要严格执行回避制度，有效防控岗位利益冲突风险；严格履行行政处罚告知、听证程序，保障被检查人合法权益；严格程序报批，做好公告公示，推进政府信息公开；严格保密制度，加强检查人员保密培训，未经批准不得擅自接受媒体采访、不得擅自披露检查信息，不得擅自在微信、微博和外网电子邮件中发布与检查有关的任何信息。

（5）梳理职责、细化流程，识别风险，控制节点，建立完善监督检查工作流程控制规程，将制衡理念体现到监督检查工作的全过程。

五、财政部内部控制和财政系统内部控制

为深入贯彻落实党的十八大和十八届三中、四中、五中全会精神以及财政部党组关于在财政系统全面推进内部控制建设的决策部署，监督检查局

(内控办)印发了《财政部关于加强财政内部控制工作的若干意见》(财监〔2015〕86号,以下简称《意见》),要求各级财政部门把思想和行动统一到中央要求上来,切实加强财政内部控制建设的组织领导,并结合当地实际研究建立严密有效的内部控制体系,省级财政部门于2016年上半年、市、县财政部门于2016年年底全面完成内部控制制度的建立和实施工作。《意见》强调,各级财政部门要结合财政自身业务特点,在"三突出"上做好文章:一是突出关键,重点聚焦于财政政策拟定、预算管理等财政重点领域和重要环节,针对重要流程和控制节点实施有效的内部控制;二是突出制衡,在财政预算管理、资金分配等核心业务流程建立决策、执行、监督的相互制约和相互协调的财政权力约束机制;三是突出权责对等,建立与财政业务及管理相适应的授权管理体系,科学分配权力,审慎确定权限,确保各岗位人员行使的权力要与承担的责任相一致。

财政部在全国财政系统推广财政内部控制理念和具体制度办法,指导和推动全国财政系统的内部控制制度建设。撰写培训大纲和教材,分层次开展内部控制专题培训。对部内各单位内部控制管理岗、内部控制管理联络员进行培训,对各地财政厅、局开展内控制度专题培训,切实推动财政系统内控机制建设进程。有效履行行政事业单位内部控制制度建设的职责任务,促进行政事业单位内部控制制度的科学规范。

第三节 进一步完善财政内部控制制度的思路

一、财政部门内部控制制度建设应处理好的关系

(一)制度基础与制度创新的关系

内部控制制度建设应当遵循制衡性原则,在职责分工、部门管理、业务

流程等方面形成相互制约和相互监督，及时纠正偏差与失误，约束和调节财政内部各项活动，规范操作程序和规避业务风险，从而实现财政管理科学化、规范化、精细化。但实践过程中，应该注意，建立内部控制制度并不是意味着要完全独立于原来的管理体系，创立一套新的体系，而是根据内部控制理论，对原有的制度与程序进行梳理、整合，经过优化统筹，形成一条完整的工作链条，既确保各项财政业务工作高效开展，又确保内部权力规范运行。

（二）制度稳定性与连续性的关系

为了确保内部控制制度的科学性，在设计的过程中必须进行反复论证和摸底排查，根据责任归属、权限大小设计相应的管理制度，保持制度的稳定性。但与此同时，财政内部控制制度建设是一个系统的、长期的、不断完善的过程，是一个动态管理体系，需要随着外部环境的变化、部门活动的调整和管理水平的提高，进行不断的增加和修正，保持制度的连续性。

（三）制度建设的面与点的关系

内部控制制度建设必须围绕预算管理、财政监督管理、资金管理、财政政策管理、国有资金管理、会计事务管理、人员管理等所有财政工作，建立完善相应制度，使内部控制贯彻、渗透到各个环节，形成全过程、全方位覆盖。彻底消除内部控制盲点。与此同时，在全面控制的基础上，应着重关注重点岗位和重点领域中的关键点，加大力度防范重点领域和重点区位可能对财政部门产生重大影响的风险。

二、落实财政内部控制制度应把握的关键

思考如何抓好制度落实，提高内部控制能力，关键要把握好三方面重点内容。

一是从风险管理入手，夯实内部控制的基础。风险管理是内部控制的基

础，只有准确查找、分析、评估风险，才能善加应对，形成定期的风险评估机制。

二是从均衡制约入手，把握内部控制的关键。内部控制制度要对日常管理和业务活动进行区别设计，注重发挥制度的均衡和制约作用，主要是明确岗位权限，面向内部和外部公开岗位职能、明确授权和行权范围，防止出现由于岗位责任不清楚而导致的无人管理和推诿扯皮；平衡岗位职能，实施不相容岗位分离控制，分解过大权力，防止权力的过度集中；强化岗位制约，通过设置辅助岗位、复核岗位或采取"AB角"制度约束关键岗位，防止出现过度用权；做实分级管理，一级岗位一级责任，逐级把关逐级审核，既要杜绝越级决策又要防范管理缺位。

三是从监督评价入手，保障内部控制的效果。内控制度重在落实，其能够得到有效执行必须以有效监督作为保障，应明确各部门在整个内部监督中的定位和职责权限，制定内部检查和评价体系，固化具体的操作程序和要求，指定专门机构或人员负责评价和监督，定期出具自我评价报告，根据内部控制制度运行情况和评价报告及时修正和完善内控制度，起到规范管理、控制风险、依法行政和加强财政管理的作用。

三、推进财政内部控制制度的措施选择

要按照"科学界定权力、优化流程控制、强化风险管理、建立监控平台、完善制度体系"的工作思路，着力构建结构合理、配置科学、程序严密、制约有效的部门内控制度，以更加科学的方法，提高财政管理水平。

（一）营造和谐环境，为内控制度落实创造良好条件

财政系统内部控制制度的顺畅运行，需要有一个与之相适应的内控环境。一是提高对内部控制制度的认识。尤其是领导干部要带头遵守、执行内部控制制度，规范和约束财政管理工作行为。要树立"大监督"理念，建立起财

政部门各业务科室和负责内部控制监督的科室同步监督机制，同时加大培训力度，使各岗位职工都能够全面了解内部控制机制的概念、主要内容以及方法，提高干部职工的内控意识。二是建立完善岗责体系。财政内部机构设置及职能的配置要相互制约。按照"不相容职务相分离"的原则，调整内设机构职能，完善相关管理制度和操作规程，建立权责清晰、职能明确、相互制约、运转高效的机制。尤其是要对部门及岗位职责做出清晰的界定，确保各科室、同一科室不同岗位间有明确分工，使全体人员各司其职、各负其责，做到业务印鉴与重要空白凭证的保管、使用相分离；资金的审批与支付相分离；预算单位基础信息管理与支付相分离；前台操作与后台监控相分离等。三是制定科学务实的人事政策和建立有效的激励约束机制。制定财政内部各机构职责和职位说明书，明确每个工作岗位所应具备的知识与技能，按照"以人为本，人尽其才"的原则，进行科学合理的人力资源配置和有的放矢的业务培训，使业务人员的品行与能力能够满足内控机制的要求。同时，建立和实施有效的激励约束机制，把内部监督检查结果与干部考核结合起来，做到奖惩分明，推进内控机制有效实行。

（二）锁定权力运行关键环节，提高内控制度的精准度

把握两个重点环节：一是认真排查梳理，锁定重要权力。各科室、各单位对照法律和政策，结合各自工作实际和科室职能，围绕财政、财会等管理权力，重点围绕政府采购、部门财务管理、资金（基金）分配、使用等重点岗位，对自由裁量幅度和自由度较大、制度不够健全、亟待加强监督、需要规范管理的重要权力，进行排查锁定。二是找准关键节点，抓住要害环节。权力关键"节点"，即权力运行过程中权力集中点、管理薄弱点等腐败易发、多发环节。各科室、各单位重点剖析重要权力的运行流程，明确重点环节。结合工作职责，从资金流动量大、业务频率高、社会关注热点、制度不落实、权力相对集中难以制衡的环节入手，层层把关，认真剖析，综合考虑腐败产生的概率、途径和危害程度等因素，分析类比锁定权力运行中的关键"节

点"。三是建立风险预警机制。根据查找出的风险点，针对可能发生的重大风险行为，建立重大风险预警机制，制定应急预案。如根据目前财政实际，可以制定"加强集中采购权力关键节点监控的实施办法"、"加强财政资金运行关键节点监控的实施办法"、"加强部门财务管理中关键节点监控的实施办法"、"财政专项资金的支付与管理权力关键节点监控的实施办法"、"行政执法权力关键节点监控的实施办法"等制度。

（三）完善内部控制制度建设，增强内部控制制度的可执行性

针对财政内部管理运行监督和实施财政资金运行监督"双重职能"，按照"必须、管用、有效"的原则，科学合理进行制度设置，增强前瞻性、针对性和约束力，注重各项制度的彼此衔接、环环相扣，防止权力失控、决策失误和行为失范。一是提高预算管理内部控制制度的科学性、严密性。建立与实施财政部门预算管理内控制度，完善预算编制、执行的制衡机制，杜绝预算编制、执行的随意性，防止财政资金的体外运行，实现预算管理全过程的有效监控。二是提高政策管理内控制度的稳定性、适应性。根据财政政策性文件的有效流程，设计政策管理内部控制制度，划分研究制定、监督评价、清理废止等环节，在各环节中根据责任归属、权限大小设计相应的管理制度，体现前瞻性和可行性。三是提高财政监督管理内部控制制度的规范性、有效性。建立内容科学、程序严密、配套完备、有效管用的监督管理内控制度，主要内容包括监督检查工作规则的制定、监督工作计划的确定、监督检查方案的制订和实施、监督质量控制与风险防范、检查成果的有效利用、内部基础工作管理要求、监督人员工作纪律和责任追究等。四是提高人员管理内部控制制度的清晰性、实效性。在梳理事权的基础上，理清机构职能，细化岗位职责；实行轮岗、换岗制度，针对不同岗位建立警示备忘提示；建立人员素质档案和学习培训制度，有针对性地对财政干部进行内控制度培训。

（四）构建内部控制制度的网上监控平台，实现内控的信息化

按照"制度+科技"的要求，以"金财工程"计算机网络技术为依托，

推进财政部门权力网上透明运行；以信息技术固化内控机制执行流程，按照实时监控、预警纠错、绩效评估等要求，实现对权力运行的电子化控制，减少人为因素干扰。一是建立"财务核算集中监管系统"，对预算单位财务数据实时集中、财务监控及时到位，在保证单位资金使用权、财务管理权、会计核算权"三权不变"的前提下，通过网络系统将预算单位会计信息集中到财政部门，并与国库支付系统相关财务数据进行自动比对纠错，从而实现对预算单位会计信息的监控。同时，与非税收入管理系统连接实施对非税收入收支实行网上监控。二是建立"部门预算编制、执行、监督网上监控"，加快建立财税库银横向联网系统，以及财政部门内部各职能机构之间、上下级财政部门之间纵横交错的信息化网络系统，实现信息对称和信息共享，实时查询预算编制、执行中的情况，及时发现问题，系统提供按单位、支付类型、资金性质、支付日期等多种查询，夯实开展事前、事中、事后全过程监督基础，同时，强化对程序的监控，如对专项资金的监控。

（五）强化内部监督检查，提高内控制度的效率

内部监督是内部控制制度得以有效运行的保障，通过有效监督能够发现内部控制制度运行过程中的问题，及时采取措施纠正偏差，不断提高内部控制制度的效率。一是建立内部控制评价制度。当人员调动、职能变化以及外部政策等发生变化时，从制度设计、手段适宜性、执行效果等方面进行深入剖析，进一步修复漏洞，持续地进行自我完善，促进内部控制系统形成评价—反馈—评价的有机循环，确保整个防控系统"活"起来。二是推行内部控制绩效管理。以内部控制绩效管理为抓手，将廉政责任制考核、目标管理考核等各项考核整合起来，通过指数化管理、风险报告制度等工作措施，建立系统完整的、定性与定量相结合的内部控制预防考核体系。三是制定严格的奖惩机制。将内部监督检查结果作为财政部门内部各单位评选先进和干部考核、任用的重要参考依据。加强内部监督成果利用与转化，共同促进财政部门管理水平和内部控制机制的不断提升和健全。强化和规范对违纪违法行

第八章
现代财政制度下的内部控制

为的处理。加大对违反财经纪律行为问题的查处力度，提高违纪违法的风险和成本。强化财政干部的制度观念，冲破制度执行的阻力和干扰，自觉执行制度，严格控制自由裁量权。

总之，随着财政改革的不断深入，财政管理精细化水平的不断提高，财政部门的内部控制制度也要逐步地建立和完善，在加强财政管理提高财政资金使用效益的同时，缩小个人操作空间，提高财政资金的公开化水平，达到简化流程、优化管理的控制目标，强化动态监控，切实建立起财政资金管理的安全防护网。

回顾与总结：财政内部控制是财政部门的自我监督，涵盖部门内部各项财政业务、各个部门和岗位。它具有防范性、主动性和预警性的特征。财政内部控制的目标是减少财政资金收支运行的偏差与失误，确保财政管理工作有效地实现财政目标。遵循风险导向、制衡性、全面性、重要性、有效性、实用性的特点。对财政部门内部控制可以从战略规划控制、管理实施控制和制度执行控制三个层面上进行，财政部门的内部控制由内部控制环境、风险评估、内部控制活动、信息与沟通和监督检查五个方面构成。近年来，随着各级财政部门对内部控制工作的重视，我国财政内部控制工作取得了较大的成绩，对提高财政管理水平和反腐倡廉建设起到了积极作用。随着《财政部内部控制基本制度（试行）》的制定，我国已经形成了较为完整的政府内部控制体系。随着财政改革的不断深入，财政管理精细化水平的不断提高，财政内部控制制度也要进一步完善和创新。

参考文献

[1] 楼继伟. 深化财税体制改革. 北京：人民出版社，2015.

[2] 贺邦靖主编. 中国财政监督. 北京：经济科学出版社，2008.

[3] 李燕主编. 政府预算管理. 北京：北京大学出版社，2014.

[4] 弗朗西斯·福山. 政治秩序的起源：从前人类时代到法国大革命. 桂林：广西师范大学出版社，2014.

[5] 王晟. 财政监督理论探索与制度设计研究. 北京：经济管理出版社，2013.

[6] 刘尚希. 对财政监督和财政改革有关问题的探讨. 财政监督，2008（7）.

[7] 刘尚希，李成威. 国家治理与大国财政的逻辑关联. 财政监督，2015（10）.

[8] 卢洪友. 西方现代财政制度：理论渊源、制度变迁及启示. 公共财政研究. 2015（1）.

[9] 岳军，王杰茹. 现代公共治理、现代财政制度与法治财政. 当代财经. 2015（11）.

[10] 约翰·克莱顿·托马斯. 公共决策中的公民参与：公共管理者的新技能与新策略. 北京：中国人民大学出版社，2010.

[11] 冯俏彬，张明，周雪飞. 我国财政监督向何处去?. 财贸经济. 2008（9）.

［12］财政监督编辑部．近年来财政监督理论研究综述．财政监督，2009（7）．

［13］财政部驻四川专员办课题组．财政监督基本问题研究．财政监督，2008（9）．

［14］贺邦靖．国外财政监督借鉴．北京：经济科学出版社，2008.

［15］楼继伟．深化财税体制改革．北京：人民出版社，2015.

［16］马蔡琛．政府预算．大连：东北财经大学出版社，2007.

［17］王晟．财政监督理论探索与制定设计研究．北京：经济管理出版社，2013.

［18］李武好，韩精诚，刘红艺．公共财政框架中的财政监督．北京：经济科学出版社，2002.

［19］蒋洪．公共财政决策与监督制度研究［M］．北京：中国财政经济出版社，2008.

［20］王金秀．健全财政监督体系构建现代国家治理结构．财政监督，2014（21）．

［21］安徽省财政厅课题组．完善财政绩效监督、推进预算绩效管理．中国财政，2013（14）．

［22］郭用海．新形势下财政监督工作转型探析．财政监督，2014（3）．

［23］第十八届中央委员会第四次全体会议．中国共产党第十八届中央委员会第四次全体会议公报．http：//politics．people．com．cn/n/2014/1023/c1001－25896726．html．

［24］中共中央，国务院．法治政府建设实施纲要（2015－2020年）．新华网．http：//news．xinhuanet．com/legal/2015－12/27/c_1117591748．htm．

［25］第十二届全国人民代表大会常务委员会第十次会议．关于修改《中华人民共和国预算法》的决定．http：//baike．so．com/doc/6708344－6922360．html．

［26］财政部．财政部关于印发部门决算管理制度的通知（财库〔2013〕209号）．http：//www．gov．cn/gongbao/content/2014/content_2644821．htm．

［27］财政部. 财政部关于深入推进地方预决算公开工作的通知（财预［2014］36号）. http：//www. gov. cn/zhengce/content/2014 – 10/02/content_9111. htm.

［28］财政部. 财政部关于专员办加强财政预算监管工作的通知（财预［2014］352号）.

［29］国务院. 国务院关于清理税收等优惠政策的通知（国发［2014］62号）. http：//www. gov. cn/zhengce/content/2014 – 12/09/content_9295. htm.

［30］财政部. 关于印发政府非税收入管理办法的通知（财税［2016］33号）. http：//www. forestry. gov. cn/main/222/content – 853881. html.

［31］第十一届全国人民代表大会常务委员会第十七次会议. 中华人民共和国社会保险法. http：//www. gov. cn/jrzg/2010 – 10/28/content_1732870. htm.

［32］国务院. 全国社会保障基金条例（中华人民共和国国务院令第667号）. http：//www. gov. cn/zhengce/content/2016 – 03/28/content_5059035. htm.

［33］财政部，劳动和社会保障部. 社会保险基金财务制度. http：//baike. so. com/doc/6810133 – 7027087. html.

［34］财政部. 关于进一步规范地方国库资金和财政专户资金管理的通知（财库［2014］175号）. http：//www. szzy. ah. cn/cwc/Content. aspx? chn = 527&id = 14809.

［35］财政部，中国人民银行. 中央单位财政国库管理制度改革试点资金支付管理办法（财库［2002］28号）. http：//www. cutech. edu. cn/cn/zcfg/cjjr/webinfo/2005/03/1180925442262780. htm.

［36］国务院. 中华人民共和国政府采购法实施条例（国务院令658号）. http：//www. gov. cn/zhengce/content/2015 – 02/27/content_9504. htm.

［37］国务院. 国务院关于加强地方政府性债务管理的意见（国发［2014］43号）. http：//www. gov. cn/zhengce/content/2014 – 10/02/content_9111. htm.

［38］国务院. 国务院关于改革和完善中央对地方转移支付制度的意见（国发［2014］71号）. http：//www. gov. cn/zhengce/content/2015 – 02/02/content_9445. htm.

[39] 财政部. 关于印发《革命老区转移支付资金管理办法》的通知（财预〔2015〕121号）. http：//yss. mof. gov. cn/zhengwuxinxi/zhengceguizhang/201508/t20150807_1408332. html.

[40] 人民代表大会常务委员会. 中华人民共和国会计法. http：//baike. haosou. com/doc/3561509-3745553. html.

[41] 财政部. 关于印发财政总预算会计制度的通知（财库〔2015〕192号）. http：//www. gov. cn/xinwen/2015-10/23/content_2952675. htm.

[42] 财政部. 财政部门实施会计监督办法（财政部令第10号）. http：//www. gov. cn/gongbao/content/2002/content_61884. htm.

[43] 财政部会计司. 关于印发事业单位会计制度的通知（财会〔2012〕22号）. http：//kjs. mof. gov. cn/zhengwuxinxi/zhengcefabu/201301/t20130105_724904. html.

[44] 财政部国库司. 关于印发行政单位会计制度的通知（财库〔2013〕218号）. http：//gks. mof. gov. cn/zhengfuxinxi/guizhangzhidu/201312/t20131225_1029251. html.

[45] 财政部条法司. 财政部关于修改企业会计准则——基本准则的决定（中华人民共和国财政部令第76号）. http：//tfs. mof. gov. cn/zhengwuxinxi/caizhengbuling/201407/t20140729_1119494. html.

[46] 财政部. 事业单位财务规则（中华人民共和国财政部令第68号）. http：//www. gov. cn/flfg/2012-02/22/content_2073876. htm.

[47] 财政部. 行政单位财务规则（中华人民共和国财政部令第71号）. http：//www. gov. cn/gzdt/2012-12/10/content_2287137. htm.

[48] 财政部. 企业财务通则（中华人民共和国财政部令第41号）. http：//www. gov. cn/ziliao/flfg/2007-01/29/content_511302. htm.

[49] 财政部. 金融企业财务规则（中华人民共和国财政部令第42号）. http：//www. gov. cn/ziliao/flfg/2006-12/18/content_471492. htm.

[50] 财政部. 金融类企业国有资产产权登记管理办法（财金〔2006〕

82号).http://www.mof.gov.cn/mofhome/jinrongsi/jinrongleiqiyeguoyouzichanguanli/200807/t20080704_56007.html.

[51] 财政部.金融企业国有资产评估监督管理暂行办法(中华人民共和国财政部令第47号).http://www.gov.cn/ziliao/flfg/2007-11/30/content_821977.htm.

[52] 财政部.金融企业国有资本保值增值结果确认暂行办法(中华人民共和国财政令第43号).http://www.gov.cn/gongbao/content/2007/content_812709.htm.

[53] 财政部.银行抵债资产管理办法(财金〔2005〕53号).http://www.als.gov.cn/main/government/jrzc/25c98480-8b91-4ffb-8e0c-685978ffe27c/.

[54] 财政部.关于印发《地方金融企业财务监督管理办法》的通知(财金〔2010〕56号).http://www.gov.cn/gongbao/content/2010/content_1737213.htm.

[55] 财政部.外国政府贷款项目监督检查办法(财金〔2011〕117号).http://www.gov.cn/gongbao/content/2012/content_2112761.htm.

[56] 财政部.国际金融组织和外国政府贷款赠款管理办法(中华人民共和国财政部令第38号).http://www.gov.cn/gongbao/content/2007/content_705527.htm.

[57] 财政部.关于印发《外国政府贷款管理规定》的通知(财金〔2008〕176号).http://www.gov.cn/zwgk/2008-12/31/content_1193277.htm.

[58] 国务院.国务院关于改革和完善国有资产管理体制的若干意见(国发〔2015〕63号).http://www.gov.cn/zhengce/content/2015-11/04/content_10266.htm.

[59] 国务院办公厅.国务院办公厅关于印发整合建立统一的公共资源交易平台工作方案的通知(国办发〔2015〕63号).http://www.gov.cn/zhengce/content/2015-08/14/content_10085.htm.

[60] 财政部资产管理局.关于进一步规范和加强行政事业单位国有资产管理的指导意见.http://qys.mof.gov.cn/zhengwuxinxi/zhengcefabu/201601/t20160114_1649756.html.

[61] 财政部.财政部门监督办法(中华人民共和国财政部令第69号).http://www.gov.cn/flfg/2012-03/19/content_2094400.htm.

[62] 财政部.财政部门内部监督检查办法(中华人民共和国财政部令第

58号). http://www.gov.cn/gzdt/2010-02/26/content_1541929.htm.

[63] 国务院. 财政检查工作办法（中华人民共和国财政部令第32号）. http://www.gov.cn/gongbao/content/2007/content_526988.htm.

[64] 财政部. 财政部关于印发财政检查工作规则的通知（财监 [2007] 82号). http://hk.lexiscn.com/law/law-chinese-1-1375216.html.

[65] 全国人大常务委员会. 中华人民共和国行政处罚法. http://www.lawtime.cn/faguizt/45.html.

[66] 国务院. 中华人民共和国行政监督法实施条例（国务院令第419号). http://www.gov.cn/zhengce/content/2008-03/28/content_7404.htm.

[67] 国务院. 财政违法行为处罚处分条例（中华人民共和国国务院令第427号). http://www.gov.cn/gongbao/content/2011/content_1860871.htm.

[68] 全国人民代表大会常务委员会. 中华人民共和国行政复议法（中华人民共和国主席令九届第16号). http://www.law-lib.com/law/law_view.asp?id=478.

[69] 全国人民代表大会常务委员会第177次常务会议. 中华人民共和国行政复议法实施条例（中华人民共和国主席令第499号). http://www.gov.cn/zhengce/2007-06/08/content_2602483.htm.

[70] 第十届全国代表大会常务委员会第十四次会议. 中华人民共和国国家赔偿法（中华人民共和国国务院令第二十九号). http://www.gov.cn/flfg/2010-04/30/content_1596468.htm.

[71] 赵建光. 财政检查工作规程的运用实践 [J]. 财政监督, 2015 (9).

[72] 何君. 关于加强当前财政监督检查工作的思考 [J]. 财会研究, 2014 (4).

[73] 江龙等. 构建财政监督工作质量控制机制的设想 [J]. 财政监督, 2006 (9).

[74] 贺邦靖. 中国财政监督制度. 经济科学出版社, 2008.

[75] 刘建民，江钰辉，吴金光．财政监督嵌入预算管理全过程的路径探索．财政监督，2015（5）．

[76] 刘军．做好新常态下地方政府债务监督．财政监督，2015（4）．

[77] 宁立成，张兰兰．论我国财政支出监督法律制度的改革．江西社会科学，2014（1）．

[78] 徐立平．网络金融风险的监督模式构建．管理世界，2014（11）．

[79] 贺邦靖．财政监督文集．北京：中国财政经济出版社，2007．

[80] 毕瑞祥．财政信息化研究．北京：经济科学出版社，2009．

[81] 赵术高，李珍．大数据背景下的财政管理与监督流程信息化再造．中国财政，2015（8）．

[82] 张念明．财政监督信息化研究．财政监督，2012（8）．

[83] 程艳萍，彭玮．关于财政监督信息化建设现状的调查报告．财政监督，2014（19）．

[84] 财政部驻江西专员办课题组．财政监督手段信息化建设研究（下）．财政监督，2007（3）．

[85] 刘志，曾敏．财政监督信息化安全问题探讨．财政监督，2007（5）．

[86] 钱红一．试论财政监督的信息建设．财政监督，2006（3）．

[87] 梅月华．对财政监督信息化建设的思考．财政监督，2008（4）．

[88] 财政部．关于印发《财政支出绩效评价管理暂行办法》的通知（财预［2011］285号）．

[89] 童伟．制度构建与模式创新背景的绩效预算监督体系催生．改革，2013（3）．

[90] 何振一．财政内部制衡理论和实践的探索．财政监督，2006（6）．

[91] 卢娟，江其玟．财政部门内部控制初探．财会通讯，2010（2）．

[92] 云南省财政厅监督检查处．构建与完善财政部门内部控制机制．财政监督，2008（5）．

[93] 茆晓颖, 孙文基. 我国财政内部控制问题研究. 财政研究, 2010 (2).

[94] 财政部驻江苏专员办课题组. 强化内部控制监督在综合财政监管中的作用. 财政监督, 2014 (18).

[95] 柏青. 建立财政内部监督新机制, 促进内部控制制度建设. 财政监督, 2009 (12).

后　　记

为推进现代财政制度的建立，进一步提高财政干部的业务素质，经财政部领导批准，我们立项开发了我国现代财政制度系列教材课题，包括一个总课题和六个子课题，由中央财经大学牵头，联合其他五所部省共建院校共同研究，财政部有关司局也参与了研究。本书是在山东财经大学岳军教授主持的子课题之六《现代财政监督研究》的基础上而成。

本书对现代财政制度下财政监督的基本原理、内容和方法进行了系统阐述，对我国财政监督长期实践中形成的主流思想和重要观点予以继承，同时对现代财政制度下的财政监督的一般理论与主要方法进行了探讨。本书突出了财政监督在国家治理中的地位，强调了其在现代财政制度建设中的重要性，提出了现代财政监督制度的基本框架。

本书由山东财经大学岳军教授主持，并负责全书的总纂和统稿。各章的写作分工如下：第一章，申亮副教授、刘金东讲师；第二章，王杰茹博士；第三章，孙红霞讲师；第四章，刘金东讲师、岳军教授；第五章、第七章，韩仁月副教授；第六章，安彦林副教授；第八章，申亮副教授。

在课题研究和书稿写作过程中，财政部监督检查局积极参与了课题研究和书稿审核；中央财经大学马海涛教授对本书进行了审阅；中国财经出版传媒集团经济科学出版社在本书的出版编辑过程中给予了大力支持。在此，对参与课题研究、书稿写作、审核和编辑出版的各个单位和各位专家表示衷心感谢。